왕으로 산다는 것

개정판

왕으로 산다는 것 〈개정판〉

초판 1쇄 2017년 3월 30일
개정1판 1쇄 2023년 4월 7일
개정1판 2쇄 2023년 6월 23일

지은이 신병주
펴낸이 최경선
펴낸곳 매경출판㈜
책임편집 이예슬
마케팅 김성현 한동우 구민지
디자인 김보현 김신아

매경출판㈜
등록 2003년 4월 24일(No. 2-3759)
주소 (04557) 서울시 중구 충무로 2 (필동1가) 매일경제 별관 2층 매경출판㈜
홈페이지 www.mkpublish.com
전화 02)2000-2612(기획편집) 02)2000-2646(마케팅) 02)2000-2606(구입 문의)
팩스 02)2000-2609 **이메일** publish@mkpublish.co.kr
인쇄 · 제본 ㈜M-print 031)8071-0961
ISBN 979-11-6484-544-6(03910)

책값은 뒤표지에 있습니다.
파본은 구입하신 서점에서 교환해 드립니다.

조선 500년
역사가 답하는
리더십의 왕도

신병주 지음

왕으로 산다는 것

개정판

매일경제신문사

일러두기

1. 도서는 《 》, 작품명·신문·영화는 〈 〉로 묶어 표기했습니다.
2. 이 책에 사용된 도판은 소장처 및 소유자의 동의를 얻어 수록했으며, 그렇지 못한 일부 작품의 경우 저작권자가 확인되는 대로 정식 절차를 밟고자 합니다.

들어가며

2017년 《왕으로 산다는 것》 초판을 출간하였다. 〈매경이코노미〉에 연재한 칼럼 '왕으로 산다는 것'을 바탕으로 엮은 책이었다. 왕이 되기까지의 과정, 왕의 가족, 왕이 된 후의 정책, 조언을 받은 참모, 왕의 라이벌 등 왕의 주변 인물이나 주요한 사건들의 면모를 모두 담으려고 노력했다. 필자의 이러한 의도가 어느 정도 호응을 받았는지, 《왕으로 산다는 것》은 꾸준히 판매되면서 역사 분야 베스트셀러의 반열에 올랐다. 그리고 이 책의 출간 이후 필자는 조선시대 왕을 주제로 하는 다양한 방송 매체에 출연하였다. JTBC의 〈차이나는 클라스〉, KNN의 〈최강 1교시〉, 교육방송 EBS의 〈클래스 e〉 등 방송 매체와 CJ ENM의 〈사피엔스 스튜디오〉 등 유튜브 채널, 네이버의 오디오 클립 등을 통해서도 조선시대 왕의 숨겨진 역사를 소개해 왔다. 이 과정에서 왕을 이해하는 데 가장 기본이 될 수 있는 책 《왕으로 산다는 것》을 보완했으면 하는 욕심이 생겼다. 세종의 이야기가 소략하고, 문종이 빠져 있는 것도 아쉬웠다. 일부 수정할 내용도 정리하여, 좀 더 충실한 《왕으로 산다는 것》을 출간하고 싶었다.

조선의 왕은 고대나 고려의 왕들에 비해 절대적인 권력을 누리지는 못하였다. 제도가 정비되면서 왕을 견제하는 장치도 적절히 운영되었기 때문이다. 조선시대 정치사에서 큰 축을 차지하는 왕권과 신권의 문제는 결국 왕권을 누가 어떤 방식으로 행사하느냐에 따라 갈등의 양상을 보이기도 하고 조화를 이루기도 했다. 세종 대에는 왕권과 신권이 균형을 이룸으로써, 절대 권력을 휘두르지 않으면서도 자신의 뜻에 맞게 강력한 정치력을 발휘할 수 있었다.

조선왕조는 역사적 전개 과정에서 크고 작은 변화를 경험했다. 크게는 임진왜란, 병자호란과 같은 국제 전쟁에서부터 전염병, 왕의 계승을 둘러싼 분쟁, 각종 역모 사건, 북벌과 같이 시대적 소명으로 떠오른 난제가 조선의 왕 앞에 닥쳐왔다. 최근 우리는 코로나바이러스-19로 큰 위기를 겪었지만 조선시대 전염병의 유행은 현재보다도 훨씬 극복하기 어려웠다. 세종 시대에 추진된 공법과 광해군 시대의 대동법, 영조 시대의 균역법, 정조 시대의 신해통공과 같이 역사의 획을 그은 각종 정책들을 최종 결정하는 것도 왕의 몫이었다. 안정기에 국가 체제를 완성해갔던 왕, 보수와 개혁의 갈림길에서 역사적 선택을 요구받았던 왕, 신하의 나라로 전락하는 조선의 막기 위해 왕권을 유지하려 했던 왕, 선조와 인조처럼 전란의 소용돌이를 맞서거나 피해가야 했던 왕. 이처럼 조선의 왕들은 안정기와 격동기를 막론하고 자신의 정치 역량을 최대한 발휘해야 하는 위치에 서있었다.

역사는 '과거와 현재의 대화'이자, '현재를 비추는 거울'이라고 한다. 왕조시대가 끝나고 국민이 주인이 되는 민주사회가 도래했다고는 하지만, 적절한 정책의 추진 · 여론 존중 · 도덕과 청렴성 · 소통과 포용의 리더십 · 언론 존중 등 좋은 평가를 받는 왕들에게 요구되었던 덕목들은 여전히 유효하다. 이 책을 통해 조선시대 왕들이 보인 긍정적, 부정적 리더십을 반면교사로 삼아 현재의 리더가 갖추어야 할 덕목들을 함께 생각해 보았으면 한다.

마지막으로 본 개정판 출간을 흔쾌히 허락해주신 최경선 사장님, 개정판의 실무를 담당해주신 정혜재 팀장과 이예슬 편집자님께 깊은 감사의 뜻을 전하고 싶다. 역사를 좋아하고 관심을 가져주시는 이 책의 독자들과도 출간의 기쁨을 나누고 싶다.

2022년 3월

일감호가 보이는 연구실에서

차례

제3장 왜란과 호란의 시대

제4장 북벌과 이념의 시대

제5장 부국과 중흥의 시대

제6장 개혁, 정치와 문화의 부흥

제7장 시련, 나라가 기울고 백성이 신음하다

제8장 개항과 근대

제1장

출처: 국립고궁박물관

창업과 수성,
나라를 세우고
지키다

태조가 함흥에서 돌아오지 않은 까닭은?

비극의 불씨, 왕자의 난

'함흥차사咸興差使'는 요즈음에도 '사라지고 난 후 오래도록 연락이 없는 사람'을 일컫는 말로 흔히 쓰이고 있다. 함흥차사라는 말의 연원은 깊다. 조선을 건국한 왕 이성계가 아들인 태종 이방원과의 갈등으로 인해 고향인 함흥으로 돌아간 후, 이성계의 마음을 돌리려고 보낸 태종의 사신을 모두 죽인 데서 유래했다. '차사'란 발탁한 사신이라는 뜻으로, '함흥차사'란 '함흥에 임무를 수행하기 위해 발탁한 사신'이다. 태종 이방원은 고려 말 혼란의 시기를 극복하고 조선을 건국하는 데 최고의 공을 세웠다. 이성계가 이처럼 정치적 동지였던 아들과 등을 지게 된 까닭은 무엇일까?

건국 시기부터 부자 사이에는 갈등의 요소가 존재했다. 무엇보다 갈등을 심화시킨 사건은 정몽주의 죽음이었다. 정몽주는 고

출처: 국립중앙박물관

정몽주 초상

려 말 신흥사대부의 핵심이었고, 이성계가 권력을 잡는 데 있어서 정도전과 함께 큰 역할을 했다. 그러나 이성계와 정도전이 고려왕조를 무너뜨리는 혁명의 길로 가고자 한 것과는 달리 정몽주는 고려왕조의 테두리 내에서 개혁을 해야 한다고 생각했다. 1392년 4월 이성계가 해주에서 사냥을 하다가 낙마를 하자, 정몽주는 이를 반격의 기회로 삼고 공양왕을 움직여 정도전과 이성계를 제거하려 했다. 이때 행동대장으로 나선 인물이 바로 이방원이었다.

이방원은 이성계의 동태 파악을 위해 문병을 온 정몽주를 만나 '하여가'라는 시조로 그의 마음을 돌리려고 했지만, 정몽주는 '단심가'로 화답하며 자신의 의지에 변함이 없음을 보였다. 이방원은 부하들을 미행시켜 정몽주를 죽이는 데 성공했다. 1392년 4월 4일의 일이었다. 그러나 정몽주의 죽음을 전해 들은 이성계는 크게 노해 병석에서 일어나 이방원에게 "우리 집안은 본디 충효로써 세상에 알려졌는데, 너희들이 마음대로 대신大臣을 죽였으니, 나라 사람들이 내가 이 일을 몰랐다고 여기겠는가? (중략) 네가 감히 이렇게 불효한 짓을 하니, 내가 사약을 마시고 죽고 싶은 심정이다"라고 하면서 강한 분노를 표시했다. 정몽주라는 최대의 정적을 죽인 일등공신임에도 불구하고, 이방원은 아버지로부터 깊은 불신을 받게 된 것이다. 이러한 악연 때문인지 조선 건국 후에도 이성계는 이방원을 신임하지 않고 요직에 등용하지도 않았다.

1392년 7월의 조선 건국 후에 가장 이성계의 신임을 받은 인물은 정도전이었다. 정도전은 이성계의 각별한 후원을 받으며 조선 건국의 모든 것을 설계해나갔다. 건국 과정에서 정도전은 재상이 중심이 되어 정치를 운영해야 한다는 재상중심주의 정치사상을 피력했고 이것은 이방원을 크게 자극했다. 왕조 국가에서 신권이 왕권을 넘어서는 것은 절대 불가하다고 판단한 것이다. 여기에 더하여 아버지 태조가 예상을 뒤엎고 막내인 방석을 세자로 책봉하자 이방원의 분노는 극에 달했다. 이것은 1398년(태조 7) 7월 이방원이 주도한 1차 왕자의 난으로 이어졌고, 이방원은 최대의 정적 정도전과 이복동생 방석을 처형시켰다. 태조는 사랑하는 막내아들과 최고의 심복 정도전을 잃고 공황에 빠지게 되었다. 결국 태조는 아들과 인연을 끊으려는 길로 들어서게 된다.

1398년 왕자의 난 이후 정종이 잠시 즉위했으나, 1400년 2차 왕자의 난 이후 이방원은 조선의 세 번째 왕 태종이 되었다. 태조의 입장에서 왕이 된 아들 태종은 자신이 가장 믿었던 사람을 죽인 정적이기도 했다. 태상왕太上王(전 국왕의 칭호)이 되었지만 태조는 아들과 한 궁궐에 있는 상황이 너무나 싫었다. 궁궐 밖을 나와 양주의 소요산이나 회암사檜巖寺 등에 머물던 태조는 고향인 함흥으로 돌아가 여생을 마칠 계획을 세웠다. 그러나 태종의 입장에서 보면 늙은 아버지가 홀로 함흥에 가 있는 상황은 정치적으로 큰 부담이 되었다. 유교 국가에서 가장 큰 덕목이 효가 아니었던가?

부자 갈등의 희생양, 함흥차사

태종은 태조가 마음을 돌려 궁궐로 돌아올 것을 청하면서 함흥으로 사신을 보내기 시작했다. 그러나 태조는 찾아온 사신을 참수하였다. 아들을 용서하지 못하겠다는 뜻을 간접적으로 드러낸 것이다. 이 과정에서 나온 말이 바로 '함흥차사'다. 《연려실기술》에는 '함흥주필咸興駐蹕(함흥에서 머물다)'이라는 항목에서 당시의 상황을 몇 가지 사례로 전하고 있다. 먼저 태조의 옛 친구인 성석린을 사신으로 파견한 상황을 기록한 내용이다.

> 태조가 새 도읍지인 한양에 돌아왔다가 금강산에 가서 그 길로 함흥본궁에 갔다. 방석의 변이 있은 뒤에 태조가 왕위를 버리고 함흥으로 갔다. 태종이 여러 번 사신을 보내어 문안을 했는데, 태조가 번번이 활을 버티고 기다리고 있어 전후 여러 차례 갔던 사자가 감히 문안을 전달하지 못했다. 성석린은 태조의 옛 친구로 그가 자청하여 태조의 뜻을 돌이킬 것을 다짐하므로 태종이 허락했다. 성석린이 백마를 타고 베옷 차림으로 과객같이 하고 말에서 내려 불을 피워 밥을 짓는 시늉을 했더니, 태조가 바라보고 내시를 시켜 가보게 했다. 석린이 "용무가 있어 지나다가 날이 저물어 말을 매고 유숙하려 한다"라고 말하니, 태조가 매우 기뻐하여 그를 불렀다. 석린이 조용히 인륜의 변고를 처리하는 도리를 진술하니, 태조는 변색하여 "너도 너의 왕을 위해 나를 달래려고 온 것이 아니냐"라고 했다. 석린은 "신이 만약 그래서 왔다면, 신의 자손은 반드시 눈이 멀어 장님이 될 것입니다"하자 태조는 이 말을 믿었다. 그래서 양궁兩宮(태조

함남 함흥본궁 본전 내부

출처: 국립중앙박물관

와 태종)이 이때부터 화합하게 되었으나, 뒤에 석린의 두 아들은 과연 눈이 멀었다.

성석린이 태종을 위해 태조에게 거짓말을 하고 태조를 설득했지만 결국 그 후손들은 눈이 멀었다는 이야기를 전하며, 태조가 성석린에게 속은 점을 강조하고 있다. 이어서 《연려실기술》은 박순이 사신으로 간 이야기를 전한다.

당시에 문안사問安使 중에 한 사람도 돌아온 이가 없자 태종이 여러 신하들에게 누가 갈 수 있는가를 물었고, 박순이 자청하여 간다고 했다. 박순은 하인도 데려가지 않고 새끼 딸린 어미 말을 타고 함흥에 들어갔다. 태조가 있는 곳을 바라보고 일부러 새끼 말을 나무에 매어놓고 어미 말을 타고 나아가자, 어미 말이 머뭇거리면서 뒤를 돌아보고 서로 부르며 울고 앞으로 나아가려 하지 않았다. 태조는 말이 하는 짓을 보고 괴이하게 여겨 물었다. 박순은 "새끼 말이 길 가는 데 방해가 되어 매어 놓았더니, 어미 말과 새끼 말이 서로 떨어지는 것을 참지 못합니다. 비록 미물이라 하더라도 지친의 정은 있는 모양입니다"라고 하며 부모와 자식의 정을 비유했다. 태조는 옛 친구인 박순을 함흥에 머물러 있게 하고 보내지 않았다.

하루는 태조가 박순과 더불어 장기를 두고 있었는데 마침 쥐가 그 새끼를 안고 지붕 모퉁이에서 떨어져 죽을 지경에 이르는데도 서로 떨어지지 않는 것을 보았다. 박순이 다시 장기판을 제쳐놓고 엎드려 눈물을 흘리며 더욱 간절하게 아뢰자, 태조는 마침내 서울로 돌아갈 것을 허락했다.

야사에는 승려 무학대사를 함흥차사로서 임무를 완수했으며, 성석린과 박순 이외에 이성계가 깊이 신임한 인물로 기록하고 있다. 《연려실기술》에는 문안사로 죽은 사람이 속출하자 태종이 무학대사에게 간곡히 청했고, 무학이 어쩔 수 없이 함흥에 가서 태조를 알현한 이야기가 나온다. 태조는 처음에는 무학에게 분노를 표시했으나, 무학은 말할 때마다 태종의 단점을 이야기해서 태조의 신임을 얻게 되었다. 그리고 기회를 보아 "방원이 진실로 죄가 있으나, 전하께서 사랑한 아들은 이미 다 죽고 다만 이 사람이 남아 있을 뿐이니, 만약 이 아들마저 끊어버리면 전하가 평생 애써 이룬 대업을 장차 누구에게 맡기려고 하십니까. 남에게 부탁하는 것보다 차라리 내 혈속에게 주는 것이 좋습니다"라고 한 것이다. 무학의 집요한 설득은 태조의 마음을 움직였고 태조는 마침내 귀경을 결정했다.

태조가 함흥에서 돌아오자 태종은 교외에 나가 아버지를 친히 맞이하면서 큰 장막을 설치했다. 이때 태종의 참모 하륜은 태조의 노여움이 아직 다 풀어지지 않았으니 모든 일을 염려하지 않을 수 없다고 하면서, 차일遮日에 받치는 높은 기둥에 큰 나무를 쓰도록 건의했다. 태조는 태종을 만나는 순간 그동안의 분노를 참지 못하고 몰래 가져갔던 화살을 힘껏 당겼다. 태종이 급하게 차일 기둥에 의지했고, 화살은 그 기둥에 맞았다. 하륜의 예감이 적중한 것이다. 결국 태조는 응어리진 분노를 풀고 이를 하늘의 뜻으로 받아들였다. 두 부자의 오랜 갈등이 해소되는 순간이었다.

위에서 보았듯이 함흥차사에 대한 고사는 조선 건국 후 태조 이성계와 태종 이방원의 갈등에서 생겨난 말이었다. 그런데 이에 대한 기록은 정사인 실록에는 전하지 않고, 야사의 내용을 《연려실기술》에서 정리한 것이 지금껏 전해지고 있다. 《연려실기술》의 기록 또한 한 가지 이야기가 아닌 서로 다른 버전의 이야기로 구성된 것이 특징이다. 그러나 분명한 사실은, 조선 건국 후 후계자를 결정하는 과정에서 아버지 태조와 아들 이방원의 갈등이 상상을 초월할 정도로 심했다는 점이다. 이것이 당대인은 물론 후대인들에게도 깊이 각인되어 여러 버전의 '함흥차사' 이야기를 낳았다.

태종,
인공하천 청계천을 조성하다

청계천 공사의 배경

서울 도심을 관통하면서 도시민들에게 여유를 주는 공간 청계천清溪川. 자연적으로 생긴 하천으로 알고 있는 사람들도 많지만, 사실 청계천은 인공하천이다. 청계천은 1405년(태종 5) 한양으로 도읍을 다시 옮긴 후의 도시 정비 과정에서 태종이 의욕적으로 진두지휘하여 새롭게 준설한 하천으로 서에서 동으로 흘러 중랑천에 합류하게 되었다.

한양이 조선의 수도로 결정되는 과정에서는 몇 차례의 우여곡절이 있었다. 1392년 7월 조선이 건국되었을 때의 수도는 개성이었지만, 태조 이성계의 강력한 의지로 2년 뒤인 1394년 10월 28일 한양 천도가 완료되었다. 한양이 수도로 결정된 데에는 한반도의 중앙에 위치하고, 서해 바다로 빠져나가는 길목에 한강이 위치한 지리적인 이점이 큰 작용을 했다. 여기에 더하여 낙산, 인

출처: 어진박물관, 문화재청

조선태조어진

왕산, 목멱산(남산), 북악산의 네 곳 산으로 동서남북 둘러싸인 분지형의 구조는 도시 방어와 도성민의 관리에 매우 유리했다. 그러나 한강이 남산 아래에 위치해 도심에 흘러드는 물이 쉽게 빠져나가지 못하는 단점도 지니고 있었다. 즉 북악산이나 인왕산, 남산 등지에서 내려와 도심에 모인 물들이 남산에 막혀 바로 한강으로 빠져나가지 못해서 비가 많이 오면 한양 도심은 홍수 피해로 큰 몸살을 앓았던 것이다.

1394년 도읍으로 결정된 한양은 정종이 왕위에 오른 후인 1399년 3월 다시 개성 천도가 단행되면서 잠시 수도의 기능을 잃었다. 그러다가 1400년 왕위에 오른 태종은 1405년 한양으로 재천도했다. 한양으로 다시 돌아온 태종은 가장 큰 고민거리인 도심의 홍수 피해를 방지하는 데에 착수했다. 1406년 1월 처음으로 개천開川 공사를 실시한 것이다. 청계천은 조선시대 내내 '개천'으로 불렸으며, 모든 공문서에도 '개천'으로 표기되어 있다. '청계천'이라는 말은 일제 강점기 이후에 사용되기 시작한 것으로 보인다.

태종 대의 청계천 공사는 두 차례에 걸쳐 이루어졌다. 1406년(태종 6) 1월 16일 충청도와 강원도 정부丁夫 3,000명이 도성에 이르자 덕수궁과 창덕궁에 각각 1,000명씩을 부역하게 하고, 한성부에 소속된 600명으로 하여금 개천을 파는 일을 맡게 한 것이 청계천 공사의 역사적인 첫 출발이었다. 3월 28일에는 조정에 있는 관리로 하여금 직급에 따라 일할 장정을 보내게 해 개천을 파고 도로를 닦게 했다. 그러나 큰비가 내리면 여전히 한양이 물바다에 잠기는 상황이 계속 되었다. 1407년 5월 27일에는 큰비가 내려 경성의 천거川渠(개천과 도랑)가 모두 넘쳤으며, 1409년 5월 8일에는 큰비가 내려 교량이 모두 파괴되고 두 명의 성인 익사자가 발생했다. 1410년 7월 17일에는 도성에 물이 넘쳐서 종루鍾樓 동쪽에서부터 흥인문에 이르기까지 사람이 통행하지 못할 정도였다. 1410년 8월 8일에는 큰비가 내려 광통교廣通橋의 흙다리가 무너지자, 태종은 신하들의 건의를 받아서 정릉에 있는 돌로 돌다리를 만들기도 했다. 정릉은 태조의 계비(임금이 다시 장가를 가서 맞은 아내)인 신덕왕후 강씨의 무덤으로 원래 덕수궁 근처에 있던 무덤을 태종이 왕이 된 후에 현재의 성북구 정릉동으로 옮긴 것이다. 홍수가 나자 임시변통으로 왕비의 무덤인 정릉에서 석물을 가져다 다리를 만들었으니 태종의 신덕왕후에 대한 증오가 얼마나 컸는지를 보여주기도 한다.

한양으로 천도한 후 해마다 비가 많이 와서 홍수 피해가 심해지자 태종은 보다 근원적인 방법을 모색했다. 또 이러한 자신의 의지를 신하들에게 공표했다. 1411년 윤12월 1일 태종은 "해마다 장맛비에 시내가 불어나 물이 넘쳐 민가가 침몰되니, 밤낮으로 근심이 되어 개천 길을 열고자 한 지가 오래이다. 지금 이 개천을 파는 일이 백성에게 폐해가 없겠는가? 아직 후년을 기다리거나 혹 자손 대에 이르게 하는 것이 또한 옳지 않겠는가?" 하면서 개천 공사의 필요성을 절감하면서도 이것이 백성들에게 부담이 되지는 않을지 염려했다. 태종의 대표적 참모 하륜은 "기쁨으로 백성을 부리고, 백성을 적당한 시기에 부리는 것은 예전의 도道입니다. 만일 의리에 합한다면, 비록 칼날에 죽더라도 또한 분수가 있는 것입니다. 기쁘게 하는 도리는 창고를 열어서 양식을 주고 밤에는 공사를 쉬게 하여 피로해서 병이 나지 않게 하는 것이 가장 좋습니다"라고 하면서 백성들에게 충분히 보상을 하면서 공사를 하는 것이 좋다고 대답했다. 성석린, 조영무 등의 신하들도 운하를 파는 것은 폐지할 수가 없으며, 바야흐로 농한기여서 개천 조성 사업이 가능하다고 하며 태종의 계획을 적극 찬성했다.

태종의 강력한 의지로 완성한 공사

1412년(태종 12) 1월 10일 태종은 마침내 개천도감을 설치하고 삼남 지방의 역군役軍을 동원하여 준천 사업에 착수했다. 태종은 개천 공사를 하면서, 특히 파루罷漏[1] 후에 공사를 시작하고, 인정人定[2]이 되면 공사를 중지할 것을 특별히 지시했다. 또 이를 어길 시에는 감독관을 문책하겠다고 선언했다. 또한 태종은 전의감 · 혜민서 · 제생원 등의 관청으로 하여금 미리 약을 만들고, 또 천막을 치게 하여 만약에 병이 난 자가 있으면 곧 구제 치료하여 생명을 잃지 않도록 특별 지시했다. 태종은 개천 공사에 징발

1 통행금지 해제. 새벽 4시에 종을 33번 침.

2 통행금지. 밤 10시에 종을 28번 침.

되어 모인 각 지방 일꾼들의 작업 시간을 철저히 보장하고, 건강과 구호에 만전을 기했다. 청계천 공사의 핵심은 네 곳 산에서 흘러내리는 물을 담는 도랑을 준설하여 이를 한강으로 흘러가는 중랑천과 연결하는 것이었다. 태종의 의지와 독려 때문인지 최초의 청계천 조성 사업은 비교적 빨리 완공을 보았다. 1412년 2월 15일 《태종실록》에는 1개월여 만에 공사가 끝난 상황이 기록되어 있다.

"하천을 파는 공사가 끝났다. 장의동 입구로부터 종묘동 어구까지 문소전과 창덕궁의 문 앞을 모두 돌로 쌓고, 종묘동 입구로부터 수구문까지는 나무로 방축防築을 만들고, 대 · 소 광통廣通과 혜정惠政 및 정선방貞善坊 동구, 신화방神化坊 동구 등의 다리를 만드는 데는 모두 돌을 썼다"라고 해서 장의동 입구에서 종묘동을 거쳐 수구문까지 청계천 공사를 완료했음을 알 수 있다. 그러나 공사에 동원되어 사망한 사람이 64명에 달할 만큼 큰 희생이 있었다. 태종은 사망한 사람에 대해서는 그 집안의 부역을 면제하고, 콩과 쌀을 줄 것을 지시했다. 공사 완료 후 태종은 "하천을 파는 것이 끝났으니, 내 마음이 곧 편안하다"라고 하면서 최초의 청계천 공사가 완성된 소감을 피력했다.

세종 때 오늘날 서울시장과 같은 역할을 한 판한성부사 정진은 상소문에서, "신묘년(1411)에 상왕 전하께서 천거川渠를 뚫지 못하고 도랑을 쳐내지 못한 것을 염려해서, 유사에게 명하여 천로川路를 크게 개척하고, 이를 파고 터놓아 각기 그 유통이 순하게 하고, 그로 인하여 돌다리를 만들어 나라가 반석같이 견고하게 되고, 백성이 편안히 잠잘 수 있는 즐거움을 얻었고, 만세에 이르기까지 후환을 예비하는 생각이 극진했습니다"라고 하면서 태종의 업적을 높이 평가했다. 태종이 추진한 준천 사업의 성과는 세종 대에도 그대로 이어졌다. 지류의 작은 시내 중 다 파서 넓히지 못한 것을 보완하는 후속 조치가 이어졌다. 종로부터 하류의 개천을 넓혔으며 동대문 근처 수문을 증설하고 여러 다리를 석교로 개축했다.

두 차례 왕자의 난을 주도하고서 왕위에 오른 태종은 무엇보다 새로운 수도에서 왕권을 강화하고 중앙집권체제를 정비하는 것을 국정의 주요 지표로 삼았다. 1405년에 단행된 한양 재천도도 이러한 의지의 표현이었다. 의정부서사제를 폐지하고 육조직계제[3]를 실시한 것이나, 오늘날 주민등록증 제도 같은 호패법을 실시하여 백성을 일원적으로 파악한 것 역시 중앙집권 정책의 일환이었다. 백성들이 억울한 상황을 호소할 수 있도록 신문고를 설치한 것도 태종이었다. 청계천 공사 역시 국가의 행정력을 체계적으로 동원하여 백성들의 안정적인 삶의 기반을 마련하려는 목적이 컸다.

청계천 조성 사업은 한양이라는 도시의 구조에 눈을 뜬 태종의 안목과 실천 의지에서 출발했다. 청계천 조성 사업으로 한양

3 6조 판서가 나랏일을 왕에게 직접 보고하도록 한 제도.

은 홍수 피해에서 벗어나 큰 도시로 성장할 수 있는 기반을 다지게 되었다. 이 사업은 350여 년 뒤인 1760년 영조의 청계천 준천으로 이어졌고, 오늘날에도 청계천은 서울이라는 도시를 대표하는 공간으로 자리매김하고 있다.

인간 세종에게 다가왔던 시련들

왕으로서, 또 정치가로서 세종의 위대함을 부인하는 한국인은 아무도 없을 것이다. 우리의 문자인 훈민정음의 창제를 비롯하여, 백성들을 위한 《농사직설》·《향약집성방》 등의 농서와 의서를 간행하는가 하면, 천재 과학자 장영실을 발탁하여 해시계·자격루 등의 각종 과학 기구를 발명하게 했다. 박연으로 대표되는 궁중 음악의 완성 또한 세종 대의 찬란한 민족문화 양성의 성과다. 집현전 학자의 양성에서 보듯이 세종은 인재 등용에 있어서 탁월한 능력을 발휘했고, 세종 대에 배출된 황희·허조·맹사성은 명재상의 대명사가 되었다. 북방 개척에도 힘을 기울여 4군 6진을 쌓아 압록강 두만강으로 경계가 이루어진 오늘날 한반도의 영토를 확정한 왕도 세종이었다. 또한 노비에게 출산 휴가 제도를 처음 실시한 왕이었으며, 공법貢法이라는 세법을 확정할 때는 17만여 명을 대상으로 하는 국민투표를 실시하기도 했다. 그러나

창경궁 보루각 자격루

조선시대의 물시계로 시간마다 종이 자동으로 울리게 만든 국가표준시계이다. 일제가 1930년대에 강제로 옮긴 모습이며, 지금은 덕수궁으로 옮겨 복원하였다. 국보 제229호.

출처: 국립중앙박물관

이처럼 위대한 업적을 남기면서 모든 것에 완벽했을 것 같은 세종에게도 개인적으로 불우한 측면이 많았다.

가족사의 불운들

세종을 아프게 한 것으로는 먼저 가족사의 불행을 들 수 있다. 세종이 왕으로 즉위한 직후 상왕으로 있던 태종은 자신의 사돈이자 세종의 장인인 심온을 처형시키고 심온의 부인을 관노비로 삼았다. 외척의 발호를 원천적으로 봉쇄하고자 한 부왕 태종의 조처라 어쩔 수 없었다. 그러나 세종은 왕이 되자마자 장인이 처형되고 장모가 노비가 되는 상황을 맞이했다.

세종은 왕비 소헌왕후와의 사이에서 8남 2녀를 두었는데, 그중 세 명의 자식을 먼저 보냈다. 맏딸 정소공주는 13세의 어린 나이로 사망했다. 세종은 정소공주의 삼년상을 끝내고 치른 제사에서 "아아, 네가 죽은 것이 갑진년甲辰年(1424)이었는데, 세월이 여러 번 바뀌매 느끼어 생각함이 더욱 더하도다. 이제 담제일禫祭日(삼년상이 끝나는 날)이 닥쳐오매 내 마음의 슬픔은 배나 절실하며, 나이 젊고 예쁜 모습을 생각하매 영원히 유명幽明이 가로막혔도다"라고 하면서 절절한 슬픔을 표현했다.

딸의 죽음에 이어 세종은 48세 되던 해인 1444년 다섯째 아들 광평대군을 잃었고, 다음 해에는 일곱째 아들 평원대군을 먼저 저세상으로 보냈다. 그리고 1446년에는 사랑했던 왕비 소헌왕후마저 그의 곁을 떠나갔다. 자식과 아내를 연이어 잃으면서 세종은 심적으로 약해졌다. 그러자 불교를 의지할 대상으로 삼았다. 궁중에 내불당을 세우고 《월인천강지곡》이나 《석보상절》과 같은 불교 서적을 간행하면서 마음의 평안처를 찾아보려고 했다. 그러나 유교국가를 지향하는 국가의 이념에 위배된다 하여, 집현전 학자나 성균관 유생들은 상소문이나 동맹휴학으로 세종의 숭불 정책을 비판했다. 세종은 한 나라의 국왕으로서 불교를 가까이 하지 말아야 한다는 것을 누구보다 잘 알고 있었지만 인간적인 아픔이 너무나 컸기에 잠시나마 불교에 의지해보려고 했던 것이다.

세종이 선택한 며느리도 큰 물의를 일으켰다. 조선 역사상 최초로 장자를 후계자로 삼아 왕위에 올리려고 한 세종은 향후 왕비가 될 세자빈 간택에 깊은 관심을 기울였다. 세종은 문종의 세자빈 간택에 깊이 관여했고, 이때 발탁된 세자빈이 휘빈 김씨였다. 그러나 세자는 휘빈을 멀리했고 휘빈은 세자의 마음을 돌려놓으려고 민간의 비방책을 쓰는 무리수를 감행했다. 휘빈은 문종이 좋아하는 궁녀의 신발을 몰래 훔쳐 그것을 태워 문종에게 먹이려 했다가 발각이 되어 2년 3개월 만에 세자빈의 자리에서 쫓겨나게 된다.

1429년 세종은 두 번째 세자빈 간택에도 주도적으로 나섰다. 세종은 "이제 동궁을 위해 배필을 간택할 때이니 마땅히 처녀를 잘 뽑아야 하겠다. 세계世系와 부덕婦德은 본래부터 중요하나, 혹시 인물이 아름답지 않다면 또한 불가할 것이다"라고 하면서 가문과 부덕, 그리고 용모까지 겸비한 순빈 봉씨를 세자빈으로 간택했다. 세종은 며느리를 위해 친히 《열녀전》을 읽게 하는 등 온갖 정성을 쏟았지만, 순빈은 술을 좋아하고 여종과 동성애에 빠지는 등의 문란한 생활로 세종의 기대를 저버렸다. 세종은 "봉씨가 궁궐의 여종과 동숙한 일은 매우 추잡하므로 교지에 기재할 수는 없으니, 우선 성질이 질투하며 아들이 없고, 또 노래를 부른 네댓 가지 일을 범죄 행위로 헤아려서 교지를 지어 바치게 하라"라고 하면서 마침내 순빈의 폐출을 결정했다.

두 번의 세자빈 간택에 실패한 세종은 이번에는 원래 세자의 후궁으로 있던 여인 중에서 세자빈을 뽑았다. 마치 인턴 사원 중 검증을 거쳐 정규 사원을 뽑는 것처럼 말이다. 세 번째 세자빈으로 뽑은 권씨(후의 현덕왕후)는 성품이 온화하고 세자와의 사이도 좋았다. 권씨는 세종의 기대대로 원손인 단종을 출산했지만 출산 후 이틀 만에 세상을 떠나고 말았다. 거듭된 세자빈의 폐출과 사망은 시아버지 세종에게 깊은 상처로 자리했다. 특히나 어머니 없이 자라는 어린 손자(단종)의 존재는 세종의 마음을 더욱 아프게 했을 것이다.

세종에 관한 질병 보고서

대개 왕은 전왕이 사망한 후 즉위하지만 세종은 경우가 달랐다. 태종이 상왕으로 자리하며 왕위를 물려주었고, 태종의 형님이자 숙부인 태상왕 정종도 생존해 있었다. 이러한 까닭으로 세종은 즉위하자마자 연이어 국상을 당한다. 1419년 정종이 죽고,

1420년 어머니 원경왕후에 이어 1422년 태종마저 승하한다. 세종은 효성이 지극해 유교적 법도에 맞춘 장례를 세 차례 치렀다. 세종은 갖은 학술 연구사업과 정책 수립으로 밤낮없이 일했고, 즉위 초반 국상이 더해져 체력적으로 큰 힘이 들었을 것이다.

《세종실록》에 나타난 세종의 질환 관련 기사는 모두 50여 건에 이른다. 세종 6년과 7년인 20대 후반에는 두통과 이질에 관한 기록이 있으며, 30대 중반에는 풍병과 종기에 대한 기록이 자주 나타난다. 40대 중반에는 안질과 소갈증消渴症에 관한 기록이 있으며, 수전증이 있고 한쪽 다리가 말을 듣지 않는다는 기록도 있다. 43세가 되던 1439년 6월 21일 세종은 스스로가 건강상의 이유로 강무講武를 할 수 없으며 큰일은 세자에게 맡기겠다는 취지의 발언을 하면서 자신이 당시까지 앓고 있던 질병에 대해 다음과 같이 말하고 있다.

> "내가 젊어서부터 한쪽 다리가 치우치게 아파서 10여 년에 이르러 조금 나았는데, 또 등에 부종으로 아픈 적이 오래다. 아플 때를 당하면 마음대로 돌아눕지도 못해 그 고통을 참을 수가 없다. (중략) 또 소갈증이 있어 열 서너 해가 되었다. 그러나 이제는 역시 조금 나았다. 지난해 여름에 또 임질淋疾을 앓아 오래 정사를 보지 못하다가 가을, 겨울에 이르러 조금 나았다. 지난 봄 강무한 뒤에는 왼쪽 눈이 아파 안막을 가리는 데 이르고, 오른쪽 눈도 이내 어두워서 한 걸음 사이에서도 사람이 있는 것만 알겠으나 누구누구인지를 알지 못하겠으니, 지난봄에 강무한

> 것을 후회한다. 한 가지 병이 겨우 나으면 한 가지 병이 또 생기매 나의 쇠로함이 심하다. (중략) 이제는 몸이 쇠하고 병이 심해서 금년 가을과 내년 봄에는 친히 사냥하지 못할 듯하니, 세자로 하여금 숙위宿衛 군사를 나누어서 강무하게 하라."

세종은 한쪽 다리가 아픈 것, 등에 부종이 생긴 것, 13년 동안 소갈증(당뇨)을 앓은 것, 임질, 눈이 아파 안막을 가린 것 등 각종 질환을 고백한다. 세종이 많은 질병에 시달린 원인을 비만한 체형과 육식을 즐기는 식습관에서 찾는 견해도 있다. 실제 《세종실록》에는 '전하께서 평일에 육식이 아니면 수라를 드시지 못하시는 터인데'와 같은 기록이 나타난다.

그렇다면 세종이 앓았다는 등창, 소갈증, 임질 등은 구체적으로 어떤 병들일까? 《세종실록》의 기록을 오늘날 전문의에게 문의한 결과 안질은 요즘의 백내장, 소갈병은 당뇨질환, 임질은 전립선염이나 방광염을 뜻하는 것으로 나타났다. 특히 당뇨병은 여러 합병증을 유발하는 병으로 무엇보다 절대 안정을 취하는 것이 최선의 회복책이었다. 하지만 세종은 끝까지 과로의 길을 걸었다. 말년에는 세자인 문종이 섭정을 하면서 큰 부담에서 벗어났지만 훈민정음 창제와 같은 대사업은 손을 뗄 수가 없었다. 세종은 가족사의 불운과 각종 질환에 시달리면서도 자신에게 맡겨진 역사적 책무를 다했다. 세종의 모습이 우리에게 더욱 감동적으로 다가오고 있는 것은 보통 사람들과 같은 고민과 걱정을 했던 그의 인간적인 모습 때문은 아닐까?

세종이
집현전을 설치한 까닭은?

인재 양성은 어느 조직에서나 성패를 결정짓는 중요한 요소이다. 세종이 우리 역사 속에서 최고의 지도자로 평가받는 이유는 본인도 뛰어났으나, 인재 양성에 탁월한 역량을 발휘했기 때문이다. 세종은 집현전을 통해 학자들을 배출하여, 국가의 인재 양성 시스템을 정착시켰다.

집현전의 설치와 인재 양성

1420년 세종은 즉위와 함께 집현전을 완전한 국가 기관으로 승격하고 학문 연구와 인재 양성의 중심으로 삼았다. 집현전이라는 명칭은 고려 인종 때 처음 사용되었고, 조선 정종 때도 집현전이 있기는 했다. 그러나 실제 학문 연구기관으로 기능하기 시작한 것은 세종 때였다. 세종은 집현전의 직제를 정비하면서, 그 관사官司를 궁궐 안에 두었다. 또 '재행연소자'라 하여 재주와 행실이 뛰어난 젊은 인재들을 불러 모았다. 이에 따라 신숙주, 성삼문, 정인지, 최항 등 세종 시대를 대표하는 학자들이 집현전에 들어오게 되었다.

> 문관 가운데서 재주와 행실이 있고, 나이 젊은 사람을 택하여 집현전에 근무하게 하여, 오로지 경전과 역사의 강론을 일삼고 왕의 자문에 대비하였다.[1]

세종에서 단종 시대까지 총 96명의 학자가 집현전에서 근무했다. 조선시대 문과 합격자의 명단을 기록한 《국조방목》에 따르면 집현전 학자 전원이 문과 급제자 출신이다. 그것도 장원 급제자가 정인지를 비롯한 16명, 2등이 6명, 3등이 신숙주 등 11명, 4등이 7명 등으로 전체 집현전 학자 중 절반에 가까운 46명이 문과 5등 안에 합격한 그야말로 최고 인재였다. 이 걸출한 인재들에게 세종이 부여한 임무는 독서와 학문 연구, 그리고 이를 바탕으로 한 정책 결정과 국가 주요 간행물의 편찬 사업이었다.

집현전에 대한 세종의 깊은 관심은 관사의 위치로 나타난다. 집현전은 현재의 경복궁 수정전 자리에 있었는데, 왕이 조회와 정사를 보는 근정전이나 사정전과 매우 가까웠다. 세종은 집현전을 자주 방문하여 학자들을 격려했다. 세종과 신숙주의 일화

1 《세종실록》 1420년(세종 2) 3월 16일

는 현재까지도 훈훈한 미담으로 전해진다. 야심한 밤, 세종은 불이 꺼지지 않은 집현전을 보았다. 세종은 밤새 연구를 하던 신숙주가 깜빡 잠이 든 모습을 확인하고, 자신이 입고 있던 용포를 덮어주어 격려하였다고 한다. 많은 이들이 지도자가 아래 사람을 대할 때의 모범으로 꼽는 일화이다.

소통과 열정으로 얻은 성과들

세종은 학문이 뛰어난 군주였으나, 홀로 정책을 결정하지 않았다. 소통하는 왕의 모습을 보여주면서, 집현전에서 생산된 연구 성과를 최대한 반영해 정책을 폈다.

집현전에서는 주로 고제古制 해석과 함께 정책 현안을 연구하였다. 예를 들어 주택에 관한 옛 제도를 조사한다거나 중국 사신이 왔을 때의 접대를 어떻게 하고, 외교 문서는 어떠한 방식으로 작성할 지에 대해 탐구했다. 염전법, 조선의 약초 등 다양한 주제의 연구와 편찬 활동이 이곳을 중심으로 전개되었다. 세종의 각별한 관심 속에, 집현전은 큰 사업 성과를 올렸다. 집현전은 다양한 역사서, 유학과 관련된 경서經書, 의례, 병서, 법률, 천문학 관련 서적을 펴냈다. 집현전에 국가에 필요한 서적 편찬을 맡기면, 학자들이 과거 법제를 검토하고 대안을 제시해 세종에게 올렸다.

집현전 소속 학자는 이외에도 왕을 교육하는 경연관經筵官, 왕세자를 교육하는 서연관書筵官, 과거시험 문제를 출제하고 관리하는 시관試官, 역사를 기록하는 사관史官의 임무도 동시에 부여받았다. 세종은 집현전 학자의 역량을 최대한 끌어내어 싱크 탱크Think tank로 활용했다.

세종은 학자들에게 많은 특전을 베풀기도 했다. 오늘날의 감사監査에 해당하는 기관의 감찰 업무를 집현전에서는 하지 않도록 배려했다. 사헌부에서 집현전 학자들의 근무 상태를 규찰하자고 건의하자 세종은 "집현전은 대궐 안에 있으니 그 출근하고 하지 않는 것을 모두 나에게 아뢰게 하고, 역시 규찰하지는 말라"고 하면서, 집현전 학자들이 학문에만 전념할 수 있도록 지원하였다.

왕에게 진상進上하는 최고의 특산물이었던 제주의 귤을 집현전에 하사하여 학자들의 사기를 높인 일화도 전해진다. 《성종실록》에는 세종 때 세자로 있던 문종이 한강에 세운 정자인 희우정喜雨亭(후에 망원정으로 개칭)에 세종이 거둥擧動(임금의 나들이)하여 집현전 학자들에게 동정귤洞庭橘 한 쟁반을 하사하였던 기록이 있다. 세종은 이 쟁반에 직접 글씨를 썼다고 한다. 성현이 쓴 수필집 《용재총화》에도 "집현전에서는 아침과 저녁에 밥을 먹을 때에 내관으로 하여금 손님처럼 대하게 하였으니, 그 우대하는 뜻이 지극하였다"는 내용이 전해져 세종이 집현전을 크게 예우하였음을 알 수 있다.

최초의 유급 휴가제, 사가독서제의 실시

세종의 적극적인 후원이 있었으나, 집현전의 학자들에게도 불만은 있었다. 세종의 결정으로 오랜 기간 근무하는 장기 근속

출처: 국립중앙박물관, 한국민족문화대백과사전

《삼강행실도》. 1434년 왕명으로 집현전에서 발간하였다. 우리나라와 중국의 서적에서 군신·부자·부부의 삼강에 모범이 될 만한 충신·효자·열녀의 행실을 모아 편찬한 언행록이자 교훈서이다.

자들이 늘어났고, 연구기관의 특성상 승진이 늦어져 다른 부서로 옮기려는 움직임도 있었다. "근자에 들으니, 집현전 관원들이 모두 이를 싫어하고, 대간臺諫과 정조政曹에의 전출을 희망하는 자가 자못 많다는 것이다"는 기록[2]이 이러한 분위기를 잘 보여주고 있다. 정창손은 22년, 최만리가 18년, 박팽년이 15년을 근무하는 등 집현전은 다른 기관보다 소속 재직 기간이 길었다. 세종은 상황을 파악하고, 학자들을 제도적으로 배려하는 조치를 취하였다.

2 《세종실록》 1434년(세종 16) 3월 20일

세종은 사가독서賜暇讀書, 즉 왕이 하사하는 유급 휴가를 처음 실시하였다. '사賜'는 하사하다는 뜻으로, 죽음에 임해 내리는 사약賜藥 또한 죽을 사死자를 쓰지 않고 하사할 '사'자를 쓴다. 사가독서 제도는 학자들에게 재충전의 기회를 준 것이다. 오늘날 대학교나 기업, 공무원 등의 연구년 제도와 비슷하다.

1426년(세종 8) 세종이 권채와 신석견, 남수문 등을 불러 명한 것이 사가독서의 시작이다.

> 내가 너희들에게 집현관을 제수한 것은 나이가 젊고 장래가 있으므로 다만 글을 읽혀서 실제 효과가 있게 하고자 함이었다. 그러나 각각 직무로 인하여 아침저녁으로 독서에 전심할 겨를이 없으니, 지금부터는 본전에 출근하지 말고 집에서 전심으로 글을 읽어 성과를 나타내어 내 뜻에 맞게 하고, 글 읽는 규범에 대해서는 변계량의 지도를 받도록 하라.[3]

처음에는 집으로 보내 쉬게 했다가 이후에는 북한산 진관사에서 연구하도록 하였다. 사가독서제는 세조 대에 집현전이 폐지된 이후에도 그 전통이 유지되었다. 성종은 아예 현재의 국가나 기업의 연수기관처럼 독서당을 따로 설치했고, 중종은 현재의 금호동과 옥수동 한강 주변에 독서당을 확대하여 설치하였다.

많은 사람들이 세종을 역사 속 최고의 왕으로 평가한다. 이

3 《세종실록》 1426년(세종 8) 12월 11일

렇듯 세종의 인재 양성에 대한 열린 식견은 시대를 초월하여 사회적 지도자가 갖추어야 할 덕목으로 남아있다.

준비된 왕세자, 문종

조선의 다섯 번째 왕 문종(1414~1452, 재위 1450~1452)은 이른 승하 때문인지 애틋한 감정이 드는 왕이다. 문종은 세종과 소헌왕후 사이에서 태어났다. 29년의 세자 생활을 하는 동안 부왕 세종을 잘 보필했고, 1450년 조선 왕 중 최초로 적장자 출신으로 왕위에 올랐다. 그러나 모친과 부친의 연이은 국상의 후유증으로 왕으로 재위한 지 2년 3개월 만에 승하했다. 문종의 이른 사망 후 단종이 12세로 왕위에 올랐지만, 삼촌인 세조에 의해 왕의 자리에서 물러나게 된다. 단종이 영월로 유배된 후 17세의 나이로 생을 마감하면서, 부친인 문종과 함께 적장자 왕위 계승 저주의 시작을 알렸다.

세종이 세자를 위해 세운 동궁 건물

문종은 짧은 재위 기간과 세종의 화려한 업적 때문에 그 존재감이 상대적으로 약하지만, 29년 동안 세자로 있으면서 많은 성과를 냈다. 1414년(태종 14) 10월 문종은 한양 세종의 사저에서 탄생하였다. 1421년 8세의 나이로 왕세자가 되었으며, 《문종실록》에는 "성품이 관인寬仁하고 명철明哲하며, 의자가 굳고 과묵하고, 효우孝友하고 공손하고 검소하였다. 성색聲色과 노는 것을 좋아하지 않고 성리의 학문에만 전념하였다. 또 전대의 역사를 널리 보고 치란治亂의 기틀을 강구하였으며, 육예六藝[1], 천문과 음운 등에 이르기까지 통달하지 않은 것이 없었다"고 문종의 성품과 능력을 평가하고 있다.

세종은 복궁 동쪽에 세자를 위한 공간을 설치하고, 차기 왕으로서의 경험을 쌓도록 하였다. 세자는 떠오르는 태양이라 하여 그 거처를 동쪽에 두어, 일명 동궁이라고 한다. 사계절 중에는 봄을 상징하여 춘궁이라고도 하였다. 세종이 동궁의 중심 건물로 건립한 곳은 자선당과 첨사원이었다. 1427년(세종 9) 세자의 서연 장소로 자선당을 조성하였고, 1442년에는 세자를 보좌하는 기관인 첨사원을 설치했다.

자선당은 문종이 휘빈 김씨와 순빈 봉씨 등 2명의 세자빈과는 생이별을, 세자빈 권씨(후에 현덕왕후로 높여짐)와 사별을 한 곳이기도 하다. 권씨는 2명의 세자빈이 쫓겨난 후 문종의 세 번째 세자빈으로 간택되었다. 1441년 7월 23일 세자빈 권씨는 자선당

1 여섯 가지의 기예. 예禮·악樂·사射·어御·서書·수數를 말한다.

에서 원손인 단종을 출산했으나 출산 후유증으로 다음 날 바로 사망하였다. 자선당이 세자빈들과 좋은 인연이 없다고 판단해서인지, 세종은 승정원에 지시하여 자선당 밖에 따로 거처를 만들게 하였다. 세종은 "궁중에서 모두 말하기를, '세자가 거처하는 궁에서 생이별한 빈이 둘이고, 사별한 빈이 하나이니, 매우 상서롭지 못하다. 마땅히 헐어 버려 다시 거기에 거처하지 말게 하자'고 한다. (중략) 궁궐 전각이 얕고 드러나서 거처하기에 마땅치 아니하므로, 자선당 밖에다 따로 한 궁宮을 지어서 살게 하려고 하니, 숙의하여 아뢰라"고 지시했고, 문종은 결국 자선당을 떠나게 되었다.[2]

세종을 지원한 문종의 업적들

자선당과 함께 세종이 세자 문종을 위해 지어준 대표적인 건물로는 계조당이 있다. 1443년(세종 25) 세종은 근정전처럼 세자가 신하들의 조회를 받을 수 있는 건물을 세웠는데, 이것이 계조당이다. 1443년 5월 12일의 《세종실록》에는, "왕세자가 조회 받을 집을 건춘문 안에다 짓고, 이름을 '계조당'이라 하였다"고 기록하고 있다. 계조당은 세종이 문종의 대리청정[3]을 지시하면서 세웠음을 알 수 있다. 1444년 1월부터는 세자가 조회에 참석하도록

2 《세종실록》 1441년(세종 23) 7월 25일

3 왕이 병이 들거나 나이가 들어 정사를 제대로 돌볼 수 없게 되었을 때에 세자나 세제가 왕 대신 정사를 돌봄.

하였으며, 1448년 8월에는 의정부에 교지를 내려 세자가 조참과 시사視事, 서연에 임할 때 남향南向(왕과 같이 남쪽을 보고 앉는 것)할 것을 지시하였다. 세자가 남향을 하도록 한 것은 세자의 위상을 왕과 같이 하도록 한 조치였다.

문종은 세자로서 세종을 도와 훈민정음을 창제하고, 북방의 4군 6진 개척을 위한 화차를 발명하는 등 많은 성과를 함께 이루어냈다. 세종은 여진족이 조선의 국경 지역을 빈번히 침략하는 것을 막기 위해 김종서 장군으로 하여금 함경도 지역에 6진을 설치하였는데, 종성 · 온성 · 경원 · 회령 · 부령 · 경흥이 그곳이다. 최윤덕 장군은 평안도 지역에 나아가 우예 · 여연 · 자성 · 무창의 4군을 개척하였다. 세종 대의 4군 6진 개척으로 인하여 한반도는 현재와 같은 국경선을 확보할 수 있었다. 성종 대에 편찬된《국조오례의》에는 문종이 발명한 화차의 제작 재료가 자세히 나와 있다. 척 · 촌 · 문 · 리에 이르기까지 그 단위가 정밀하다. 화차는 4군 6진 지역에 190대 정도 배치되었고, 임진왜란 때도 조선의 주력 무기로 활용이 되었다.

최근의 연구에서는 강우량을 측정하는 기구인 측우기의 발명도 문종의 손에서 이루어졌음이 밝혀졌다. 문종은 국방, 과학 분야에서 상당한 역량을 보인 왕세자였다. "동궁에 있을 때 날마다 서연을 열어서 강론함에 게으르지 않았으며, 모두 동작을 한결같이 법도에 따라 하였다. 희노를 얼굴에 나타내지 않고 성색聲色을 몸에 가까이 하지 않으며, 항상 마음을 바르게 하여 몸을 수

금영 측우기. 서울특별시 종로구 송월동 기상청 내에 있는 조선시대의 측우기. 현재 남아 있는 유일한 측우기로 1837년(헌종 3)에 청동으로 제작된 것이다. 보물 제561호.

양하였다"는 기록[4]에서도 모범적인 세자 시절을 보냈던 문종의 모습을 볼 수 있다.

계조당은 문종의 유언으로 단종 대에 철거되었다. 세자가 신하들의 조회를 받을 필요가 없다고 판단했기 때문이다. 역사 속에 사라졌던 계조당은 1868년 고종 때 경복궁을 중건하면서 다시 부활하게 된다. 고종은 계조당을 재건하면서, "동궁(순종)이 후일에 우러러 모훈(좋은 가르침)을 준수하여 아름다운 법전을 갖게 되기를 내는 깊이 바라는 바이다"[5]고 하여, 문종이 세종의 가르침

4 《문종실록》 1452년(문종 2) 5월 14일

5 《고종실록》 1891년(고종 28) 2월 8일

을 준수한 전통을 잇기 바랐다. 그러나 1910년 국권이 침탈되면서 계조당은 완전히 파괴되었고, 2020년 문화재청에서 계조당의 복원 계획을 발표하였다. 예정대로 2023년에 계조당이 복원되면, 이미 복원이 된 자선당과 더불어 문종이 세자 시절을 보낸 공간들의 전체 모습을 확인할 수 있게 된다.

준비된 왕의 이른 승하

문종은 30대 이후로 건강이 좋지 않던 세종을 보좌하며 많은 업적을 이뤘다. 그러나 정작 문종이 왕으로 재위한 기간은 지극히 짧았다. 문종은 즉위한 지 2년 3개월만인 1452년 5월, 경복궁의 침전인 강녕전에서 39세의 나이로 승하하였다. 문종이 이른 나이에 승하한 결정적인 이유는 연이은 국상이었다. 문종은 1446년 모친 소헌왕후 심씨의 삼년상에 이어, 또다시 1450년 2월 세종의 삼년상을 치러야 했다.

> 소헌왕후가 병환이 났을 적에 사탕을 맛보려고 하였는데, 후일에 어떤 사람이 이를 올리는 이가 있으니, 왕이 이를 보시고는 눈물을 흘리면서 휘덕전(소헌왕후의 혼전)에 바치었다. 세종이 병환이 나자 근심하고 애를 써서 그것이 병이 되었으며, 상사를 당해서는 너무 슬퍼하여 몸이 바싹 여위셨다. (중략) 매우 슬퍼서 눈물이 줄줄 흐르니, 측근의 신하들은 능히 쳐다볼 수가 없

었다.[6]

문종은 국상에 최선을 다하며 건강을 잃었고, 안타깝게도 이것이 승하로 이어진 것이다. "문종이 동궁으로 있으면서 세종의 대통을 이어받은 그 시대가 모든 제도와 문물, 법식이 가장 융성했던 때"라고 꼽았던 고종의 표현처럼, 세종에서 문종으로 이어지던 때는 조선 최고의 전성기였다. 경복궁의 동쪽에 복원된 동궁 건물을 둘러보며 문종을 기억해 볼 것을 권한다.

6 《문종실록》 1452년(문종 2) 5월 14일

세조가 술자리를 자주 베푼 까닭은?

세조(1417~1468, 재위 1455~1468) 하면 어린 조카를 죽이고 왕위에 오른 비정한 군주로 기억하는 경우가 많다. 수양대군은 1453년(단종 1) 10월 계유정난癸酉靖難의 성공으로 권력의 실질적 1인자가 된다. 마침내 2년 후인 1455년 윤6월, 단종을 압박하여 왕위에 오르니 그가 세조이다.

불법적인 방식으로 권력을 잡은 만큼 세조에게는 늘 정통성 시비가 따라 붙었다. 1456년(세조 2년)에는 성삼문, 박팽년 등이 중심이 되어 단종 복위운동을 일으켰다. 이는 세조에게 정치적으로 큰 부담이 되었다. 세조는 문종, 단종 이후 추락한 왕권 회복을 정치적 목표로 삼고 육조직계제를 부활시키는가 하면 《경국대전》, 《동국통감》과 같은 편찬 사업을 주도하여 왕조의 기틀을 잡아갔다.

세조가 왕권 강화를 바탕으로 자신만의 정치를 펴 나가는 과정에서 특히 주목되는 점은 술자리를 자주 베풀었다는 사실이다. 이것은 《세조실록》에 '술자리' 관련 기록이 무려 467건이나 나타나는 것에서 단적으로 확인할 수 있다. 조선의 왕 중 최고 기록일 뿐 아니라 실록의 '술자리' 검색어가 총 974건이니, 거의 절반에 달하는 수치이다. 술자리의 횟수에 관한 한 세조는 조선 최고의 군주라 불릴 만하다. 세조는 왜 이처럼 자주 술자리를 마련했던 것일까?

술자리 정치의 공식들

세조는 자신을 왕으로 만들어준 공신에게 자주 술자리를 베풀면서 만남의 장을 가졌다. 《세조실록》의 기록에는 한명회, 신숙주, 정인지 등 공신과 함께 술자리를 마련하여 대화를 나누는 것은 물론이고, 흥이 나면 함께 춤을 추거나 즉석에서 게임을 하는 등 신하와 격의 없이 소통하는 장면이 자주 나타난다. 칼로 권력을 잡았기에, 최대한 소탈하고 인간적인 모습을 보임으로써 강한 이미지를 희석한 것으로 풀이된다. 또한 세조는 공신 세력이 양날의 검임을 알고 있었다. 자신을 위해 목숨을 바친 공신들이, 또 다른 순간에는 자신에게 칼끝을 겨눌 수 있음을 인식한 것이다. 때문에 세조는 잦은 술자리를 통해 그들의 기분을 최대한 풀어주고 자신에게 충성을 다짐하도록 했다.

세조가 왕이 된 후 술자리에 관한 최초의 기록은 "왕이 노산군에게 문안을 드리고 술자리를 베푸니, 종친宗親 영해군 이상과 병조판서 이계전 그리고 승지 등이 모셨다. 음악을 연주하니 왕이 이계전에게 명하여 일어나 춤을 추게 하고, 지극히 즐긴 뒤에 파하였다. 드디어 영응대군 이염의 집으로 거둥하여 자그마한 술자리를 베풀고 한참 동안 있다가 환궁하였다"라는 기록이다.[1] 술자리에서 음악과 춤을 즐기고, 1차의 아쉬움 때문에 2차까지 가는 모습은 세조의 술자리에서 거의 공통적으로 나타나는 특징이다.

역사 속 인물들이 술자리에서 춤을 췄다는 기록은 흥미롭다. 《태조실록》에는 정도전이 술자리에서 춤사위를 선보인 기록이 전해진다. 한번은 태조가 정도전을 포함한 여러 공신들을 불러 주연酒宴을 벌였는데, 사람을 시켜 문덕곡을 노래하게 했다. 태조는 눈을 껌뻑이면서 "이 곡은 그대가 작곡한 것이니 일어나서 춤을 추라"라고 권했고, 정도전이 즉시 일어나 상의를 벗고 춤을 추었다고 한다.[2]

여러 기록에서 세조가 주도하는 흥겨운 술자리 문화를 엿볼 수 있다. 경희궁에서 술자리를 베풀 때에 "잔치에 나온 종친과 대신들이 모두 일어나서 춤을 추었다"라는 기록이나, 창덕궁 선정전에서 잔치를 베풀고 북쪽의 야인 정벌에 나선 군사들을 위로하는 행사에서 "세자가 술을 올리고, 구성군 이준과 잔치를 모시는 종친과 여러 재상과 신하들이 번갈아 일어나서 축원을 기원했다.

1 《세조실록》 1455년(세조 1) 7월 27일
2 《태조실록》 1395년(태조 4) 10월 30일

세조가 자주 술자리를 열었던 경복궁 경회루 설경

출처: 문화재청

술이 반쯤 취하자, 이준 · 정인지 · 신숙주 · 한명회 · 홍윤성 · 홍달손에게 명하여 일어나 춤추게 했다. 여러 장수와 호위 군사에게 술을 내려주어 취할 때까지 마시게 했다"라는 기록이 전한다. 특히 신숙주, 한명회 등이 춤을 추며 분위기를 고양했다는 기록이 매우 인상적이다.

1455년 8월 16일 세조는 공신들에게 잔치를 베푸는 자리에서 돌출 행동을 보인 적도 있다. 세조는 왕의 술상인 어상에서 내려와 왼손으로 이계전을, 오른손으로 신숙주를 잡고 술잔을 주고받자고 말했다. 놀란 이계전 등이 엎드려서 일어나지를 않자, 세조는 "우리는 옛날의 동료이다. 같이 서서 술잔을 주고받는 것이 어찌 의리에 해롭겠느냐?"라고 하면서 다가섰고, 신하들은 어색해 하면서도 세조의 뜻을 따랐다. 이어서 세조는 특정한 사람을 지목하여 춤을 추게 했고, 화기애애한 술자리는 밤늦게까지 이어졌다. 자신과 공신은 동지라는 점을 강조하며, 왕과 신하가 잔을 나누는 상황을 연출한 것이다.

경복궁 사정전의 아침 보고 자리에서 술자리를 베풀었다는 기록도 보인다. "내금위內禁衛 · 사복司服을 궁중의 뜰 동쪽으로 불러서 술을 내려주고, 거듭 북을 쳐서 입직한 군사를 뜰로 모이게 해서 술을 내려주었다"라는 기록에서 입시入侍한 신하들은 물론이고 호위하는 군사들에게까지 술을 내리는 세심함을 볼 수 있다.[3]

3 《세조실록》 1461년(세조 7) 4월 10일

세조는 술자리를 정치의 장으로 활용하는 측면이 강했다. 홍윤성과 같은 측근 신하가 비리 혐의에 연루되어 탄핵을 받자, 세조는 직접 홍윤성을 불러 벌주를 내리면서 잘못을 뉘우치고 반성하도록 했다. 또한 세조는 술자리를 신하들의 장점을 칭찬하는 자리로 활용하기도 했다. 궁궐 안에서 뿐만 아니라 흥이 나면 교외에서 신하들을 불러 술자리를 자주 베풀었다.

술자리의 여러 에피소드들

신숙주와 한명회가 세조와 술자리를 갖는 도중 일어난 재미있는 일화도 있다. 세조가 거나하게 취해 장난기가 발동하여 신숙주의 팔을 세게 잡아 비틀었다. 그러고는 신숙주에게 자신의 팔을 세게 비틀어보라고 했다. 신숙주도 취기가 있어 정말로 세조의 팔을 비틀었다. 세조는 상당한 충격을 받고 기분이 몹시 상했다. 술기운을 이용해서 자신을 능멸했다고 본 것이다. 원래 술을 잘하지 못했던 한명회는 멀쩡한 정신으로 상황을 목격했고, 신숙주의 앞날을 걱정했다. 원래 신숙주는 취중에도 집에 들어가면 책을 보는 습관이 있었는데, 한명회는 그 집의 종을 시켜 그날은 신숙주가 꼭 바로 잠을 잘 수 있도록 하게 했다. 아니나 다를까 세조는 사람을 시켜 신숙주의 동태를 살피게 했고, 신숙주가 잠들었다는 보고를 받았다. 혹 맨 정신에 술을 빙자해 자신의 팔을 비튼 것이 아닌가 하고 괘씸해했던 세조는 신숙주가 정말 술에 취해서 실수한 것임을 파악하고는 분노를 거두었다고 한다.

한명회의 기지가 신숙주를 살린 것이었다.

술자리를 통해 벼락 승진하는 경우도 있었다. 이조참의로 있던 어효첨이란 인물은 "술이 크게 취했으면서도 실수하는 말을 하지 않는다"라는 이유로 세조에 의해 바로 이조판서에 임명되는 행운을 누렸다. 그러나 술자리에서의 실수로 참형까지 당한 인물도 있었다. 1453년 계유정난 때 김종서 제거의 행동대장으로 나섰던 무신 양정은 세조가 왕이 된 후에도 주로 변방 근무를 했고 이에 불만이 쌓여갔다. 1466년 6월 평안도에서 돌아온 양정이 세조를 알현하자, 세조는 한명회, 신숙주, 서거정 등을 불러 사정전에서 양정의 노고를 위로하는 술자리를 베풀어주었다. 서로 술이 취하고 분위기가 좋아지자 세조는 참여한 신하들에게 자신의 의견을 말해보라고 했고, 이에 양정은 욱하는 심정에 술기운을 빌어 "전하께서 왕위에 오른 지가 이미 오래되었으므로, 오로지 한가롭게 쉬심이 마땅할 것입니다"라는 폭탄 발언을 했다. 술자리 분위기는 확 깨지게 되었다.

세조는 충격 속에서도 애써 침착한 표정을 지으며 "내가 어찌 왕의 자리를 탐내는 사람인가?"라며 승지에게 옥새를 가져와 세자에게 전하라고 했다. 이에 한명회와 신숙주 등이 눈물을 흘리며 큰 소리로 양정을 비판했다. 결국 양정은 술자리의 실수가 빌미가 되어 참형에 처해졌다. 술자리에서는 누구보다도 너그러웠던 세조지만 퇴위까지 언급하는 것만은 용서할 수 없었던 것이다.

술자리를 통해 깊은 정을 쌓았기 때문일까? 세조는 임종 직전에 원상제院相制를 만들어 신숙주, 한명회, 정인지와 같은 측근 공신들이 자신의 사후에도 정치적 영향력을 미칠 수 있도록 제도적 장치를 마련했다. 원상이란 '승정원에 출근하는 대신'이다. 세조는 17명의 대신들을 원상에 임명하고, 원상들이 교대로 돌아가며 세자와 함께 국사를 결정할 것을 지시했다. 원상제는 이후 세조의 공신 세력들이 예종과 성종 시대를 거치면서 훈구파勳舊派로 자리 잡는 기반이 되었다.

성종,
장인 한명회의 빛과 그늘

'한명회(1415~1487)' 하면 수양대군 옆에 있는 참모이자 지략가의 이미지가 가장 먼저 떠오른다. 한명회는 1453년의 계유정난을 성공시켜 수양대군을 왕으로 만든 최고의 주역이면서, 두 딸을 예종과 성종에게 시집보냄으로써 왕실의 장인으로 굳건하게 지위를 유지한 인물이기도 했다. 또한 세조부터 성종에 걸쳐 행해진 다섯 번의 공신 책봉 중 네 번이나 일등공신에 오르면서 조선 전기 최고 권력자로 기억되기도 한다.

한명회는 13세의 사위 잘산군을 왕위에 올리는 데 성공하여, 세조의 총애를 바탕으로 성종 대까지 끝나지 않는 권력을 유지할 수 있었다. 그러나 장인의 힘으로 왕위에 올랐던 잘산군, 성종(1457~1494, 재위 1469~1494)은 결코 만만치 않은 왕이었다. 성종에게 장인 한명회는 최고의 후원자였지만, 새 시대로 나아감에 있어서 최대 걸림돌이기도 했다.

성종의 즉위와 한명회의 역할

1469년 예종이 14개월의 짧은 왕위를 마치고 승하했다. 예종에게는 안순왕후와의 사이에서 태어난 4세의 아들 제안대군과 요절한 의경세자(후에 덕종으로 추존됨)의 맏아들 월산대군이 있었으나, 왕위는 의경세자의 차남인 13세의 잘산군으로 결정되었다. 당시 왕실의 최고 어른이었던 세조의 비 정희왕후 윤씨는 왕이 죽은 그날 바로 다음 왕을 결정하는 파격적인 조처를 내렸다. 성종은 어떻게 이처럼 서열 3위의 위치에서 전격적으로 왕위에 오를 수 있었을까?

사실 왕실은 세조 사후에 예종이 즉위하는 과정에서부터 다음 왕위 계승과 관련해 복잡한 문제를 안고 있었다. 세조의 맏아들은 의경세자였다. 의경세자는 세조가 단종에게서 왕위를 빼앗은 후에 18세의 나이로 왕세자에 책봉되었으나, 2년간 병을 앓다가 사망했다. 이를 두고 당시 사람들은 세조가 어린 조카를 죽인 죗값을 받은 것이라고 수군거리기도 했다. 맏아들이 죽자 자연히 왕세자의 자리는 차남인 해양대군(예종)의 차지가 되었다. 예종은 1457년 형의 죽음으로 8세에 세자 책봉되어, 세조의 사후인 1468년 9월 19세의 나이로 수강궁에서 즉위했다. 그러나 예종은 곧바로 왕권을 행사하지 못했다. 아직 20세가 되지 않았다 하여 어머니인 정희왕후가 수렴청정[1]했기 때문이다. 여기에 더해 세조 때

1 임금이 어린 나이로 즉위했을 때, 왕대비나 대왕대비가 이를 도와 정사를 돌보던 일. 왕대비가 신하를 접견할 때 그 앞에 발을 늘인 데서 유래한다.

막강한 권력을 형성한 신숙주, 한명회, 구치관 등 훈구대신들의 정치적 입김이 만만치 않았다.

예종은 14개월이라는 짧은 치세 동안 왕권 강화를 시도해보았다. 하지만 원상院相(승정원에 출근하는 대신)으로 확고한 세력기반을 갖춘 훈구대신들의 장벽 속에서 별다른 권력을 행사하지 못한 채 병으로 사망하고 말았다. 예종이 왕으로서 큰 역할을 하지 못했기 때문에 예종 사후 왕위 계승권도 자연히 대비인 정희왕후와 훈구대신들에게 넘어갔다. 이 상황에서 한명회는 정희왕후를 움직여 자신의 사위 잘산군을 왕으로 올리는 데 성공한다. 사실 성종은 예종의 아들인 제안대군, 형님인 월산대군에 이어 서열 3위에 위치해 있었다. 하지만 대비 정희왕후는 잘산군을 예종의 후계자로 지명했다. 제안대군은 4살로 너무 나이가 어리고, 월산대군은 병약하다는 것이 그 이유였다. 정희왕후 역시 훈구대신으로 조정 분위기를 주도하는 한명회의 정치적 후원을 받는 것이 왕실 안정에 도움이 된다고 판단했을 것이다.

예종의 왕세자 시절 자신의 딸(장순왕후)을 시집보내고도, 예종이 왕위에 오르기 전 딸이 요절하는 바람에 왕의 장인이라는 특권을 마음껏 누려보지 못했던 한명회. 그러나 그는 다시 한 번 사위 성종을 왕위에 올리는 탁월한 정치력을 발휘한다. 세조 때부터 승승장구한 그의 이력에 왕의 장인이라는 큰 영예가 더해지며 그야말로 세조에서 성종에 이르기까지 '끝나지 않는' 한명회 시대가 열린다. 20여 년 전 한명회 역할을 맡았던 배우가 어느 광고에서 "모든 것이 이 손안에 있습니다"라고 하는 장면이 있다. 실제 1461년 9월 26일 실록의 기록에도 "모든 형벌과 상을 주는 것이 모두 그의 손에 있었다"라는 내용이 나오니 참 흥미롭다. 한명회의 졸기卒記(죽은 후 그 인물에 대한 기록)에 "권세가 매우 성하여 따르는 자가 많았고 찾아오는 손님들이 문에 가득했으나, 응접하기를 게을리하지 않아 일시의 재상들이 그 문에서 많이 나왔으며 조관朝官으로서 채찍을 잡는 자까지 있기에 이르렀다"라고 기록한 것 또한 한명회의 위상을 보여준다고 할 수 있겠다.

압구정 천막 사건과 한명회의 몰락

성종이 왕으로 즉위한 후 한명회의 위세는 더욱 강해졌다. 최고의 권력을 구가하던 한명회는 1476년(성종 7) 한강 가에 압구정狎鷗亭이란 정자를 지었다. '압구정'이란 이름은 명나라 사신인 예겸이 지어준 것이다. '압구'는 갈매기를 가까이한다는 뜻으로 갈매기를 벗하며 유유자적하게 말년을 보낸다는 뜻을 담고 있다. 압구정이 완성되는 날 성종은 이를 기려 직접 시를 지어내릴 정도로 관심을 보였는데, 다음 해에 한명회를 견제한 젊은 관료들의 반발로 현판에 걸린 성종의 시는 철거되었다. 그러나 당시 한강 주변에는 왕실 소유의 희우정이나 제천정 등만 있었던 것을 고려하면, 최고의 조망을 가진 곳에 신하의 신분으로 정자를 건립한 것에서 한명회의 위상이 어떠했는지 짐작이 된다.

그러나 결국 압구정은 한명회의 화려했던 정치 인생에 종지부를 찍는 부메랑이 되어 날아왔다. 1481년(성종 12) 6월의 일이었다. 압구정의 명성이 중국에까지 알려지면서 조선을 방문한 사신이 성종을 통해 압구정 관람을 청했다. 이에 한명회는 장소가 좁다는 이유를 들어 거절했고, 성종은 아무리 장인이라지만 왕의 뜻을 거역하는 한명회의 태도를 불쾌해했다. 더구나 왕실에서 사용하는 용봉龍鳳이 새겨진 천막을 사용하게 해주면 잔치를 벌이겠다는 한명회의 이야기를 듣고 성종의 분노는 극에 달했다. 이에 성종은 제천정에서 잔치를 치르고, 희우정과 제천정을 제외한 정자는 모두 없애겠다는 강경한 선언을 했다. 1481년 6월 25일 당시 《성종실록》의 기록을 보자.

> 승정원에 전교하기를, "강가에 정자를 지은 자가 누구누구인지 모르겠다. 이제 중국 사신이 압구정에서 놀면 반드시 강을 따라 두루 돌아다니면서 놀고야 말 것이고, 뒤에 사신으로 오는 자도 다 이것을 본떠 유람할 것이니, 그 폐단이 어찌 끝이 있겠는가? 제천정의 풍경은 중국 사람이 예전부터 알고, 희우정은 세종께서 큰 가뭄 때 이 정자에 우연히 거둥하여 마침 신령스러운 비를 만났으므로 이름을 내리고 기문을 지었으니, 이 두 정자는 헐어버릴 수 없으나 그 나머지 새로 꾸민 정자는 일체 헐어 없애 뒷날의 폐단을 막으라."

왕의 권위를 우습게 보는 한명회에게 확실하게 자신의 모습을 각인시키려는 강경한 의지의 표현이었다. 왕보다도 사위라는 인식이 강해서일까? 한명회는 제천정에서 벌이는 잔치에 자기 아내가 아파서 나갈 수 없다는 핑계를 대며 사태를 더욱 악화시켰다. 한명회에 대한 성종의 의중을 알아차린 승지나 대간들은 연이어 한명회를 비난했다. 이때마다 성종은 한명회의 잘못을 꾸짖는 선에서 일을 매듭지으려고 했다. 그러나 그 반발이 계속되자 결국 성종도 한명회의 국문을 지시할 수밖에 없었고 한명회의 위상은 그렇게 추락했다.

즉위 직후 밀월 관계였던 성종과 한명회 사이의 균열은 이전에도 있었다. 1476년 성종의 나이 스무 살이 되자 대비인 정희왕후는 수렴청정을 거두고 성종에게 친정을 시키겠다는 언문 교지를 내렸다. 그런데 이 조치에 대해 한명회가 '동방의 백성들을 버리는 것이며, 대궐에 나아가 한 잔 술을 편히 마시지 못할 것'이라며 반대 의견을 표시하고 계속 수렴청정해줄 것을 건의했다. 한명회와 정희왕후의 사이가 워낙 각별해서 나온 발언이긴 했지만, 성종의 입장에서는 성년이 된 자신을 여전히 불신하는 장인에게 불만을 가졌을 가능성이 크다. 결국 압구정 사건은 왕권을 억누르는 신권의 대표주자 한명회에 대한 평소의 분노가 폭발한 것으로도 풀이된다.

갈매기를 벗 삼아 여생을 마무리 짓겠다는 의지로 지었지만 실상 압구정은 권력의 정점에 있던 한명회의 위상을 상징하는 공간이었다. 그리고 왕실 천막 대여 사건은 그 권세의 절정을 보여주었다. 최고의 권력이기에 추락도 한순간이었다. 자신이 만든 왕 성종이 그를 추락시켰다는 사실은 한명회를 더욱 씁쓸하게 했을 것이다. 성종에게 있어서 한명회는 이제 장인이자 후견인이라기보다 새로운 시대에 배척해야 할 훈구파의 중심이었다. 성종은 신숙주나 한명회와 같은 훈구파의 빈자리에 김종직 등 사림파를 등용하며 유교문화가 정착하는 새 시대를 이끌어나가게 된다.

성종이 왕비에게 사약을 내린 까닭은?

조선시대 폭군의 대명사인 연산군(1476~1506, 재위 1494~1506). 연산군이 폭군이 되었던 가장 주요한 원인은 생모 윤씨의 비극적인 죽음이다. 성종의 후궁으로 들어와 한때는 시어머니 인수대비와 성종의 총애를 받은 여인. 성종은 왜 그녀에게 사약을 내릴 수밖에 없었던 것일까?

폐비 윤씨의 퇴출

1479년 6월 2일 성종은 윤씨를 왕비의 자리에서 퇴출시키는 파격적인 결정을 하고 이를 종묘에 고했다. 세종 때에 세자빈이 연이어 폐출된 사례는 있었지만 현직 왕비가 퇴출되는 것은 초유의 사건이었다. 당시 성종이 내린 교서敎書에는 윤씨가 퇴출된 이유를 구체적으로 서술하고 있다.

"왕비 윤씨는 후궁으로부터 드디어 중전의 자리에 올랐으나, 내조하는 공은 없고, 도리어 투기하는 마음만 가지어, 지난 정유년(1477)에는 몰래 독약을 품고서 궁인을 해치고자 하다가 음모가 분명히 드러났으므로, 내가 이를 폐하고자 했다. 그러나 조정의 대신들이 함께 청해서 개과천선하기를 바랐으며, 나도 폐출하는 것은 큰일이고 허물은 또한 고칠 수 있으리라고 여겨, 감히 결단하지 못하고 오늘에 이르렀는데, 뉘우쳐 고칠 마음은 가지지 아니하고, 덕을 잃음이 더욱 심해 일일이 열거하기가 어렵다. 그러니 결단코 위로는 종묘를 이어 받들고, 아래로는 국가에 모범이 될 수가 없으므로, 이에 성화 15년(1479) 6월 2일에 윤씨를 폐하여 서인庶人으로 삼는다. 아, 법에 칠거지악七去之惡이 있는데, 어찌 감히 조금이라도 사사로움이 있겠는가? 일은 반드시 여러 번 생각하는 것이니, 만세를 위해 염려해야 되기 때문이다."

성종의 교서에서는 투기죄와 궁인을 해치려 한 죄, 실덕失德 등이 언급되었지만 오래도록 성종과 시어머니인 인수대비 한씨와 갈등을 빚은 것이 폐비 윤씨의 퇴출에 크게 작용을 했다. 차기 대권을 이어갈 아들(연산군)까지 낳은 왕비에게 이토록 극단적인 결정을 내린 것을 보면 왕실의 윤씨에 대한 혐오가 얼마나 컸는지 짐작할 수 있다.

폐출된 왕비 윤씨는 성종의 계비였다. 성종의 첫 번째 왕비는 한명회의 딸인 공혜왕후 한씨이다. 성종은 장인의 후광으로 형님인 월산대군을 제치고 왕위에 오를 수 있었다. 공혜왕후는

1467년 12세의 나이에 세자빈으로 책봉되고, 1469년 성종이 왕위에 오르자 왕비가 되었지만 1474년(성종 7)에 사망했다. 이때 빈자리를 메운 사람이 후궁으로 들어왔던 제헌왕후 윤씨로 1476년 8월 9일 일약 왕비의 자리에 올랐다. 이어 11월에 원자 연산군을 낳음으로써 그녀의 주가는 최고에 이르렀다. 출생 연도가 정확히 알려져 있지 않지만 성종보다는 연상이었던 것으로 추정된다. 또한 실록의 기록에서 그녀의 성격이 매우 강했음을 고려하면, 나이나 성격 면에서 윤씨는 왕인 성종에게도 만만치 않은 존재였을 것이다.

더구나 어린 성종은 누나뻘인 왕비보다는 후궁들을 좋아했다. 소용 정씨와 엄씨를 찾는 발길이 잦았고, 윤씨는 이를 그대로 보고만 있지 않았다. 후궁을 제거하기 위해 민간요법을 쓰기도 했고, 후궁들이 자신과 세자를 죽이려 한다는 투서를 돌리기도 했다. 그러나 투서의 실질적인 작성자가 윤씨로 밝혀지고, 윤씨의 처소에서 독약인 비상砒霜이 발견되자 성종은 왕비의 폐출을 심각하게 고민하게 되었다. 거듭되는 며느리의 파행에 시어머니인 인수대비도 분노했다. 인수대비는 언문 교지를 내리면서 "지금 주상의 사랑을 받고 있는데도 행동이 저 모양인데 혹시 뜻대로 되지 않는다면 이보다 더한 행동도 하지 않으리라 장담할 수 없다"라고 하면서 자신이 애초에 사람을 잘못 보았다고 후회했다.

윤씨의 투기에 대비까지 나서자 성종은 윤씨의 출궁을 결심했다. 그러나 이때마다 윤씨를 변호한 것은 '원자의 생모', 즉 차기 왕위 계승자 연산군의 어머니라는 확실한 무기였다. 신하들의 거듭된 요청에 성종 역시 일정 기간 그녀를 지켜볼 수밖에 없었다. 그러나 이후에도 성종과 윤씨의 갈등은 계속되었고, 대비가 나무라면 성난 눈으로 노려볼 정도로 윤씨는 며느리의 도리를 포기했다. 성종이 후궁을 찾은 것에 반발해 윤씨가 용안에 손톱자국을 낸 사태까지 벌어졌다. 인수대비는 며느리의 과격한 행동을 참다못하고 윤씨를 폐위할 것을 요구했다. 마침내 1479년 조선 역사상 처음으로 왕비가 사가에 쫓겨났다. "어느 날 왕의 얼굴에 손톱자국이 났으므로 인수대비가 크게 노하여 왕의 노여움을 돋우어 외정外廷에서 대신에게 보이니 윤필상 등은 임금의 뜻을 받들어 의견을 아뢰어 윤비를 폐하여 사제私第로 내치도록 했다"라는 기록은 시어머니가 며느리의 폐출을 주도했음을 보여주고 있다.

사가로 쫓겨난 윤씨는 1482년 성종이 내린 사약을 마시고 비극적인 최후를 맞이하게 된다. 《연려실기술》에는 "윤씨는 폐위되자 밤낮으로 울어 끝내는 피눈물을 흘렸는데 궁중에서는 훼방하고 중상함이 날로 더했다. 임금이 내시를 보내어 염탐하게 했더니, 인수대비가 그 내시를 시켜 '윤씨가 머리를 빗고 낯을 씻어 예쁘게 단장하고서 자기의 잘못을 뉘우치는 뜻이 없다'고 대답하게 했다. 왕은 드디어 그 참소를 믿고 죄를 더 주었던 것이다"라고 하여, 폐출된 후에도 반성의 빛이 없었던 것이 윤씨가 사약을 받은 중요 이유였음을 기록하고 있다. 또한 내시의 보고를 사주한 인수대비가 며느리의 죽음에도 깊이 관여했음을 암시하고 있다. 인수대비는 여성들이 지켜야 할 성리학 윤리서인 《내훈》을 직접 저술하면서, 조선 사회가 성리학을 이념화해야 한다고 믿었던 사람이었다. 이런 인수대비는 왕인 남편의 행동을 투기하고 손찌검까지 하는 며느리를 결코 용납할 수 없었다. 시어머니와 며느리의 심한 갈등이 결국 조선 왕실 최초로 왕비를 폐출하고 사사賜死하는 선례를 남기게 되었다.

폐비 윤씨의 죽음과 어우동 스캔들

1482년 폐비 윤씨가 사약을 받았을 때 연산군은 7살밖에 되지 않은 왕자였다. 게다가 연산군은 생모 윤씨의 죽음 직후 성종의 두 번째 계비인 정현왕후의 아들로 입적이 되었기에 어릴 때는 정현왕후를 어머니로 알고 지냈다. 성종은 후폭풍을 염려해 100년 동안 폐비의 일을 거론하지 말 것을 유언으로 남겼으나, 불길한 예감은 그대로 적중하고 말았다.

1494년 생모의 비극적인 죽음이라는 시한폭탄을 장착한 연산군이 성종의 뒤를 이어 즉위한다. 《연산군일기》에는 연산군이 성종의 묘지문에 왕비의 아버지가 윤기견(폐비 윤씨의 아버지)이라 쓰여진 것을 보았으며, 비로소 생모인 윤씨가 폐위되어 죽은 것을 알고 수라를 들지 않았다는 기록이 있다. 연산군이 이에 대해 깊이 갈등했음을 알 수 있는 대목이다. 그리고 1504년 마침내 이 뇌관을 터뜨리는 자가 등장하게 된다. 연산군의 측근으로서, 자신의 정치적 입지 강화를 위해 온갖 정치적 술수를 기획하고 있던 임사홍이 바로 그 주인공이다. 임사홍은 폐비정청廢妃庭請에 참여한 인사들을 구체적으로 거론하면서 연산군이 복수를 하도록 유도한다. 이것이 바로 갑자사화甲子士禍의 서막이었다.

한편, 윤씨가 폐출되는 것과 비슷한 시점인 1480년에는 '어우동 스캔들'로 나라가 시끄러웠다. 성종은 성리학 이념에 입각한 남성 중심의 사회를 지향했다. 영화나 드라마의 이미지 때문에 기생으로 알고 있는 경우가 많지만, 실제 어우동은 승문원 지사를 지낸 박윤창의 딸이었으며 왕실의 후손인 이동과 혼인한 양반가 규수였다. 그런 양갓집 규수가 양반은 물론이고 천한 신분의 사람들과 정을 통하다가 물의를 일으키면서 사회문제로 떠오른 것이었다. 성종은 "지금 풍속이 아름답지 못하기 때문에 여자들이 음행을 많이 자행한다. 만약에 법으로써 엄하게 다스리지 않는다면 사람들이 징계되는 바가 없을 텐데, 풍속이 어떻게 바로 되겠는가? 옛사람이 이르기를, '끝내 나쁜 짓을 하면 사형에 처한다'라고 했다. 어우동이 음행을 자행한 것이 이와 같은데, 중한 형벌에 처하지 않고서 어찌하겠는가?"라고 하면서 어우동을 극형에 처할 것을 명했다. 당시에도 남성과 간통한 죄에 대해 극형을 가하는 것은 무리라는 반대 의견이 많았지만 성종은 그대로 형을 집행하게 했다.

성종의 처형 명분은 조선의 사회 풍속과 기강을 바로잡는 데 있었다. 조선의 건국이념으로 수용된 성리학은 15세기 후반 성종 시대까지지도 사회에 완전히 정착되지 않았다. 성종은 누구보다 조선 전기 문물과 제도의 정비에 힘을 쓰는 한편 성리학의 이념을 본격적으로 전파하고 수용하려 노력한 왕이었다. 이러한 상황에서 터진 폐비 윤씨의 투기와 어우동 스캔들은 성리학의 이념 전파에 걸림돌이 되는 사건이었다. 성종은 폐비 윤씨와 어우동을 극형에 처하는 강수를 두었고, 조선의 모든 여성들에게 두 사건을 반면교사로 삼았다. 국가의 철학에 적극 부응하라는 왕의 의지를 확실히 보였던 것이다.

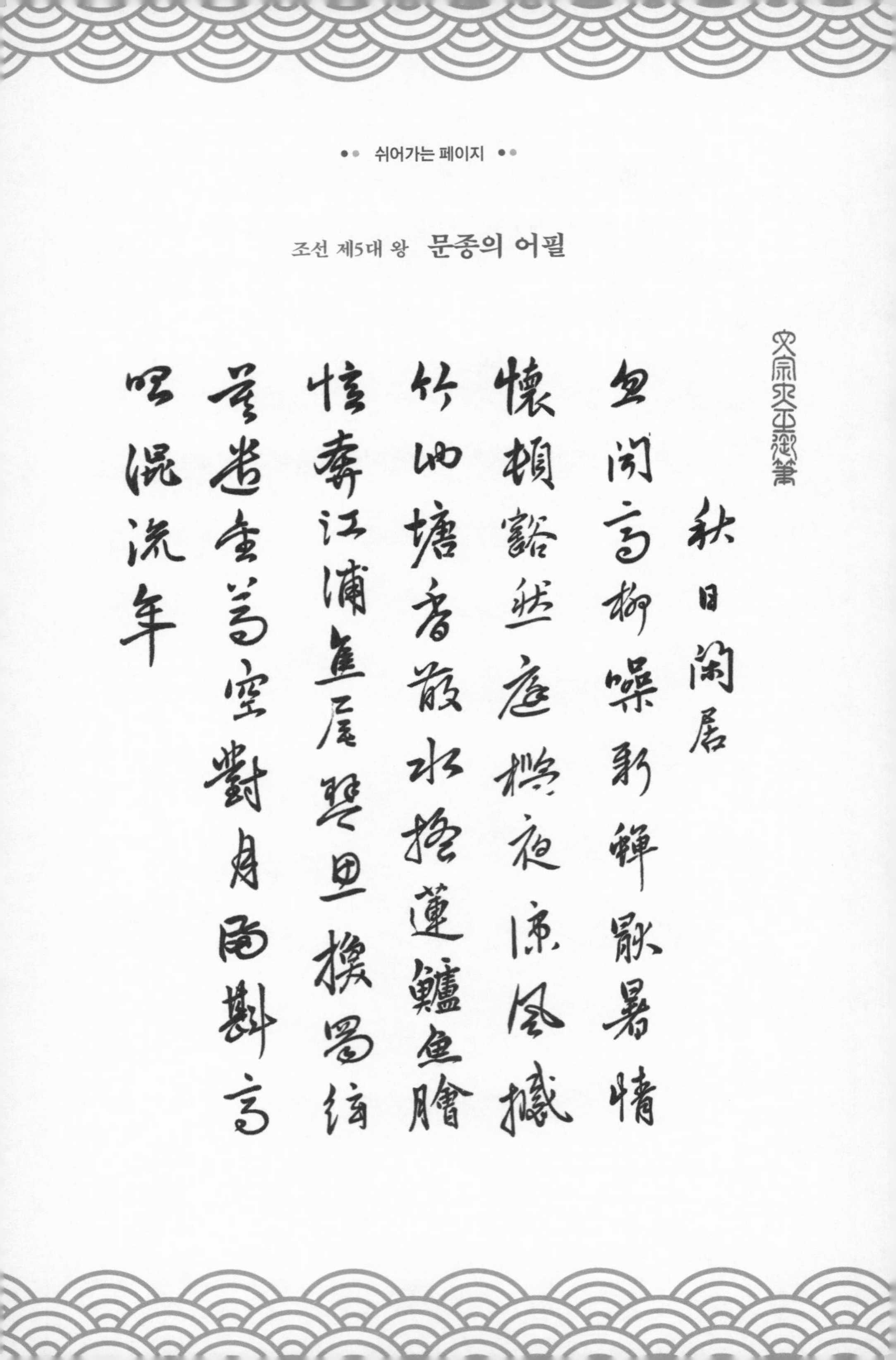

조선 제5대 왕 **문종의 어필**

文宗大王御筆

秋日閑居

왕의 글귀
하나

忽聞高柳噪新蟬

드높은 버들에서 매미 울음 들려오니

厭暑情懷頓豁然

더위에 지친 심사 갑자기 사라지네

庭檻夜涼風撼竹

뜰 난간이 시원하니 바람이 대나무를 움직이고

池塘香散水搖蓮

연못에 향기 퍼져 물이 연꽃을 흔드네

鱸魚鱠憶奔江浦

농어회 생각에 포구로 내달리고

焦尾琴思換蜀絃

초미금 생각에 좋은 줄로 바꾸네

莫遣金樽空對月

술잔에게 달빛이나 대하게 하지 말고

滿斟高唱混流年

가득 부어 노래하며 세월과 하나 되세

제2장

사화와 당쟁, 갈등과 반복의 시대

연산군의 흥청망청 독재정치

조선왕조 역사상 최악의 폭군을 꼽으라면 대부분 연산군을 든다. 연산군은 폭군의 대명사인 만큼 두 차례나 피비린내 나는 사화士禍(사림파가 화를 입음)를 일으킨 장본인이기도 하다. 조선의 4대 사화 중 1498년(연산군 4)의 무오사화와 1504년(연산군 10)의 갑자사화는 연산군의 폭정이 주요 원인이었다. 연산군은 사화를 주도하면서 그의 독재정치에 반대하는 세력이라면 사림파나 훈구파를 가리지 않고 가차 없이 탄압했다. 물론 폐출된 왕이기에 일부 과장은 있겠으나, 《연산군일기》의 기록을 보노라면 '폭군'이라는 단어가 너무나 자연스럽게 떠오른다.

독재정치의 실상들

연산군은 한 해의 세금도 버거워하던 백성들에게 2, 3년 치의 세금을 미리 거두어들이는가 하면 노비와 전답에도 각종 명목을 붙여 세금을 부과했다. 1504년 8월에는 금표禁標를 확대해 경기도 일원의 민가를 철거하라는 명을 내렸다. 금표는 본래 군사 훈련이나 왕의 사냥을 위해 일시적으로 백성들의 출입을 통제하는 지역을 말한다. 연산군은 민가를 허물고 그 입구마다 금표비를 세워 백성들의 출입을 막고 자신만의 사냥터를 넓혀갔다. 연산군은 누구보다 궁궐에서 자주 잔치를 베풀어 타락한 군주의 전형을 보여주기도 했다. 자태가 고운 여자들을 전국 팔도에서 찾아내어 이들을 궁궐의 기녀로 차출했다. 채홍사採紅使[1]가 기녀들을 선발했고 뽑힌 이들은 운평, 가흥청, 흥청으로 불렸다. "횃불 1,000자루를 늘어 세워 밤이 낮처럼 밝은데, 흥청 수백 명이 늘어앉아 풍악을 연주했다"라는 기록이 전해진다.[2] 다음의 기록을 보면 이 사람이 일국의 왕인지 공연 감독 혹은 주연 배우인지 헷갈릴 정도다.

> 경회루 연못가에 만세산을 만들고, 산 위에 월궁을 짓고 채색 천을 오려 꽃을 만들었는데, 백화가 산중에 난만해서 그 사이가 기괴 만상이었다. 용주龍舟를 만들어 못 위에 띄워 놓고, 채색 비단으로 연꽃을 만들었다. 그리고 산호수珊瑚樹도 만들어 못 가운데에 푹 솟게 심었다. 누각 아래에는 붉은 비단 장막을 치고서 흥청·운평 3,000명의 여인을 모아 놓으니, 생황과 노랫소

1 연산군 때 미녀와 좋은 말을 구하기 위해 지방에 파견한 관리.
2 《연산군일기》 1506년(연산 12) 4월 12일

리가 비등했다.[3]

백성들은 연산군이 흥청을 끼고 노는 것을 한탄하며 이를 조롱하고 비판하는 의미로 '흥청망청興淸亡淸'이라는 말을 유행시켰다. 수 백 년의 세월 너머 오늘날까지 단어가 남아, 잘못은 역사가 기억한다는 경고를 준다. 창덕궁 후원 역시 사치와 향락의 공간으로 전락했다. 연산군은 후원에 높이와 넓이가 수십 길(길이의 단위, 한 길은 약 3미터에 해당함)인 정자 서총대瑞葱臺를 세우고 그 아래 큰 못을 팠는데, 해가 넘도록 공사를 마치지 못할 정도로 큰 규모였다. 또 임진강 가의 석벽 위에는 별관을 지어 유람하고 사냥하는 장소로 만들었다. 굽이진 원院과 빙 두른 방房이 강물을 내려다보아 극히 사치스럽고 교묘했다.

워낙 독재군주였던 만큼 연산군 시대에는 엽기적인 형벌들이 다수 개발됐다. 《연산군일기》를 보면 손바닥을 뚫는 천장穿掌, 몸을 지지는 낙신烙訊, 가슴을 빠개는 착흉斮胸, 뼈를 바르는 과골剮骨, 손을 마디마디 자르는 촌참寸斬을 비롯하여, 뼈를 갈아 바람에 날리는 쇄골표풍碎骨飄風 등의 갖가지 형벌이 나온다.

"익명서匿名書 및 다른 죄로 잡힌 자가 서로 연루되어 옥을 메웠는데, 해를 넘기며 고문해 독한 고초가 이루 말할 수 없었다"라는 기록이 그 참혹한 상황을 증언하고 있다. 연산군이 즉위한 후

3 《연산군일기》 1506년(연산 12) 3월 17일

조지서는 다음과 같은 상소문을 올려 결국 참형을 당하고 효수梟首되었다.

> "신이 본래 서연관(왕세자의 스승)으로 있을 때 조금이라도 더 깨쳐드렸다면 전하께서 이런 과실을 저지르지 않았을 것입니다"[4]

연산군은 효수할 때마다 죄명을 적은 찌를 매달게 했는데, 조지서에게는 '제 스스로 잘난 체하며 군주를 능멸한 죄'라는 찌가 붙었다.

연산군은 궁중의 내관들에게 '신언패愼言牌'라는 패쪽을 차고 다니게 했다. 신언패에 새긴 내용은 "입은 화의 문이요, 혀는 몸을 베는 칼이다. 입을 닫고 혀를 깊이 간직하면 몸이 편안하여 어디서나 안전하리라"라는 것으로 등골을 오싹하게 하는 문구였다. 한마디로 보고 들은 것을 입으로 전하면 죽는다는 경고였다. 또한 연산군의 처남인 신수근 집에 한글로 쓰여진 익명서가 전해졌는데, "우리 임금은 신하를 파리 죽이듯 하고 여색에 절도라고는 없다"라는 내용이었다. 이에 분노한 연산군은 한글의 학습을 탄압하고, 한글로 간행된 서적을 불태울 것을 지시했다.

1506년(연산 12)에는 조정의 관리들에게 머리에 쓰는 사모紗帽

4 《연산군일기》 1504년(연산 10) 윤4월 8일

견본을 내리면서 앞쪽엔 충忠 자, 뒤쪽엔 성誠 자를 새기게 했다. 사모 두 뿔은 어깨 위로 늘어지게 해서 왕이 아랫사람을 통제하는 뜻을 보이게 했다. 사모에까지 충성이라는 글자를 새긴 것에서 연산군 스스로도 독재가 불안했음을 추측할 수 있다. 신언패와 한글 탄압, 충성 사모 해프닝은 연산군 시대가 서서히 저물어 오고 있음을 알리는 신호탄이기도 했다.

폭정의 종말

연산군의 폭정에 기름을 부은 여인이 있었다. 기생 출신에서 일약 후궁의 지위에 오른 장녹수가 바로 그녀다. 실록에서는 장녹수에 대해 "왕을 조롱하기를 마치 어린아이 같이 했고, 왕에게 욕하기를 마치 노예처럼 했다. 왕이 비록 몹시 노했더라도 장녹수만 보면 반드시 기뻐해 웃었으므로, 상을 주고 벌을 주는 일이 모두 그의 입에 달렸다"라고 기록한다. 장녹수는 연산군의 총애를 업고 권력을 함부로 휘둘렀다. 장녹수는 각종 뇌물과 인사청탁을 받으며 막후에서 권력을 조정한 연산군 정권의 실질적인 2인자였다. 그러나 장녹수는 연산군이 폐위된 후 길거리에서 돌세례를 받으며 성난 군중에 의해 비참한 최후를 맞이했다. 한 순간에 권력과 부귀가 사그라들었다.

연산군은 폐위되기 직전까지도 "조선은 왕의 나라다. 조선의 백성 모두가 왕의 신하요, 조선 땅의 풀 한 포기까지도 모두 내 것이다"라고 할 만큼 독재와 폭정을 정당화하는 발언을 자주

하곤 했다. 그러나 그것은 오히려 자신의 운명殞命을 재촉하고 말았다.

연산군의 폭정을 견디는 데 한계를 느꼈던 일부 관리들은 점차 비밀리에 회합을 거듭하면서 연산군 폐위 계획을 차곡차곡 세워나갔다. 그리고 마침내 1506년 9월 2일 박원종, 성희안, 유순정 등 훈구대신들이 중심이 되어 연산군을 추방하고 그의 이복동생인 진성대군을 추대했으니 이가 곧 중종이다. 반정의 선봉에 섰던 3인방 중 박원종은 특히 연산군과 개인적인 원한 관계가 깊었다. 연산군의 음행은 도가 지나쳐서 성종의 형인 월산대군의 부인 박씨와도 간통했다. 연산군에게 큰어머니뻘 되는 박씨는 이때의 수치심을 이기지 못하고 자결했다. 박씨는 바로 박원종의 누이였다. 늘 원통함을 품고 있던 차에, 박원종은 성희안과 의기투합했다. 성희안은 이조참판을 지내던 중 연산군을 비판하는 시를 썼다가 말직인 부사용副司勇으로 좌천된 자였다.

거사 하루 전날인 9월 1일 훈련원에 성희안, 박원종, 김감, 김수동, 유순정, 유자광 등 반정 주체 세력과 건장한 무사들이 속속 모여들었다. 이날 밤 반정군은 창덕궁의 돈화문을 통해 연산군의 처소를 급습했다. 궁궐 수비군 거의가 반정군의 규모에 놀라 궁궐을 빠져나왔다. 몇몇의 승지들과 함께 끌려나온 연산군은 그 화려했던 독재자의 모습에 걸맞지 않게 벌벌 떨기만 했다. 이제 그를 지켜주는 신하는 아무도 없었다. 박원종 등은 곧이어 경복궁에 가서 대비인 정현왕후(성종의 계비)에게 진성대군을 추대할 것을 청했고 경복궁 근정전에서 즉위식을 올렸다.

중종은 곧바로 연산군을 폐위하고 강화도 교동으로 유배를 보냈다. 연산군이 교동으로 쫓겨나 가시 울타리 안에 거처하게 되자 백성이 왕을 뒤쫓아 원망하며 지었다는 노래가 실록에 전해진다.

> 충성이란 사모요
> 거둥은 곧 교동일세
> 일만 흥청 어디 두고
> 석양 하늘에 뉘를 좇아가는고
> 두어라 예 또한 가시의 집이니
> 날 새우기엔 무방하고 또 조용하지요

이 노래에서는 한자음이 비슷한 용어를 사용했다. 연산군이 관리들에게 쓰게 한 사모紗帽는 사모詐謀(사기)로, 거둥한 곳은 유배지 교동으로, 연산군이 좋아한 각시婦는 가시 울타리로 표현하여 풍자하고 있다. 사치와 향락을 즐기던 연산군에게 가시 울타리는 큰 스트레스가 되었다. 결국 연산군은 유배된 지 두 달 만인 1506년 11월 유배지에서 병을 얻어 31세를 일기로 생을 마감했다. 두 차례의 사화로 조정에 피바람을 불러일으키고, 자신이 원하는 곳 어디에나 금표를 쳐서 백성을 괴롭혔으며, 기생들과 흥청망청 즐기고, 모든 사람들에게 강요된 충성을 요구하는가 하면 저항하는 사람들에게는 잔인한 형벌로 보복했던 연산군. 그러나 그의 말로는 이처럼 비참하고 쓸쓸했고 역사는 그를 최악의 독재 군주로 기억하고 있다.

중종과 조광조의 위험한 동거

조선시대 가장 개혁 지향적인 인물 하면 조광조(1482~1519)를 떠올리는 경우가 많다. 조광조는 성리학 이념을 바탕으로 왕도정치와 도덕정치의 실천을 추진했던 젊은 개혁자였다. 조광조는 1519년 그의 정치적 후원자이자 동반자였던 중종에 의해 사약을 받게 된다. 그는 16세기 초반 화려하게 정계에 등장했다가 5년 만에 제거되었다. 당시에도 보수와 현실정치의 벽은 두터웠다. 중종과 조광조의 만남부터 실각까지의 과정을 추적해본다.

중종, 조광조를 개혁의 파트너로 삼다

1506년 9월 중종반정이 일어났다. 중종은 반정에 의해 왕위에 올랐으므로, 즉위 후 몇 년간 반정공신들의 그늘에서 벗어나지 못했다. 중종의 왕자 시절 혼인했던 단경왕후 신씨는 연산군의 처남인 신수근의 딸이라는 이유로 남편이 왕이 된 순간 폐위되었다. 이후 신씨는 인왕산에 치마를 걸어두고 남편을 그리워했다고 하는데, 그래서 '치마 바위'라는 이름이 붙여졌다고 한다.

반정 초기 박원종, 성희안, 유순정 등 반정공신들의 위세는 대단했다. 왕과 신하가 함께하는 회의에서는 반정공신들이 먼저 일어선 후에야 중종이 일어날 정도였다. 재위 8년 무렵 반정 3인방이 모두 사망하고, 중종은 훈구세력을 대체할 수 있는 새로운 정치 파트너를 찾았다. 그때 중종의 눈에 들어온 인물이 바로 사림파의 선두주자 조광조였다.

조광조는 서울 출생으로 전형적인 조선 관리 조원강의 아들로 태어났다. 조광조는 개국공신 조온(1347~1417)의 5대손으로 훈구가문 출신이었다. 하지만 17세 되던 해에 사림파의 길을 걷게 되는 계기가 있었다. 어천찰방이 된 아버지를 따라 어천에 간 조광조는 인근 지역인 희천에 귀양을 와있던 김굉필에게 학문을 배울 기회를 얻었다. 김굉필은 김종직을 계승한 영남사림파의 핵심 인물로서 1498년 무오사화로 유배와 있었다. 각각 영남과 서울이 기반으로 두 사람의 만남은 전혀 이루어지지 못할 것 같았으나 무오사화로 말미암아 가능해졌다. 이 만남은 조광조가 사림파의 학통을 계승하는 계기가 되었다.

조광조는 어려서부터 행실이 바르고 아이답지 않게 근엄하며 남의 실수를 용서하지 않는 엄격함이 있었다. 사람들은 보통 사람과 비교할 수 없을 정도로 뜻을 높이 세우고 학문에 열중하는 그를 가리켜 '광인狂人'이라거나 '화태禍胎(화의 태반)'라고 할 정도였다. 항상 의관을 단정히 하고 언행을 절제하여 '품행이 방정하다'라는 말이 꼭 들어맞았다. 이는 훗날 엄격한 원칙주의자의 길을 걸어가는 바탕이 되었다. 조광조는 용모도 매우 빼어났던 것으로 보인다. 조선 중기의 학자 유몽인이 쓴 《어우야담》에는 "조광조는 얼굴이 뛰어나게 아름다웠는데, 그는 거울을 볼 때마다 매번 '이 얼굴이 어찌 남자의 길상吉相이겠는가?'라고 탄식했다"라는 기록이 있다.

조광조는 1510년(중종 5) 과거를 초시에 장원으로 합격한 후 성균관에 들어갔다. 그리고 1515년 중종이 성균관을 방문하여 치른 알성시에 2등으로 급제하면서 주목을 받았다. 중종은 반정공신들의 득세 속에서 아직 제자리를 찾지 못했고, 성균관을 찾아 새로운 인재를 구하려 했다. 중종은 '오늘날과 같이 어려운 시대를 당해 옛 성인의 이상적인 정치를 다시 이룩하기 위해서는 무엇을 어떻게 해야 할 것인가'라는 책문策問을 던졌다. 조광조는 '성실하게 도를 밝히고明道 항상 삼가는 태도로 나라를 다스리는 마음의 요체로 삼을 것'을 핵심 요지로 하는 답안을 냈다. 이 책문을 계기로 학자 조광조는 중종의 파격적인 신임을 얻게 된다.

조광조는 1515년 조지서 사지司紙를 시작으로, 성균관 전적, 사헌부 감찰, 사간원 정언 등 언론기관과 관련된 관직인 언관직을 두루 거치면서 승진을 거듭했다. 1518년 중종은 조광조를 오늘날 검찰총장에 해당하는 사헌부 대사헌에 임명하면서 개혁정책을 진두지휘하게 했다.

거칠 것 없었던 개혁 정책

조광조는 신진세력의 선두에 서서 그가 구상하던 성리학적인 이상 사회를 정치 현실에 구현하기 위하여 다양한 개혁 정책들을 시도했다. 조광조는 개혁의 선결 조건을 왕이 먼저 모범적으로 왕도정치를 수행하는 것으로 여겼다. 경연經筵(왕과 신하가 정치 현실과 학문을 토론하는 자리)을 활성화하면서, 중종을 이상적인 군주로 만들려고 했다. 그리고 성리학 이념에 입각한 교화가 백성들에게 두루 미치는 사회의 실현을 추구했다. 소격서(도교의 제천행사를 주관하던 관청)를 폐지하고, 성리학 이념을 전파할 수 있는 《소학》을 지방 구석구석까지 보급했다. 또한 향약(지방의 사림들이 주도하는 향촌의 자치규약)을 실시하게 함으로써, 사림파가 주도하는 사회 질서의 확산에 힘을 썼다.

민생을 위한 개혁도 착수했다. 당시 농민을 가장 괴롭힌 공물(지방 특산물을 바치는 세금)의 폐단을 시정했다. 또 균전제를 실시해 토지의 집중을 완화하고 토지 소유의 상한선을 정해서 부유층의 재산 확대를 막고자 했다. 추천제 시험인 현량과를 실시, 개혁세력의 확보에도 힘을 기울였다. 그 결과 조광조와 뜻을 같이하는 김식 · 김정 · 박상 · 김구 · 기준 등 개혁성향의 젊은 사림들이 대거 정계에 등장해 조광조의 지원군이 되었다.

조광조 일파의 개혁 정책은 백성들의 상당한 지지를 받았다. 훈구파는 세종 대 이후 중앙의 기득권 세력으로서 특권을 누리고 있었으나, 조광조의 개혁 정책으로 자신들의 입지가 좁아지자 위기감을 느꼈다. 훈구파는 그의 인기가 올라가는 것이 큰 부담이었다. 훈구파의 반발이 보다 조직화되고 확산되었다. 특히 조광조 일파가 '위훈삭제僞勳削除'를 들고 나오자 이들의 불만은 최고조에 달했다.

위훈삭제란 중종반정 때에 공을 세운 공신세력에게 준 훈작 중에 가짜를 색출해 이를 박탈하자는 것이다. 공신의 친인척이나 연줄을 이용해 훈작을 받은 사람들의 토지나 관직을 몰수함으로써 구세력을 제거하고 신진세력 중심으로 정치판을 재편하려 한 시도였다. 중종반정 때 박원종 등의 추천으로 확정된 공신은 무려 126명으로, 조선의 개국공신(45명)이나 이후에 있게 되는 인조반정 때의 공신(53명) 숫자를 훨씬 뛰어넘는다. 후에 중종도 공신에 대한 재조사를 명했는데 그 숫자가 70명이 넘었다. 조광조 일파는 가짜로 훈작을 받은 자들을 조사해서 이들에게 준 관직, 토지, 노비와 저택 등을 몰수하여 정치 세력의 전면적인 물갈이를 추진했다.

위험한 동거의 끝

중종과 조광조의 관계는 매우 긴밀했던 것으로 알려져 있다. 그러나 한편으로는 서로를 견제하고 갈등하는 위치에 있었다. 불안정한 왕위에 대한 위협이 계속 이어지던 시절, 중종은 성리학 이념으로 무장한 조광조를 발탁해 상당한 정치적 이익을 얻었다. 폐비 신씨의 복위 문제나 정몽주와 김굉필의 문묘종사 문제에서

경복궁 신무문. 훈구세력들이 밤에 중종을 만나기 위해 통과하였다.

출처: 국립중앙박물관

중종을 위협하던 반정세력들은 성리학의 원칙에 충실한 조광조의 등장과 함께 정치적·이념적으로 상당히 위축되었던 것이다.

중종은 반정에 의해 추대된 왕이었으나, 왕권 추구라는 왕의 본능을 포기하지 않았다. 조광조는 '개혁'에는 동의했지만 왕권을 점차 제한하고 신권을 강화하려는 입장이었으므로, 점차 중종과 조광조의 사이는 멀어졌다. 조광조는 개혁정치의 완성을 위해서 신권을 포기하지 않는 소신의 정치인이었다. 서로 추구하는 정치적 길이 달랐기에 두 사람은 어떠한 계기가 생기면 철저히 대립할 수도 있는 '위험한 동반자'였다. 비록 조광조가 중종의 절대적인 신임을 받는 신하라 하더라도, 신하는 국왕과 입장이 다를 수밖에 없다. 정도전과 이방원의 대립이나 세조의 왕위 찬탈 및 사육신 사건에서 이미 증명된 바가 있었다.

조광조는 신하가 왕에게 충성해야 마땅하지만, 더 중요한 것은 성리학 이념이라고 판단했다. 조광조는 세조나 연산군 대의 정치는 결국 왕이 성리학의 이념 위에 군림했기 때문에 문제가 생긴 것으로 인식했다. 중종도 얼마든지 그러한 전철을 밟을 수 있다 여겼다. 따라서 조광조는 중종이 자신만의 정치적 역량을 가진 군주로 성장하여 독재권을 행사하기 전에 성리학 이념이라는 견제장치로 압박하려했다. 그러나 즉위 14년 차가 된 중종 또한 조광조에게 휘둘리는 나약한 왕이 되기를 원치 않았다.

1519년(중종 14) 11월 훈구세력들은 밤에 경복궁 북문인 신무문을 통해 중종을 만났으며, 조광조 일파가 당파를 만들어 조정을 문란하게 한다고 비방했다. 중종은 드디어 조광조를 비롯해 그와 함께 개혁정책을 추진하던 신진세력들에 대한 대대적인 체포령을 내렸다. 기묘사화의 시작이었다. 조광조는 처음에 사사賜死의 명을 받았으나 영의정으로 있던 정광필의 적극적인 비호로 목숨을 건지고 전라도 능주에 유배되었다. 그러나 훈구파들이 정국의 실세가 된 후, 유배지에서 사약을 받고 38세의 짧은 생을 마감했다. 그렇게 중종과 조광조의 위험한 동거는 비극으로 끝을 맺었다.

명종의 어머니, 여걸 문정왕후

조선의 13대왕 명종(1534~1567, 재위 1545~1567) 하면 그다지 떠오르는 이미지가 별로 없다. 오히려 그의 어머니인 문정왕후(1501~1565)가 훨씬 강한 인상으로 와닿는다. 1545년 12세의 어린 나이에 왕위에 오른 후 명종은 문정왕후의 수렴청정을 받게 된다. 이전에도 예종과 성종이 정희왕후의 수렴청정을 받았지만 형식적인 선에서 그쳤다. 하지만 명종은 제대로 수렴청정을 받은 왕이었다.

문정왕후 이외에 명종 대에는 외삼촌 윤원형과 그의 정부 정난정, 문정왕후가 힘을 실어준 승려 보우까지 권력을 행사하는 막강한 인물들이 동시에 등장했다. 명종은 왕이면서도 늘 조연이 될 수밖에 없었다. 명종은 강한 어머니의 위상에 반비례해 한없이 약해보이는 왕이었다. 명종 시대의 역사 속으로 들어가본다.

중종의 사망과 명종의 즉위

명종은 중종과 문정왕후의 아들로 1534년(중종 29)에 태어났다. 그가 태어났을 때 왕세자는 이복형인 인종이었다. 중종반정 직후 중종의 첫 왕비인 단경왕후 신씨가 폐위되었다. 그 후 중종의 계비가 된 장경왕후는 왕실의 기대 속에 인종을 낳았으나, 1515년 산후 후유증으로 사망하고 말았다. 당시 장경왕후를 간호했던 의녀가 바로 드라마로도 유명한 장금長今이다. 명종의 어머니인 문정왕후 윤씨는 장경왕후 사망 후 중종의 계비가 되었다. 1520년 인종이 6살의 나이에 세자로 책봉되면서 중종의 후계 구도에는 아무런 이상이 없는 듯 보였다. 그러나 1534년 계비 문정왕후가 경원대군(후의 명종)을 낳으면서 중종의 후계 구도는 복잡한 권력 투쟁의 양상을 띠게 되었다. 특히 인종의 외삼촌인 윤임 일파와 명종의 외삼촌인 윤원형 일파를 중심으로 외척 세력이 대립하고, 여기에 훈구와 사림이라는 대결 구도가 복합되면서 권력 투쟁은 보다 치열하게 전개되었다.

윤임을 지지한 유관, 유인숙 등은 '대윤大尹'으로, 윤원형을 지지한 윤원로, 윤개 등은 '소윤小尹'으로 지칭되었다. 중종 대 후반의 권력 투쟁은 대윤 세력에 대해 소윤 세력이 저항하는 방향으로 진행되었다. 이 과정에서 명종의 생모 문정왕후의 존재는 큰 변수였다. 양측의 팽팽한 대립 속에서 1544년 11월 중종이 사망하자 고명대신顧命大臣(임금의 유언으로 나라의 뒷일을 부탁받은 대신)들의 주선으로 인종이 왕이 되고 대윤이 권력을 잡았다. 그러나 왕위에 오른 인종은 원인모를 병으로 시름시름 앓다가 불과 8개월 만에 후사도 없이 사망했다. 왕위는 1년 전 경원대군에 책봉되었던 명종이 자연스럽게 이어받았다. 명종은 12살의 어린 나이였고, 관례에 따라 생모 문정왕후가 수렴청정을 하게 되었다.

명종이 즉위함으로써 정국은 완전히 반전되었다. 인종의 경우 즉위하면서 이언적, 송인수 등 외척정치에 대해 비판적이었던 사림파를 등용하고, 기묘사화로 희생된 조광조, 김정 등을 복관시키는 등 외척정치의 그늘로부터 벗어나려고 했다. 그러나 명종의 즉위로 모든 것이 달라졌다. 문정왕후와 윤원형을 중심으로 하는 외척들은 자신들의 세력을 견제하는 사림파에 대해 철저히 부정적이었다. 그들은 1545년(명종 즉위년) 명종의 즉위를 계기로 사림파를 대거 숙청시키는 을사사화를 일으킴으로써 4대 사화의 마지막을 화려하게 장식한다.

문정왕후의 불교 중흥 정책

중종과 명종 시대를 배경으로 한 사극 SBS 〈여인천하〉가 높은 시청률을 기록하며 많은 사람들의 관심을 끈 적이 있었다. 이 드라마에서 여인들의 위력은 막강했다. 경빈 박씨는 '뭬야'라는 유행어와 질투의 화신처럼 보이는 표독한 눈매로 시청률 증가에 혁혁한 공을 세우며 주연급으로 급부상했다. 정난정은 권모술수로 신분적 콤플렉스를 극복하고 최고 권력자 윤원형의 첩이 된다. 〈여인천하〉는 여기에 후궁과 상궁, 나인들까지 가세하여 특하면 험한 말을 뱉고 머리끄덩이를 잡는 모습을 연출해 인기를 끌었다. 여기서 등장한 개성 있는 궁중 여인 중에서도 최고 핵심은 바로 문정왕후였다.

문정왕후 윤씨는 중종의 계비이자 조선의 13대 왕 명종의 생모이다. 문정왕후는 중종 대 후반부터 왕위 계승의 중심에 서서 그녀의 소생인 명종의 즉위를 결국 성공시켰다. 명종은 겨우 12살의 나이에 보위에 올랐고, 실권은 당연히 문정왕후에게 돌아갔다. 그녀는 1565년 사망 때까지 수렴청정의 방식으로 국정의 최고 위치에서 윤원형 등 친인척을 적극 등용했다. 윤원형과 정난정의 가세로 명종 대는 외척정치의 전성시대가 되었다. 이들은 반대파에게 가혹한 탄압을 가했다. 외척정치에 반감이 있던 사림파 학자들은 1545년 을사사화로 큰 타격을 입었다. 사림파는 2년 후에 양재역 벽서壁書 사건으로 말미암아 재기하지 못할 지경에 이르고 말았다. 1547년(명종 2) 9월 18일의 실록 기록을 보자.

> 부제학 정언각이 선전관 이노와 함께 와서 봉서封書 하나를 가지고 입계入啓하기를, "신의 딸이 남편을 따라 전라도로 시집을 가는데, 부모 자식 간의 정리에 멀리 전송하고자 해서 한강을 건너 양재역까지 갔었습니다. 그런데 벽에 붉은 글씨가 있기에 보았더니, 국가에 관계된 중대한 내용으로서 지극히 놀라운 것이었습니다." (중략) 정언각이 올린 글은 붉은 글씨로 썼는데 '여주女主가 위에서 정권을 잡고 간신 이기 등이 아래에서 권세를 농간하고 있으니 나라가 장차 망할 것을 서서 기다릴 수 있

게 되었다. 어찌 한심하지 않은가. 중추월 그믐날'이라고 했다.

당시 실질적인 권력자인 문정왕후에 대해 '여주'라 조롱하고, 그 아래에 간신 이기 등이 권세를 농간하고 있다. 이 벽서 사건의 파장은 컸다. 중종의 아들인 봉선군 등 3명이 역모 혐의를 받아 처형되는 과정에서 많은 사람들이 희생되었고, 사림파의 중심 이언적, 백인걸, 노수신 등 20여 명이 귀양을 가는 대규모 옥사가 일어났다. 문정왕후의 후원 속에 권력을 차지한 사람은 윤원형이었다. 비판세력이 없어지자 문정왕후와 윤원형으로 대표되는 외척세력은 독재 권력을 유감없이 휘둘렀다. '윤원형의 재산이 나라의 재산보다 많다'라는 말이 돌았다. 왕후가 어린 왕을 꾸짖고 심지어 매를 들었다는 소문까지 꼬리를 물고 퍼졌다.

문정왕후는 정치적 주도권을 잡자 파격적으로 승려 보우를 등용했다. 불교의 중흥을 위한 것이었다. 이 또한 여론을 무시한 채 진행하였으므로, 커다란 정치 문제가 되었다. 1550년(명종 5) 12월 문정왕후는 친서를 내려 선종과 교종, 즉 양종의 복립復立을 명했다. 그리고 봉은사를 선종의 본사로, 봉선사를 교종의 본사로 삼았다. 사찰이 일방적으로 빼앗겼던 토지를 돌려받고, 연산군 때 폐지된 승과 제도가 부활했다. 조선은 성리학 이념 국가를 지향하며 불교 탄압 정책을 펴고 있었다. 이를 정면으로 거스른 정책이었던 만큼 신하들은 반대했다. 성균관 유생들까지 나서 동맹휴학으로 맞섰다. 문정왕후는 반대를 비웃기라도 하듯이 뚝심

문정왕후가 불교 중흥책의 본사로 삼았던 봉은사

있게 불교 중흥책을 추진해나갔다. 봉은사 주지로 임명된 보우는 불교 중흥책의 상징이었다. 그만큼, 온갖 비난의 화살이 그를 향했다. 보우를 죽이라는 장계가 75건에 달할 정도였다.

1565년 4월 문정왕후는 1563년 13세로 요절한 순회세자의 명복을 빌어주기 위해 양주 회암사를 중창하고, 이를 기념하는 무차無遮 대회를 열었다. 당시 사관들은 "이때 세자를 갓 잃자 요승 보우가 복을 기원해야 한다는 말을 떠벌여 무차 대회를 베풀기를 청했는데, 자전慈殿이 그 말에 혹해 그대로 따랐다. 승려들이 사방에서 모여들어 몇 천 명이나 되는지 모를 정도였으며, 조각 장식의 물건을 극도로 화려하고 사치스럽게 해서 옛날에도 보지 못하던 정도였다. 또 붉은 비단으로 깃발을 만들고 황금으로 연輦을 꾸며 앞뒤로 북을 치고 피리를 불어 대가大駕가 친히 임어하는 상황처럼 베풀었으며, 또 배위拜位를 마련해 마치 상이 부처에 배례하게 하는 것처럼 했으니, 그 흉패함을 형언할 수 없었다"라고 하면서 문정왕후의 불교 중흥책을 신랄하게 비난했다.

문정왕후도 세월의 벽은 넘지 못했다. 1565년(명종 20) 4월 창덕궁 소덕당에서 65세를 일기로 문정왕후가 사망하면서 외척정치는 종말을 맞았다. 날개를 잃은 척신 윤원형과 그의 첩 정난정은 사림파의 탄핵을 받고 황해도 강음으로 유배되었다. 이후 정난정은 자살하고, 윤원형은 화병으로 죽음을 맞았다. 보우 또한 유생들의 탄핵을 받아 제주도에 귀양을 갔다가 그곳에서 제주목사 변협에 의해 죽임을 당했다. 현재 서울 강남의 최대 중심지에 자리를 잡고 있는 봉은사. 이곳은 바로 450년 전 문정왕후가 보우와 함께 불교 중흥의 마지막 꽃을 피워보려 했던 공간이다.

문정왕후 사망 후 2년 만에 명종이 승하했고, 왕위는 선조에게 이어졌다. 선조 즉위 후 1세기 동안 집권했던 훈구파가 역사의 전면에서 물러나고 그 대안세력인 사림파가 본격적으로 집권하게 된다. 외척이 최고의 권력을 휘두르면서 정상적인 정치 질서가 자리를 잡지 못해 민심이 이반하던 시대. 문정왕후는 바로 그 중심에 있던 여인이었다. 오죽하면 실록에서 그녀가 죽었을 때 사관이 《서경》을 인용하여 '암탉이 새벽에 우는 것은 집안의 다함이다'라고 했을까? 그녀 스스로는 교양과 정치력을 갖추고 있었다고 항변할 지도 모른다. 하지만 문정왕후는 분명 역사 발전의 대세를 거스르는 외척정치의 최정점에 서서 조선 사회를 보수와 반동으로 몰고 간 주역임에 분명하다.

태릉에 얽힌 사연

문정왕후는 사후에 중종 곁에 묻히는 것이 소원이었다. 그러나 이미 중종의 무덤 옆은 인종의 생모인 제1계비 장경왕후가 지키고 있었다. 중종이 승하한 후 미리 묻혀있던 장경왕후의 곁에 갔기 때문이다. 사후에도 중종의 곁에 있으려면 먼저 장경왕후로부터 중종을 떼 놓아야 했다.

1542년(중종 37년) 문정왕후는 보우와 의논해 현재의 서삼릉에 있던 중종의 왕릉을 선릉(성종의 무덤) 부근인 정릉으로 옮겼다. 명분은 중종의 무덤이 아버지인 성종 곁에 가야 한다는 것이었다. 지하의 중종은 얼마나 당황스러웠을까? 그러나 새로 옮긴 중종의 무덤, 정릉은 지대가 낮아 침수 피해가 잦았다. 홍수 때는 재실齋室에 물이 차기까지 했다. 결국 문정왕후 사후 아들 명종은 어머니의 무덤을 태릉으로 조성했다. 중종 곁에 묻히려던 그녀의 꿈을 아들이 지켜주지 못한 것이다. 그나마 명종의 무덤인 강릉康陵은 태릉 옆에 조성되어 사후에도 어머니의 그늘 곁에 있게 되었다. 그런데 1966년 태릉선수촌이 조성되면서 모자는 이제 쉽게 서로를 보지도 못하는 형국이 되었다.

문정왕후가 억지로 무덤을 옮기는 바람에 중종 또한 피해자가 되었다. 중종은 자신과 함께했던 3명 왕비 어느 누구와도 영원히 함께 묻히지 못했고, 이제 빌딩 숲으로 둘러싸인 강남 한복판에 홀로 묻혀 있다. 아버지 성종과 어머니 정현왕후의 무덤이 근처에 있다는 것이 그나마 다행스럽다고 할까? '태릉선수촌'과 같이 태릉을 떠올리게 하는 용어는 익숙하지만, 정작 이곳이 명종대 폭풍 정국을 이끈 문정왕후의 무덤이라는 사실은 대부분 모른다. 태릉과 그곳에 인접한 강릉을 찾아 조선시대를 대표하는 여걸 문정왕후와 그녀의 아들 명종을 기억해보기 바란다.

선조의 즉위와 당쟁의 시작

조선의 14대 왕 선조(1552~1608, 재위 1567~1608)에 대해서는 서로 다른 평가가 엇갈린다. '목릉성세穆陵盛世(선조가 이끈 학문과 문화의 전성기)'라는 표현이 대표하듯이 학문과 문화의 전성기를 이끈 군주라는 평가도 있지만, 임진왜란이 일어나자마자 도성을 버리고 자신의 안위에만 급급했던 군주라는 부정적인 평가가 많다. 특히 최근에는 드라마 《징비록》의 영향 때문인지 아들 광해군을 끊임없이 견제하고 전쟁 영웅 이순신의 공을 시기하는 편협한 군주로 인식하는 경향이 크다.

선조는 학문을 진흥하고 사림파 학자들의 정치 참여 기반을 조성했다. 이 시기는 사림파가 본격적으로 정치에 참여하면서 당쟁이 시작된 시대이기도 했다. 선조 시대 학계와 정계의 중심이 된 대표적인 인물로는 이황, 조식, 이이, 이준경, 류성룡, 정철, 윤두수, 이산해, 이원익, 이항복, 이덕형, 신흠, 이수광이 있다.

출처: 대한불교 조계종 법주사, 문화재청

보은 법주사 선조대왕어필병풍. 시구의 내용으로 보아 선조가 산중에 머물 당시 노년의 외로운 분위기를 읊은 것으로 추정된다. 선조는 초서에 능했다고 하며 모두 8폭으로 글씨는 초서체의 붓글씨이고, 구성은 오언절구 네 수이다.

선조 대에는 쟁쟁한 학자들이 동시에 배출되었다. 그러나 전쟁이라는 위기에서 보여준 무능함, 거기에 1575년(선조 8) 동서분당으로 전개된 당쟁의 시작, 1589년(선조 22) 기축옥사와 같은 대형 정치참극의 방관 등으로 선조에 대해서는 여전히 부정적인 평가가 많다.

방계 출신 최초로 왕이 되다

선조는 조선 왕실에서 직계가 아닌 방계 출신으로는 최초로 왕이 된 인물이다. 선조 이전까지 왕자의 난이나 계유정난, 중종반정과 같은 숱한 정변이 있었지만, 어찌 되었든 왕실의 적통에서 왕위가 계승되었다. 그런데 이 관례를 깨고 선조는 적통이 아닌 방계 계통에서 왕위에 올랐다. 선조의 아버지 덕흥대원군이 중종의 후궁인 창빈 안씨의 소생임을 고려하면 선조의 뿌리는 후궁 출신의 할머니에게서 찾을 수 있다. 그럼 왜 왕실의 방계 출신이 왕위에 오를 수밖에 없었을까? 이것은 명종의 아들인 순회세자가 요절한 후 왕실의 적통에 후계자가 없었기 때문이다.

사실 조선 왕실은 건국 초기에는 왕비의 왕자 출산이 현저했다. 적통은 정비나 계비 소생의 왕자를 말하는데, 태조가 6남, 태종이 4남, 세종이 8남의 적자를 둔 것에서 보이듯 15세기 왕들은 상당수의 적자를 두었다. 이것은 한편으로 왕위 계승을 둘러싼 정변의 원인이 되기도 했지만, 적통으로 왕위가 계승되는 중요한 기반이 되었다.

그러나 연산군을 거쳐 중종 이후 불안한 조짐이 나타나기 시작했다. 왕실에서 적장자의 배출이 현저히 줄어든 것이다. 왕실에 자손이 번창하지 못한 것은 후계 구도에 큰 우려가 되었고, 이것은 명종 대에 현실화되었다. 중종의 뒤를 이어 즉위한 인종과 명종은 각각 장경왕후와 문정왕후의 외아들이었다. 명종은 인순왕후 심씨 사이에서 외아들 순회세자를 두었으나, 13살로 요절했다. 이후 명종은 계비를 맞지 않은 상태에서 1565년 승하했고, 조선 역사상 처음으로 왕실의 적통에서 후계자를 찾을 수 없는 상황이 발생한 것이다.

그나마 명종은 생전에 미리 후계자를 지목해 두었다. 명종은 창빈 안씨 소생인 덕흥군의 세 아들 중 하원군과 하릉군을 제치고 세 번째인 하성군을 지명했다. 어차피 후궁 출신의 왕자를 후계자로 한 만큼 서열보다는 왕자로서의 자질을 중시했던 것이다. 《연려실기술》에는 하성군의 총명함을 전하는 일화가 수록되어 있다. 여러 왕손들을 궁중에서 가르칠 때 명종이 익선관(왕이 평시에 착용하는 관)을 써보라고 하자 나이가 제일 어린 하성군이 '이것이 어찌 보통 사람이 쓰는 것입니까?'라고 말해 명종이 기특하다고 여겼다. 그리고 왕손들에게 시를 짓게 하자 '충성과 효도는 본래 둘이 아니다'라고 써서 명종의 사랑을 받았다. 또한 한윤명, 정지연 등 스승들이 하성군의 학문을 칭찬하는 것 등이 있다. 이러한 기록들은 왕자 후보군 중에서 왜 훗날 선조가 되는 하성군이 선택되었는가를 입증한다.

동인과 서인, 당쟁이 시작되다

15세기 후반부터 사림파가 중앙 정계에 진출하면서 기존의 정치세력인 훈구파와 대립하게 된다. 네 번에 걸친 사화는 훈구파와 사림파의 정치적, 사상적 대립을 상징하는 사건이었다. 네 번의 사화에서 사림파는 적지 않는 피해를 당하면서 중앙 정계에서 많은 숙청을 당했다. 그러나 사림파는 지방사회를 중심으로 입지를 확산시켜 나갔고, 1565년 문정왕후 사망 후 외척 정치가 종식되면서 본격적으로 정계에 진출했다.

명종의 뒤를 이어 왕의 자리에 오른 선조는 일찍부터 사림파와 교류를 하고 있었다. 선조가 즉위한 처음에는 명종의 왕비인 인순왕후가 수렴청정을 했으나 왕이 총명하다 하여 곧 수렴청정을 거뒀고 선조의 친정이 시작되었다. 선조는 성리학 이념에 충실했던 사림들을 가까이하고 공신과 왕실의 외척들을 배척해나가면서 사림파가 정계의 주역으로 자리를 잡도록 했다.

그러나 사림파가 집권자의 위치에 서게 되면서 그들 내부 간에 정치적 분열이 일어났다. 외척정치를 비판하는 위치에서는 사림파가 한 목소리를 냈지만, 이제 정치 주도층이 되면서 학파의 성향이나 지역적 기반에 따라 서로 다른 정치적 색깔을 드러내게 된 것이다. 현대사에 비유한다면 박정희의 유신정치, 전두환의 군사독재가 판을 치던 세상에서는 야당으로 뭉쳤던 세력들이 군부독재가 사라지고 민간 정부가 수립된 후 상도동계와 동교동계가 정치적으로 대립한 상황과 유사하다고 할 수 있다.

사림파 내부 분열의 조짐은 이황 · 조식의 학통을 이은 영남학파와 이이 · 성혼의 학통을 이은 기호학파 간에 나타났다. 1572년 노련한 정치인 이준경은 죽기 직전 조정에 붕당이 일어날 것을 경고했다. 그리고 그 예언은 적중했다. 1575년 이조에서 인사권을 가지고 있는 전랑직을 둘러싸고 김효원과 심의겸이 대립하면서 당을 달리하는 분당分黨이 이루어진 것이다. 사건의 전말을 요약하면 다음과 같다.

1572년 영남학파 오건은 자신의 후임으로 김효원을 추천했다. 김효원 역시 이황과 조식 문하의 학자로 1565년 문과에 장원 급제한 인재였으나, 인순왕후의 아우였던 심의겸은 오건의 추천을 거부했다. 심의겸의 반대에도 불구하고 1574년 김효원이 이조전랑에 임명된 후에는 상황이 역전되었다. 김효원의 후임자로 심의겸의 아우 심충겸이 거론된 것이다. 김효원은 심의겸이 외척인 점을 들어 이조전랑과 같은 청요직을 외척에게는 절대 맡길 수 없다는 입장을 분명히 했다. 결국 이것이 발단이 되어 김효원을 지지하는 세력과 심의겸을 지지하는 세력으로 당이 갈리게 되었다. 심의겸을 지지하는 세력은 주로 서울과 경기 지역에 기반을 둔 기호학파의 학자들이었으며, 김효원을 지지하는 세력은 이황과 조식의 학문을 이은 영남학파들이었다. 당시 김효원의 집이 서울의 동쪽인 건천동(지금의 동대문시장 근처)에 있었고, 심의겸의 집이 서울의 서쪽인 정릉(지금의 정동)에 있었기에 동인과 서인으로 부르게 되었다. 최근까지도 정치인이 거주하는 동네 이름을 붙여 김대중 대통령의 사람들을 '동교동계', 김영삼 대통령의 사람들을 '상도동계'라고 부른 것과도 흡사하다.

기축옥사와 남인, 북인의 분열

1575년 동인과 서인의 분당 이후 본격화된 당쟁은 1589년의 정여립 역모 사건을 계기로 더욱 치열한 양상을 띠게 된다. 정여립의 자살로 역모는 마감되는 듯했지만 그와 연루된 인물들이 대거 체포되었으며, 본격적인 수사가 시작되었다. 특히 선조는 서인의 강경파 정철을 위관委官, 즉 수사 책임자로 임명했고 이후 사건의 파장은 확대되었다. 이 사건으로 동인이 다수 처벌되니, 이것이 기축옥사이다.

11월 8일 정철은 동인 정언신을 대신해 위관이 되었고 강경한 수사로 많은 연루자를 잡아들였다. 12월 12일에는 낙안향교 유생 선홍복이 가혹한 수사를 받자 초사招辭에서 이발과 이길 형제, 백유양 등이 연루되었음을 자백하는 등 당시 역모 혐의로 공사供辭에 이름이 오르내렸던 인물은 대부분 동인이었다. 서인은 이 사건을 정국 전환의 호재로 인식했다. 선조의 입장에서도 '천하는 공물公物'과 같은 과격한 주장을 하는 동인 강경파의 척결이 급선무였고 서인에게 힘을 실어주었다. 동인은 특히 화담학파와 남명학파의 학자들의 피해가 컸던 반면 같은 동인의 주요 축이었던 퇴계학파 내에서는 별다른 피해가 없었다. 화담학파의 이발, 이길 형제가 처형된 것을 비롯해 남명학파 핵심인물 최영경은 역모 수괴인 길삼봉이라는 무고를 받아 옥중에서 사망했다.

기축옥사의 파장은 결국 분열로 이어졌다. 동인이라는 한 배를 타고 있던 퇴계학파의 중심인 류성룡이 기축옥사 대공세에 미온적인 태도로 일관하자 남명학파와 화담학파의 주축 세력들은 퇴계학파에 분노했다. 특히 기축옥사를 계기로 정인홍은 같은 동인인 류성룡과 완전히 선을 그으면서 당을 달리하게 된다. 결국 이 사건을 계기로 동인의 한 축을 이루었던 남명과 화담학파는 북인으로, 퇴계학파는 남인으로 갈라섰다. 선조 대 후반의 당쟁은 서인과 남인, 북인의 대립으로 이어졌고, 정철과 윤두수(서인),

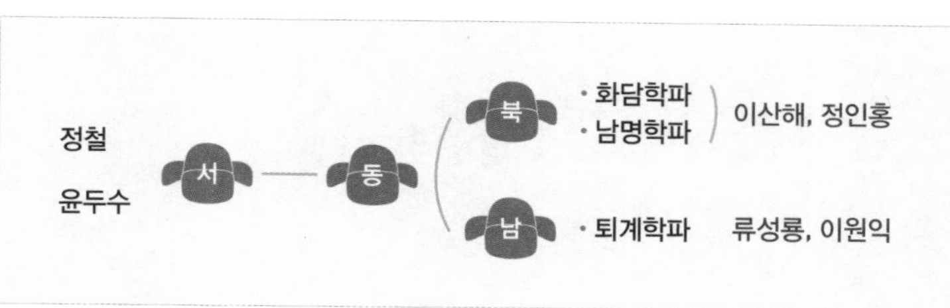

류성룡과 이원익(남인), 이산해와 정인홍(북인)이 훗날 각 당파의 수장으로 활약하게 된다.

선조의 즉위 후 사림정치 시대가 본격화됐지만, 사림파 간의 정치적 다툼은 조선 중기 이후 정치적으로 당쟁의 시대가 열리게 되는 단서를 제공했다. 선조 대에는 동서분당에 이어, 동인 내에서 남인과 북인의 분열까지 이루어지면서 정파 간 대립이 치열하게 전개되었다. 또한 당파 간의 학문적인 경쟁과 대립도 심해졌다. 이 과정에서 성리학이 이론적으로 강화되고 이황, 조식, 이이, 성혼 같은 학자들이 배출되는 '빛'도 있었다. 하지만 조선 사회가 전체적으로 문을 숭상하고 무를 천시하게 되면서 국방 약화를 가져오는 '그늘'도 양산했다. 선조의 즉위 이후 당쟁의 소용돌이가 몰아치는 동안 조선에는 임진왜란이라는 폭풍이 다가오고 있었다.

조선 제9대 왕 **성종의 어필**

成宗大王御筆

遠上寒山石經斜
白雲深處有人家
停車坐愛楓林晚
霜葉紅於二月花

遠上寒山石徑斜

멀리 가을 산을 오르니 돌길이 비껴 있고

白雲深處有人家

흰 구름 깊은 곳에 인가가 있구나

停車坐愛楓林晚

저녁의 단풍 숲이 아름다워 수레를 멈추니

霜葉紅於二月花

서리 맞은 잎새는 봄꽃보다 붉구나

제3장

왜란과 호란의 시대

임진왜란과 선조의 피난, 리더의 부재를 알리다

선조 하면 꼬리표처럼 따라다니는 것이 1592년(선조 25)의 임진왜란과 의주로의 파천, 즉 피난 행위이다. 전시에 왕이 도성과 백성을 버리고 피난길에 나섰다는 것은 엄청난 치욕이었다. 1592년 4월 임진왜란이 발발하기 직전 조선의 정세를 선조의 피난길을 중심으로 살펴본다. 그날의 역사 속으로 들어가보자.

통신사의 엇갈린 보고

16세기의 일본은 전국시대의 혼란기였다. 무로마치 막부의 권위가 실추되자 각지의 호족(다이묘)들 사이에 권력 쟁탈이 전개되었고, 오사카를 거점으로 한 도요토미 히데요시가 1587년 구주九州 정벌을 완료함으로써 전국시대 최후의 승리자가 되었다. 도요토미는 1587년 9월 일본 사신을 조선에 보내고 조선 왕 선조의 입조(외국 사신이 조정의 회의에 참여하던 일)를 기다렸다. 그러나 전통적으로 일본을 야만국으로 멸시하고 있었던 조선에서는 일본의 오만함에 분개하면서 사신의 영접을 거부하려는 움직임까지 보였다. 결국 외교적 타협 끝에 1589년 11월 통신사 일행의 명단이 작성되어 선조의 결재를 받았다.

정사正使 황윤길, 부사副使 김성일, 서장관書狀官 허성 등으로 구성된 통신사 일행은 1590년(선조 23) 3월 6일 서울을 출발, 4월 29일 부산포에 도착하고 쓰시마를 거쳐 9월에 교토에 도착했다. 도요토미는 특별한 이유도 없이 조선 사신의 접견을 미루는 오만함을 보여 통신사 일행의 분노를 샀다. 도요토미의 접견은 11월에 가서야 이루어졌다. 통신사 일행은 '양국의 우호를 두텁게 하자'라는 간단한 내용의 국서를 올리는 의식을 갖추었는데, 도요토미의 회답 국서에는 명나라를 칠 것이니 조선이 먼저 항복하고 길을 열어달라는 모욕적인 내용이 포함되어 있었다.

1591년 3월 귀국한 통신사 일행은 곧바로 사행의 결과를 보고했다. 황윤길은 '풍신수길(도요토미 히데요시)은 담력이 있고 안광이 빛나 보인다'라며 침략 가능성을 강하게 시사했고, 허성도 이에 동조했다. 이에 반해 김성일은 '풍신수길은 서목鼠目(쥐의 눈)으로 두려워할 존재가 아니다'라고 보고했다. 통신사 일행이 상반된 보고를 하자 선조를 비롯한 조정의 대신들은 대체로 김성일의 의견에 동조했다. 1392년 건국 이후 200년간 평화의 시대를 맞아 국방력이 해이해진 상태에서 전쟁 준비는 정치적으로도 큰 부담이 되었기 때문이다.

한양을 버린 왕, 분노한 민심

조정의 예측과는 달리 1592년 4월 13일 도요토미 히데요시는 규슈의 나고야성에 결집시킨 총 20만 대군에게 조선 침공을 명했다. 선봉 부대는 4월 14일 부산진을 침공한 고니시 유키나가 부대였다. 부산진 첨사 정발이 항전하다가 전사하고, 15일에는 동래부사 송상현이 동래성을 사수하다가 전사했다. 1592년 4월 13일 실록은 그날의 혼란했던 상황을 다음과 같이 기록하고 있다.

> 왜구가 침범해 왔다. 이보다 먼저 일본 적추賊酋 평수길이 관백關白이 되어 여러 나라를 병탄했으며 잔학하고 포악함이 날로 심했다. 그는 항상 중국이 조공을 허락하지 않은 것에 대해 앙심을 품고 일찍이 중 현소玄蘇 등을 파견해 요동을 침범하려 하니 길을 빌려 달라고 청했다. 우리나라에서 대의로 매우 준엄하게 거절하자 적은 드디어 온 나라의 군사를 총동원해 대대적으로 침입해왔다. (중략) 정발은 난병亂兵 중에 전사했다. 이튿날 동래부가 함락되고 부사 송상현이 죽었으며, 그의 첩도 죽었다. (중략) 200년 동안 전쟁을 모르고 지낸 백성들이라 각 군현들이 풍문만 듣고도 놀라 무너졌다.[1]

'200년 동안 전쟁을 모르고 지낸 백성들이라 각 군현들이 풍문만 듣고도 놀라 무너졌다'라는 기록처럼 200년 가까이 큰 전쟁

1 《선조실록》 1592년(선조 25) 4월 13일

이 없는 시대가 지속되면서 조선은 글을 숭상하고 무력을 천시하는 '숭문천무崇文賤武'의 경향이 두드러졌다. 게다가 조선 초기 주요 진鎭을 중심으로 방어 체제를 구축하는 진관 체제 대신 1555년 을묘왜변을 계기로 제승방략 체제를 채택하여 방어에 큰 허점이 있었다.

조정은 일본군의 기습 침공에 우왕좌왕했다. 이 일을 순변사로 삼고, 신립을 도순변사로 삼아 북상 중인 일본군을 막도록 했다. 그러나 4월 24일 이일이 상주에서 패배했다. 신립이 천혜의 요새인 문경새재를 버리고 충주 탄금대 넓은 들판에 배수진을 치는 전략을 세웠으나 대패했다. 신립의 패전 소식이 들려오자 선조는 한양을 사수할 수 없다는 판단을 하고 파천을 결정했다. 4월 30일 선조는 평양으로 향하면서 명나라에 원군을 요청했다.

왕이 한양을 버리고 피난을 갔다는 소식이 전해지자 백성들은 분노했다. 공노비, 사노비의 문서가 보관된 장례원과 형조가 불타고, 궁궐 방화도 이어졌다. 실록과 《징비록》을 통해 왕이 피난을 떠나던 날의 처참한 상황과 분노한 민심을 읽을 수 있다.

> 새벽에 왕이 인정전에 나오니 백관들과 인마人馬 등이 대궐 뜰을 가득 메웠다. 이날 온종일 비가 쏟아졌다. 상과 동궁은 말을 타고 중전 등은 뚜껑 있는 교자를 탔었는데 홍제원에 이르러 비가 심해지자 숙의淑儀 이하는 교자를 버리고 말을 탔다. 궁인宮人들은 모두 통곡하면서 걸어서 따라갔으며 종친과 호종하는

문무관은 그 수가 100명도 되지 않았다. (중략) 도성의 궁성에 불이 났다. 왕의 가마가 떠나려 할 즈음 도성 안의 간악한 백성이 먼저 내탕고에 들어가 보물을 다투어 가졌는데, 이윽고 어가가 떠나자 난민이 크게 일어나 먼저 장례원과 형조를 불태웠으니 이는 두 곳의 관서에 공사 노비의 문서가 있기 때문이었다. 그리고는 마침내 궁성의 창고를 크게 노략하고 불을 질러 흔적을 없앴다. 경복궁·창덕궁·창경궁의 세 궁궐이 일시에 모두 타 버렸다.

위의 기록에서는 분노한 백성들이 궁궐에 불을 지르고 노비 문서가 보관된 장례원과 형조의 건물을 불태울 정도로 민심이 이반했다. 《징비록》에서도 "경복궁 앞을 지나갈 무렵 양쪽에서는 백성들의 통곡 소리가 요란했다"라거나 "돈의문을 지나 사현(지금의 홍제동) 고개에 닿을 무렵 동이 트기 시작했다. 머리를 돌려 성 안을 바라보았더니 남대문 안의 커다란 창고에 불이 나 연기가 하늘로 치솟고 있었다"라고 기록해 그날의 참담했던 분위기를 전하고 있다. 선조의 피난은 1950년 6 · 25전쟁 시기 이승만 대통령이 부산까지 피난 간 상황과 묘하게 닮은 점이 있다.

평양성을 포기하고 의주로 피난하다

한양을 떠난 이후에도 선조의 피난길은 시련의 연속이었다. 5월 1일 개성에 도착한 선조는 임진강 방어에 총력을 기울이게 했다. 5월 3일 일본군이 한양에 입성하자 선조의 피난길도 빨라

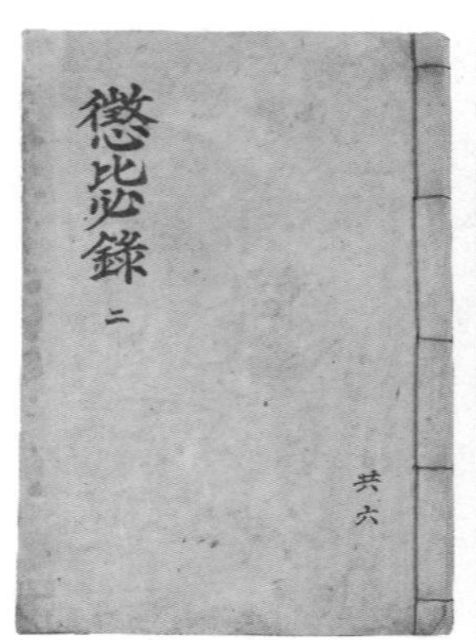

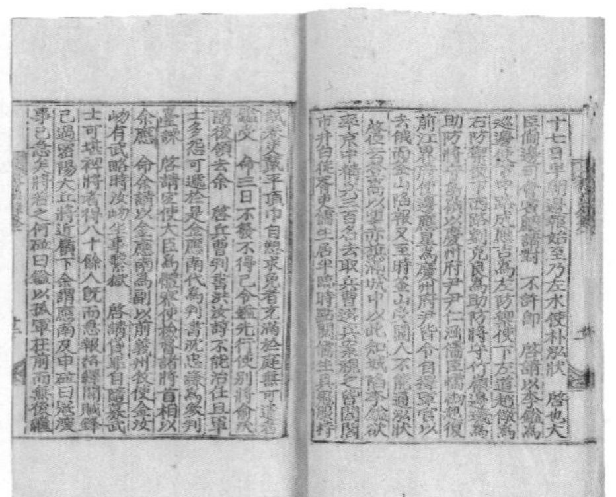

출처: 국립진주박물관

《징비록》. 류성룡이 임진왜란 때의 일을 반성하며 기록하였다.

졌다. 5월 4일 평산, 5월 5일 봉산을 거쳐 5월 7일 평양에 도착했다. 임진강 방어선이 무너지고 전세가 악화되자 선조는 6월 10일 평양을 버리고 다시 의주로 가는 피난길을 재촉했다. 조금 더 위급한 상황이 발생하면 명나라로 가려는 뜻에서였다.

선조가 평양성을 떠난다는 소문이 돌자 평양의 행궁(국왕이 임시로 머무르는 궁궐) 앞에는 온갖 무기를 든 난민들로 가득 찼다. 당시 명재상이었던 류성룡(1542~1607)은 남인, 윤두수는 서인의 영수였지만 당색을 초월해 선조의 평양성 포기를 반대했다. 류성룡은 '평양은 앞에는 강이 가로막고 있고 백성들도 굳은 다짐을 하고 있으며, 명나라와 가까워 며칠 동안만 버티면 반드시 명의 구원군이 도착할 것'이라며, 선조가 의주로 향한다면 '의지할 만한 터전이 없어지고 이는 곧 나라의 멸망으로 이어질 것'이라고 눈물로 호소했다. 윤두수는 의주 피난을 찬성하고 나선 정철을 겨냥해 '내가 칼을 빌어 아첨하는 신하를 베고 싶어라'라는 시를 읊었다.

그러나 일본군의 북상에 위기를 느낀 선조의 마음을 돌릴 수는 없었다. 6월 11일 선조는 영변을 향해 길을 떠났고, 평양성은 이원익과 김명원 등의 항전에도 불구하고 일본군의 수중에 넘어갔다.

분조 활동과 후계 검증

예상치 못한 일본군의 공격에 평양성마저 함락되자 선조의 위기의식은 극히 높아졌다. 자신이 화를 당하면 왕조가 끊길 수도 있다는 인식에 이르자 아들 광해군의 왕세자 책봉을 서둘렀다. 그리고 혹시라도 있을 변고에 대비해 1592년 6월 14일 조정을 둘로 나누는 분조分朝를 구성했다. 선조가 의주에서 안전하게 피난 생활을 하는 동안 분조를 지휘한 광해군은 근왕병 모집을 위해 평안도, 황해도, 강원도 등 전국을 누볐다. 광해군의 이러한 참전 경험은 이후 그가 왕으로 즉위했을 때 국제 정세를 파악하는 데 큰 도움이 된다.

선조는 광해군에게 강계로 향할 것을 명하면서, 영의정 최흥원, 병조판서 이헌국, 우찬성 정탁, 부제학 심충겸 등 15명의 대신들로 하여금 광해군을 수행하게 했다. 광해군의 분조는 6월 14일 영변을 떠나 맹산, 양덕, 곡산 등을 거쳐 7월 9일 강원도 이천에 도착해 이곳에서 20일간 머물렀다. 여름철이어서 자주 비가 내렸고 광해군 일행은 민가에서 자거나 노숙을 했다.

자신의 안위를 위해 여차하면 중국의 요동 지역으로 가려는 선조의 모습과 대조적으로, 광해군은 일본군이 둘러싸고 있는 전장에서 분조를 지휘했다. 분조가 자리를 잡자 피난을 갔던 관리들이 모여들고, 의병을 규합해 분조에 합류하는 사람들도 생겨났다. 7월 17일의 《피난행록》에는 "평양을 지키지 못한 이후부터 온 나라 백성들이 대가大駕가 있는 곳을 알지 못해 크게 우러러 전하를 사모하고 슬퍼하고 있다가, 동궁께서 오셨다는 소식을 듣고 인심이 기뻐하며 마치 다시 살아난 것 같았습니다. 도망쳤던 수령들도 관직으로 돌아오고 호령 역시 행해져 회복할 가망이 보입니다"라고 하며 당시의 분위기를 전하고 있다. 7월 27일의 기록에도 "경기도의 의병들이 곳곳에서 봉기해 서로 앞을 다투어 적을 잡아서 적세가 조금 꺾이고 있습니다"라고 하면서 분조가 의병 봉기의 수뇌부가 됐음을 언급하고 있다.

분조가 적극적인 항전 활동을 하는 시기에 드디어 명나라 원병이 조선에 도착했고, 1593년 1월 8일 마침내 조명 연합군이 평양성을 수복했다. 평양성이 수복되자 더 이상 분조가 필요하지 않다고 판단한 선조는 광해군에게 대조大朝와 합할 것을 명했다. 비록 7개월간의 짧은 기간이었지만, 7년간의 임진왜란 기간 중 가장 격전이 벌어진 시기가 1592년 4월부터 1593년 4월의 1년여임을 감안하면 분조는 가장 중요한 시기에 활약했음을 알 수 있다.

임진왜란 초 제대로 된 방어 체계를 지휘하지 못한 선조는 1592년 4월 30일 한양을 떠났다. 6월 11일에는 평양성마저 버리고 의주로 가는 피난길을 택하면서 백성들뿐만 아니라 류성룡, 윤두수 등 측근 신하들의 신뢰마저 잃게 되었다. 한편 선조는 최소한 조정은 지켜야 한다는 의지에서 분조를 만들었고, 광해군이라는 왕세자가 부상하는 계기가 됐다. 광해군은 피난에만 급급해하는 아버지에 비해 많이 고생하는 객지 생활 속에서도 끝까지 의병들을 독려했기에, 새로운 희망이 되었다. 선조가 승하 직전까지도 아들 광해군에 대한 견제를 그치지 않았던 것은 임진왜란 때 보여준 자신의 처신이 부끄러웠기 때문은 아닐까?

정통성 시비에 발목 잡힌 광해군, 빛과 그림자

임진왜란은 1592년 시작되어 1598년 마무리가 되었고, 왕실의 세력판도에 큰 변화를 가져왔다. 선조는 임진왜란 초기 관군의 방어선이 뚫리자 한양과 평양성마저 버리고 피난길을 재촉했다. 이는 백성들에게 큰 실망감을 안겨다주었다. 이에 비해 광해군(1575~1641, 재위 1608~1623)은 18세의 나이에 왕세자로 임명되어 분조를 이끌며 의병의 참전을 독려하는 등 위기의 시기에 큰 활약을 했다. 임진왜란이 끝난 후 조야의 명망은 광해군에게 쏠렸고 그의 왕위 계승은 무난해 보였다.

광해군이냐, 영창대군이냐?

임진왜란 때 왕세자로 책봉되어 후계자 검증을 받긴 했지만 광해군에게는 치명적인 약점이 있었다. 광해군은 선조의 후궁인 공빈 김씨의 소생으로 정통성이 취약했다. 선조는 할머니가 중종의 후궁 출신인 창빈 안씨였기 때문에 가능한 적자를 후계자로 삼고 싶어 했다. 그러나 선조의 정비 의인왕후 박씨는 왕자를 낳지 못하고 1600년(선조 33)에 사망했다. 광해군에 대한 선조의 믿음이 확실하지 못한 상황에서, 1602년 인목왕후가 선조의 계비로 들어오자 왕실에는 미묘한 긴장감이 조성되었다.

인목왕후는 선조의 기대대로 1604년 정명공주에 이어, 1606년 마침내 영창대군을 출산했다. 1606년 55세라는 늦은 나이에 적장자를 본 선조의 기쁨은 누구보다 컸다. 이러한 분위기는 조정도 바로 감지하였고 적자인 영창대군을 후계자로 책봉하려는 세력들이 생겨났다. 왕의 마음을 읽고 정치판에서 줄을 서는 모습은 현재와 별반 다르지가 않았다. 임진왜란 후 정국은 북인들이 주도했는데, 영창대군의 탄생을 계기로 북인은 다시 두 개의 당파로 나뉘어졌다. 광해군을 지지하는 대북大北과 영창대군을 지지하는 소북小北이 그것으로 대북의 중심에는 정인홍이, 소북의 중심에는 유영경이 있었다.

선조 대 후반 왕의 신임을 받은 유영경이 영의정이 되면서 소북이 정권을 잡았다. 광해군의 왕위 계승은 불투명해지고, 오히려 영창대군의 왕위 계승 가능성이 높아졌다. 광해군을 끝까지 지지하면서 유영경을 탄핵한 정인홍은 유배길에 올랐다. 그러나 1608년 선조의 병세가 깊어지면서 정국은 다시 요동을 친다. 선조는 이제 3살밖에 안 된 아들 영창대군을 왕위에 올리는 것이 무리라고 인식하고 마지막 유언에서 광해군의 후계자 계승을 지시했다. 광해군은 즉위 후 자신의 후원 세력인 대북 중심으로 정국을 운영했다. 정인홍에게 있어서 유배는 곧 훈장이 되었고, 이후 광해군 정권을 지탱하는 중심인물이 되었다. 정인홍은 1623년 인조반정으로 처형을 당할 때까지 '광해군의 남자'로 활약을 하게 된다.

정통성에 대한 불안, 공안정국으로 이어지다

광해군은 즉위 직후 바로 정통성 시비에 휘말리게 된다. 우선 형인 임해군이 살아 있었고, 무엇보다 적통인 영창대군은 존재 자체가 위협이었다. 광해군은 즉위한 다음 날 이호민을 명나라에 파견해서 선조의 죽음과 광해군의 즉위 사실을 알렸는데, 명나라에서는 장자인 임해군이 있는데도 차자인 광해군이 왕위에 오른 이유를 캐물었다. 광해군은 즉위 후 보름 만에 임해군이 역모를 꾀한다고 하여 강화도에 유배를 보낼 정도로 정통성에 대한 정치적인 견제를 하고 있었다. 광해군은 명나라에서조차 왕통에 대한 문제 제기를 하자 압박을 느꼈다. 결국 광해군은 1609년 4월 강화도 교동도에 유배되어 있던 임해군을 처형했다.

임해군보다 광해군을 더 힘들게 한 인물은 동생 영창대군이다. 영창대군의 최대 후원자였던 유영경은 선조 사후 한 달이 되지 않아 처형되었고, 소북 세력들은 광해군 초반 각종 역모 사건이 일어나는 과정에서 정계에서 대거 축출되었다. 그러나 광해군에게 살아있는 적장자는 여전히 짐스러웠다.

이런 상황에서 1613년 조령(문경새재)에 은상(은을 팔고 사는 장수) 살해사건이 일어났다. 살해의 주범은 서인西人의 거물 정치인 박순의 서자 박응서를 비롯해 서양갑, 심우영, 박치인, 박치의, 이경준, 허홍인 등 7명의 서얼들로 밝혀졌다. 이들은 여주, 춘천 등지에 모여 '강변칠우江邊七友'를 자칭하면서 무기와 양식을 준비했다. 서얼들이 차별받지 않는 세상을 만들기 위한 자금 확보를 위해 은상을 살해한 것이었다.[1]

그런데 심문 도중 이이첨의 사주를 받은 박응서가 놀라운 진술을 했다. "자금을 확보해 김제남(영창대군의 외조부)을 중심으로, 왕(광해군)과 세자(광해군의 아들)를 죽이고 영창대군을 추대하려 했다"라는 것이었다. 발언의 파장은 확산되었고 정국은 초긴장상태가 되었다. 결국 김제남이 처형되고, 영창대군은 서인庶人으로 강등되어 강화도로 유배되었다. 이것이 대북파가 영창대군과 반대세력들을 제거하기 위하여 일으킨 계축옥사이다. 1614년(광해군 6) 봄 대북파 이이첨의 사주를 받은 강화부사 정항은 영창대군을 작은 골방에 가두고 아궁이에 불을 지펴 증살蒸殺했다. 8살의 어린 나이에 정치적 희생양이 된 것이었다.

영창대군의 죽음에 가장 충격을 받은 인물은 생모 인목대비였다. 법적으로는 모자 사이지만 이제 인목대비와 광해군은 원수 사이나 다름이 없었다. 부자연스러운 관계가 어색하게 지속되던

1 《광해군일기》 1613년(광해 5) 4월 25일

1615년 추운 겨울 어느 날, 광해군은 인목대비를 서궁(경운궁, 지금의 덕수궁)에 모셔놓고 혼자만 창덕궁으로 돌아왔다. 1623년 인조반정에서 광해군의 죄상 중 가장 큰 부분을 차지했던 인목대비 서궁 유폐의 시작이었다. 1615년 광해군은 교서를 반포해 흉측한 글을 유포시킨 인목대비의 죄상을 알리고 이에 연루된 나인들을 처형하는 강경한 조치를 취했다. 광해군의 감정이 이러했으니, 대비의 서궁에서의 비참했던 생활은 짐작하고도 남음이 있다. 궁녀가 썼다는 《계축일기》에 그 정황이 잘 묘사되어 있다.

일견 광해군은 가장 걸림돌이 되었던 영창대군을 제거하고 인목대비를 서궁에 유폐하면서 정통성 시비를 없앤 것처럼 보였다. 하지만 이 두 사건은 오히려 광해군을 반대하는 정치 세력을 결집시키는 빌미를 제공했다. 권력에서 소외되었던 서인과 남인이 비밀 회합을 하면서 정권 타도에 나섰고, 마침내 1623년 3월 13일 인조반정을 단행하기에 이르렀다. '바른 것으로 되돌린다'라는 의미의 반정反正은 광해군의 패륜 행위를 최대한 부각시키면서 성리학적인 질서를 회복한다는 뜻이 담겨져 있었다. 서궁에서 분노와 복수로 점철된 삶을 살았던 인목대비에게 인조반정은 가뭄 끝 단비였다. 《인조실록》의 다음 기록은 광해군에 대한 인목대비의 분노가 어떠했는지를 보여준다.

> "한 하늘 아래 같이 살 수 없는 원수이다. 참아온 지 이미 오랜터라 내가 친히 그들의 목을 잘라 망령에게 제사지내고 싶다.

10여 년 동안 유폐되어 살면서 지금까지 죽지 않은 것은 오직 오늘을 기다린 것이다. 쾌히 원수를 갚고 싶다."[2]

인조반정으로 인목대비는 대비로서의 지위를 완전히 회복했다. 그녀는 아들 영창대군을 죽인 광해군에 대한 복수를 시작했다. 광해군은 강화도 교동도로 유배되어, 험한 삶을 모질게도 이어갔다. 결국 광해군은 19년간 유배생활 끝에 67세로 생을 마감한다.

광해군의 개혁 정책

반정으로 폐위된 왕이라는 '원죄' 때문에 실록 등 기록물에 남은 광해군에 대한 평가는 매우 부정적이다. 특히 반정으로 먼저 쫓겨난 연산군의 이미지와 겹쳐지면서 한동안 광해군은 제대로 조명을 받지 못했다. 연산군이야말로 '검증된 폭군'이기에 '군'이라는 평가가 그리 문제가 되지 않지만, 광해군은 현대까지 조선시대의 잣대로 '군'의 지위에 머물러 분명 억울할 것이다.

최근에는 전문 연구서나 대중서에서 광해군에 대한 평가가 다양하게 이루어지고 있다. 특히 광해군은 영화나 드라마에 단골손님으로 등장한다. 1,200만 명 이상 관객을 동원한 영화 〈광해, 왕이 된 남자〉를 비롯해 드라마 〈징비록〉과 〈화정〉, 〈불의 여신

2 《인조실록》 1625년(인조 3년) 3월 13일

정이〉, 〈왕의 얼굴〉 등 광해군은 최근의 사극에 가장 많이 등장한 역사적 인물이다.

분명 광해군은 왕통 강화를 위해 정치적 무리수를 둔 경우도 있다. 하지만 광해군이 내정 개혁이나 외교 부분에서 남긴 탁월한 업적을 간과하면 안 된다. 힘겨운 왕위 계승의 소용돌이 속, 어렵게 즉위한 광해군에게 놓인 가장 큰 현안은 전란의 상처 회복이었다. 광해군은 먼저 전쟁 중에 피폐한 토지를 회복하고 민생의 부담을 덜어내는 데 공을 들였다. 토지조사사업을 통해 토지를 전쟁 이전 상태로 회복하는 데 주력하고, 대동법을 실시해 백성들의 부담을 줄였다.

공납제(특산물을 세금으로 바치는 제도)는 16세기 이후 사회적으로 가장 큰 문제였다. 이를 개혁한 대동법이 본격적으로 실시되면서, 기득권 층인 양반지주의 부담과 반비례하여 일반 서민의 부담은 크게 줄어들었다. 기존에 가호별로 부과하던 세금을 토지에 부과한 것이다. 오늘날에 비유하면 부동산 등 재산이 많은 사람들에게 세금 부담을 늘린 것과 비슷하다. 지주였던 양반 관료의 저항이 거셌지만, 광해군은 영의정 이원익 등의 건의를 받아들여 대동법 실시를 강행했다.

이외에도 전란과 기근으로 질병이 만연해 인명손실이 계속되는 것을 막고자 불세출의 의학자 허준에게 《동의보감》을 편찬하게끔 했다. 허준은 선조가 승하할 당시 어의御醫였던 관계로 한때 유배 생활을 했으나, 광해군 즉위 후 바로 유배에서 풀려났다.

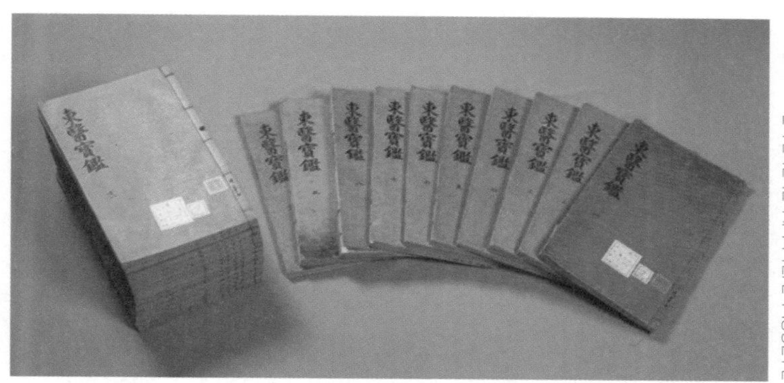

출처: 한국민족문화대백과사전, 한국학중앙연구원

《동의보감》. 1596년에 허준이 왕명을 받고 편찬을 시작하여 1610년에 완성한 백과사전적 의서이다. 같은 판본인 국립중앙도서관·규장각한국학연구원 소장본과 함께 보물 제1085호로 지정되었으며, 장서각과 국립중앙도서관 소장본은 2009년에 유네스코 세계기록유산으로 등재되었다. 국보 제319-2호.

허준은 왕의 각별한 신임 속에 《동의보감》을 완성했다. 백성은 이 책의 발간으로 의학적 도움을 받기가 쉬워졌다. 《동의보감》은 구체적인 질병의 치료 방법 이외에 정신 수양과 섭생攝生까지 기록하여 병의 근원을 치료하는 방안을 제시했다. 《동의보감》은 이후 중국과 일본, 베트남 등지에도 전파되어 조선의 높은 의학 기술 수준을 세계에 널리 알렸다.

광해군은 전쟁 후 출판과 문화 복구 사업에도 힘을 쏟았다. 임진왜란으로 많은 책이 유실되자, 광해군은 《동국여지승람》, 《경국대전》, 《악학궤범》, 《삼강행실도》 등 조선 초기에 간행되었던 서적들을 재간행해서 국가의 통치 자료로 활용함과 동시에 백성들의 교화에 주력했다. 특히 전란 후 전주사고를 제외한 지방 사고史庫들이 모두 소실되자 이를 재건하는 사업에 착수했다. 전라도 무주에는 새로 적상산사고를 설치했다. 이 재건 사업은 《조선왕조실록》과 의궤 등 국가의 주요 기록물들을 다시 사고에 보관하기 시작하는 기반을 마련하여 기록 유산들이 오늘날까지 전해질 수 있도록 했다. 또 임진왜란 후 무너진 사회 기강을 바로 잡기 위하여 《동국신속삼강행실도》를 간행하였는데 충신, 효자, 열녀의 행적을 널리 소개해 교화에 나섰다.

광해군은 반대 세력을 숙청하면서 '폐모살제廢母殺弟'라는 오명을 입었다. 그러나 광해군은 전쟁으로 인한 상처를 회복하고, 대동법을 실시하며, 《동의보감》을 간행하는 업적을 세운 왕이다. 또한 광해군은 외교적 측면에서 탁월한 감각을 갖추어, 오늘날 보아도 지도자로서 뛰어난 자질을 가졌다 평할 수 있다. 광해군의 빛과 그림자를 보다 균형 있게 평가하는 시각이 필요하다.

광해군의 탁월한 외교 감각, 전쟁을 억제하다

내치內治의 측면에서는 광해군의 명암이 엇갈린다. 광해군의 뒤에는 개혁정치라는 빛과 함께, 무리한 정치 보복이라는 그림자가 늘 따라온다. 그러나 광해군은 외교 정책에 관해서는 탁월한 능력을 보인 왕이었다.

급변하는 국제정세 속 외교 줄타기

광해군 대의 북방 국제정세는 변화가 일어날 조짐이 농후했다. 명나라는 전통의 강국이었으나 임진왜란 때 조선에 원병을 파견하면서 국력이 크게 약화되었다. 또 명 내부에서는 동림당東林黨과 비동림당非東林黨이 대립하는 등 정쟁이 겹쳤다. 이 틈을 비집고 압록강 북쪽의 여진에서는 누르하치가 중심이 되어 통일 운동을 전개했다.

누르하치는 건주좌위建州左衛에 속했는데 건주여진의 5부를 통일하고, 1599년에 해서여진의 하다哈達를, 1607년에는 후이파輝發, 1613년에는 우라烏拉 등을 병합해 여진족 대부분을 통일했다. 동북아의 이민족은 강성하면 보통 중원을 공격한다. 흉노족, 거란족, 여진족, 몽골족 할 것 없이 전통적으로 되풀이된 역사였다. 특히 누르하치는 할아버지와 아버지가 명군과 연합해 여진을 공격하는 과정에서 명군의 오인 사격에 의해 희생된 개인적인 원한까지 있었다.

광해군이 왕위에 오른 1608년은 명의 세력이 약해지고 누르하치의 여진세력이 강성해졌다. 누르하치 역시 중원 대륙을 차지한 명을 공격하는 것이 최종 목표였다. 누르하치가 명 침공에 앞서 그 배후가 되는 조선을 공격하려 한다는 소문이 떠돌았다. 1608년 12월 18일 북경을 다녀온 진주사 이덕형과 황신이 "신이 북경에 있을 때 중국 조정의 여론을 들어보니, 누르하치를 걱정거리로 생각했습니다. (중략) 신이 우리나라로 오면서 이 길을 오가는 사람을 만나 물어보았더니, 모두들 '이 도적에 대한 우려는 요동과 광녕에 있고 그 다음은 귀국에 있다. 그러니 지금 한가한 시기에 험한 요새지를 손보아 군사들이 들어가 지킬 수 있는 계책을 세워야 할 것이다. 만일 왜인처럼 생각하고 도망해 피하고자 하다가는 철기鐵騎가 비바람처럼 들이닥쳐 빠져나가는 백성이 하나도 없을 것이니, 귀국에서는 스스로 잘 도모해야 할 것이다'라 했습니다"라고 보고한 데서 이러한 분위기가 잘 나타나 있다.

1616(광해군 8)년 누르하치는 '칸'으로 즉위하고 국호를 '후

금'이라 칭하면서 동북아의 실질적인 강자가 자신임을 선언했다. 광해군은 명과 후금의 사이에서 줄타기 외교를 해야 하는 입장에 있었다. 광해군은 명과의 외교도 적극적으로 하는 한편, 후금을 자극하지 않는 방향으로 나갔다. 여진의 역관들을 양성하여 후금의 정보를 수집하고, 화기도감을 설치해 무기 개발에도 힘을 기울였다. 이러한 상황에서 후금의 강성은 더욱 두드러졌다. 후금과 중원의 강국 명의 맞대결은 시간문제였다.

1618년 누르하치는 조부와 부친의 죽음 등 명나라에 대한 '일곱 가지 한恨'을 내세우면서 무순 지역을 공격했다. 누르하치는 무순을 점령하여 중원으로 진출할 수 있는 교두보를 확보했다. 다급해진 명은 임진왜란 때 조선을 구원한 명분을 들어 파병을 요청했다. 1618년(광해군 10) 윤4월의 일로서, 사실 광해군은 출병을 반대할 명분이 없었다. 사대事大가 외교의 기본 방향이었고, 특히나 불과 20여 년 전 위기에 몰린 조선을 명나라가 도와준 '재조지은(다시 나라를 일으켜 세워 준 은혜)'의 빚이 컸기 때문이다. 신료들의 의견도 한결같았다. 출병해 오만한 오랑캐 후금을 응징하자는 데는 여론이 통일되었다. 이때는 북인, 서인, 남인의 당쟁도 없었다.

그러나 광해군의 생각은 달랐다. 임진왜란 때 분조를 이끌며 직접 참전한 경험이 있었던 그는 당시의 정세를 냉정하게 판단했다. 여전히 전후 복구가 시급한 상황에서 군사를 파견하는 것도 부적절했거니와, 후금을 자극해 조선이 공격을 받는 최악의 상황까지 고려했기 때문이었다. 광해군은 조선의 방어를 핑계로 출병을 가능한 막아보려고 했다. 전교에서 "훈련되지 않은 군졸을 적의 소굴로 몰아넣는 것은 비유컨대 양떼를 가지고 호랑이를 공격하는 것과 같으니, 정벌에는 아무런 도움을 주지 못한 채 우리나라 입장으로 보면 도리어 수비하지 못하게 되는 근심만 있게 될 것이다"라고 하면서 이러한 입장을 표명했다. 그러나 측근인 이이첨조차 출병을 강하게 찬성했다. 후금의 공격을 받고 더욱 다급해진 명의 출병 요청이 계속됐다. 광해군은 고뇌 속에 조선군의 출병을 지시했다.

출병과 투항

1618년 4월 무순이 함락되자, 명나라는 병부 상서 양호를 요동 경략에 임명하고, 산해관 총병 두송 등을 파견해 누르하치를 토벌하도록 했다. 그리고 이 과정에서 조선의 도움을 얻고자 파병을 요청했다. 처음 총독 왕가수가 약 4만 명을 청하니 경략 양호가 "조선에 병마가 적은 것은 내가 일찍부터 잘 안다"라고 하여 그 수를 감하였고, 총수銃手 1만 명 선에서 파병 규모가 정해졌다. 7월 조정에서 참판 강홍립을 5도 도원수로 평안병사 김경서를 부원수로 삼고, 최종적으로는 5도의 군사 1만여 명을 징발해 출정에 나섰다.

이때 광해군의 외교적 역량이 돋보이는 부분은 강홍립을 파병군 총사령관인 도원수에 임명한 점이다. 강홍립은 국왕 직속의 통역관인 어전통사 출신으로 중국어에 능통했고, 광해군의 의중을 정확히 파악하는 측근이었다. 장수로서의 능력보다 외교적인 역량이 총사령관 선임의 주요 요건이었던 것이다.

파병 부대는 1618년 9월에 행군해 평양에 이르렀고, 1619년 2월 1일 선발대가 압록강을 건넜다. 강홍립이 거느리는 본진은 23일 압록강을 건넜다. 후금군이 1619년 1월 북관北關을 침범하자, 양호는 조선군의 빠른 지원을 요구했다. 조선군은 도원수 휘하의 직속 부대 이외에 중영, 좌영, 우영의 3영으로 구성되었다. 중영장에는 정주목사 문희성, 좌영장에는 선천군수 김응하, 우영장에는 순천 군수 이일원이 임명되었다.

사실 강홍립은 출정에 앞서 광해군으로부터 비밀 지침을 받았다. '명나라 장수의 명령을 그대로 따르지 말고 신중하게 처신해 패하지 않는 전투가 되도록 하라'는 것이었다. 소극적으로 전투에 임하다가 항복해도 좋다는 메시지까지 전했다. 파병 부대가 압록강을 넘어 공격 목표인 여진족의 본부 홍경 노성까지 가는 길은 순탄하지 않았다. 험한 산과 강이 이어졌고, 추위가 심한 지역인 데다가 군량의 보급도 원활하지가 않았다. 명의 눈치를 보지 말고 소신껏 전투에 임하라는 광해군의 지침을 받았지만, 강홍립이 이국땅에서 독자적인 군사 행동을 하는 것도 쉽지 않았다. 1619년 3월 2일 조선군은 마침내 심하深河에서 후금군과 응전했다. 실록에는 당시의 상황을 다음과 같이 보고하고 있다.

"신(강홍립)은 도독을 따라 중영에, 김경서는 우영에 있으면서 대열을 지은 채로 30리가량 행군해서 심하 방면에 도착했는데 오랑캐의 목책에서 60리 떨어진 곳에 적의 기병 300여 명이 와서 진을 치고 기다리고 있었습니다. (중략) 활·화살·조총을 어지럽게 마구 발사하는 가운데 죽은 자가 태반이었는데, 중국인들은 앞을 다투어 적의 머리를 베었으나 우리 병사들은 힘써 응전할 뿐이었습니다. 날이 저물 무렵에야 신이 징을 쳐서 병사들을 퇴각시켰습니다. 어쨌거나 군대에 현재 양식이 없어 근심이 눈앞에 닥쳤으니 앞으로 어찌해야 할지 모르겠습니다."[1]

이후에도 조선과 명나라 연합군은 후금군에 대항해 치열하게 전투를 전개했다. 그러나 철기를 앞세운 후금군의 위력 앞에 전세는 점차 불리해져 갔다. 김응하, 이계종, 이유길 등 지휘관을 비롯한 수천의 병사들이 심하 전투에서 희생되었다. 좌영장으로 참전했던 김응하는 죽기 직전까지 무수한 적을 베었고 창에 찔려 죽어가면서도 칼을 놓치지 않아 후금에서조차 그에게 경의를 표했다고 한다. 광해군은 김응하의 전사 소식을 듣고 호조판서의 벼슬을 내렸다. 또한 그를 추모하는 사당을 짓게 했으며 그의 무공과 투혼을 찬양하는 시집인 《충렬록》을 제작하게 했다. 김응하에 대한 포상은 인조 대에도 이어졌는데, 《인조실록》에는 김응하의 아내와 아들에게 은 300냥을 내린 기록이 보인다.

1　《광해군일기》 1619년(광해 11) 3월 2일

심하 전투에서 김응하와 대비된 인물이 강홍립이다. 전세가 불리해지자 강홍립은 더 이상의 희생을 막아야겠다고 판단하고 후금 진영과의 적극적인 강화 협상을 도모했다. 광해군의 밀지가 강홍립의 선택에 큰 역할을 했던 것이다. 강홍립은 통사 황연해를 시켜 후금 진영에 '우리나라가 너희들과 본래 원수진 일이 없는데, 무엇 때문에 서로 싸우겠느냐. 지금 여기 들어온 것은 부득이한 것임을 너희 나라에서는 모르느냐'면서 조선이 전쟁에 뜻이 없음을 알리고 항복 의사를 밝혔다.

3월 5일 도원수 강홍립과 부원수 김경서가 후금군에 투항하고 누르하치를 만난 사실은 광해군을 제외한 대부분의 신료를 분노하게 했다. 대신들은 변변한 전투 없이 오랑캐에게 바로 항복한 강홍립을 처단해야 한다고 목소리를 높였다. 그러나 광해군은 강홍립이 자신의 뜻을 충실히 수행했다고 판단했고, 강홍립과 그의 가족을 끝까지 보호했다. 강홍립은 1623년 인조반정을 성공시킨 서인 세력에 의해 전형적인 매국노로 각인되었다. 이후 조선의 역사에서도 강홍립은 결코 긍정적으로 평가되지 않았다. 그러나 강홍립은 1627년 정묘호란 때도 조선과 후금의 강화 협상을 주선하는 등 오늘날 관점에서 재평가의 여지가 많은 인물이다.

광해군의 실리 외교

후금은 조선이 자신들과 친교의 뜻이 있음을 확인하고 조선 침공을 유보했다. 대신 후금은 명나라 공격에 주력군을 파견했고, 광해군 대의 조선은 국제적으로 안정을 찾을 수 있었다. 냉철하게 힘의 현실을 받아들이고 후금을 자극하지 않은 광해군의 외교 전략이 먹혔든 것이다. 이것은 광해군이 폐위되고 인조가 왕위에 오른 후 강력한 친명배금親明排金 정책으로 외교 전략을 수정했다가, 1627년의 정묘호란과 1636년의 병자호란을 당한 것에서도 확연히 드러난다.

광해군의 실리 외교는 혁혁한 성과를 거두었지만 평가는 달랐다. 광해군은 동생을 죽이고 어머니를 폐위시킨 패륜적인 국왕, 자신의 탐욕에 눈이 멀어 무리한 궁궐 공사로 백성들을 고역에 빠지게 하고 종묘사직을 무너뜨린 군주로 평가절하 되었다. 특히 서인 세력은 광해군의 중립 외교를 명나라에 대한 의리를 저버린 행위로 매도했다. 때문에 광해군의 실리 외교는 조선시대 내내 그 빛을 보지 못했다.

광해군은 '조祖'와 '종宗'으로 칭해지는 다른 왕들과는 달리 '군'이라는 왕자 시절의 호칭으로 여전히 남아 있다. 그의 묘도 '릉'이라고 칭해지는 다른 왕들의 무덤과는 달리 '광해군묘'로 지칭되고 있다. 광해군묘는 '묘'라는 이름에 걸맞은 쓸쓸한 모습으로 현재에도 거의 찾는 이 없이 방치되어 있다. 그가 전란을 복구했던 정책이나 조선이 불바다가 되는 것을 미연에 방지한 국제적인 감각은 오늘날에도 재평가되어야 할 부분이다. 한반도를 둘러싼 열강의 경쟁이 더욱 치열하게 전개되고 있는 21세기, 광해군이 보여주었던 능동적인 실리 외교의 지혜는 여전히 유효하다.

1623년 3월 인조, 반정에 직접 참여하다

반정을 일으킨 왕

우리 역사에서는 조선시대에만 두 차례의 반정이 있었다. 1506년의 중종반정과 1623년의 인조반정이 그것이다. 그런데 두 번의 반정에는 큰 차이점이 있다. 중종반정에서 중종은 반정 세력에 의해 추대만 됐지만, 인조(1595~1649, 재위 1623~1649)는 직접 반정 세력을 규합하는가 하면, 반정 당일에는 직접 연서역에서 친병親兵을 거느리고 반정에 참여했다.

《인조실록》과 《연려실기술》에는 인조가 반정에 참여한 상황이 다음과 같이 기록되어 있다. 《인조실록》에는 "상上(인조)이 의병을 일으켜 왕대비를 받들어 복위시킨 다음 대비의 명으로 경운궁에서 즉위했다"라고 하면서 인조가 의병을 일으킨 점을 강조하고 있다. 또한 "상이 윤리와 기강이 이미 무너져 종묘와 사직이 망해가는 것을 보고 개연히 난을 제거하여 반정할 뜻을 두었다.

무인 이서와 신경진이 먼저 대계를 세웠으니, 경진 및 구굉과 구인후는 모두 상의 가까운 친속이었다"라고 하여 인조반정에는 신경진, 구굉, 구인후 등 인조의 외가쪽 인척이 다수 참여했음을 알 수가 있다. 인조는 반정 당일 친히 병력을 이끌고 장단부사 이서의 군사를 맞았다. 실록의 기록을 보자.

> 상이 친병을 거느리고 나아가 연서역에 이르러서 이서의 군사를 맞았는데, 사람들은 연서를 기이한 참지讖地로 여겼다. 장단의 군사가 700여 명이며 김류·이귀·심기원·최명길·김자점·송영망·신경유 등이 거느린 군사가 또한 600~700여 명이었다. 밤 3경에 창의문에 이르러 빗장을 부수고 들어가다가, 선전관으로서 성문을 감시하는 자를 만나 전군前軍이 그를 참수하고 드디어 북을 울리며 진입해 곧바로 창덕궁에 이르렀다. 이흥립은 궐문 입구에 포진해 군사를 단속하고 움직이지 못하게 했다. 초관哨官 이항이 돈화문을 열어 의병이 바로 궐내로 들어가자 호위군은 모두 흩어지고 광해는 후원문을 통해 달아났다. 군사들이 앞을 다투어 침전으로 들어가 횃불을 들고 수색하다가 그 횃불이 발簾에 옮겨붙어 여러 궁전이 연소했다.[1]

《연려실기술》에도 "이기축이 이때에 장단의 선봉장이 되었는데, 군사가 모이는 시간이 늦어졌기 때문에 인조가 몸소 앞으

1 《인조실록》 1623년(인조 1) 3월 13일

로 마중을 가서 연서역에 이르러 서로 만났다. 기축이 말에서 내려 길 왼편에 엎드려서 장단 군사가 온다고 아뢰니, 인조가 자기의 도포를 벗어서 입혀주었다"라거나, "이때 임금 추대할 일이 이미 정해졌으나 그 가운데 오로지 권모술수를 숭상하는 자가 있었기 때문에, 인조는 그가 때에 닥쳐 번복할까 염려해 몸소 연서역까지 간 것이다"라고 하며 인조가 반정에 주도적으로 참여했음을 기록하고 있다.

인조와 광해군의 악연

반정군은 3월 12일 밤 2경(오후 9시에서 11시)에 홍제원에서 모이기로 약속했으나, 대장으로 임명된 김류가 바로 합류하지 않아 작전이 지연되고 있었다. 김류는 고변이 있었다는 말을 듣고 지체하며 출발하지 않고 있었다. 심기원과 원두표 등이 김류의 집으로 달려가 합류를 촉구했다. 김류의 도착이 늦어지자 반정군들은 즉석에서 이괄을 대장으로 지명했으나 김류의 출현으로 이괄의 대장 임명은 없던 일이 되었다. 김류에서 이괄로, 다시 김류로 대장이 바뀌는 등 반정 초기 어수선했던 과정은 1624년(인조 2) 이괄의 난이 일어나는 원인이 된다.

인조가 반정에 직접 참여하게 된 것에는 아버지와 동생 능창군이 광해군 정권에 희생을 당한 점이 크게 작용했다. 인조의 아버지 정원군定遠君은 선조와 후궁인 인빈 김씨 사이에서 셋째 아들로 태어났다. 인빈 김씨는 정비인 의인왕후보다도 선조의 총애를 받은 인물이었다. 맏형인 의안군은 일찍 죽었고, 선조가 후계자로 염두에 두면서까지 신임했던 둘째 형 신성군 역시 임진왜란 중에 병으로 사망했다. 정원군은 능성 구씨와 혼인하여 능양군, 능원군, 능창군의 세 아들을 두었는데, 장남인 능양군이 바로 인조였다.

정통성에서 취약했던 광해군은 즉위 초반 형인 임해군을 처형하고, 1613년에는 동생인 영창대군을 처형하면서 왕실의 경쟁자들을 제거해나갔다. 1615년에는 신경희 등이 능창군을 왕으로 추대한다는 고변이 일어났다. 능창군은 교동도로 유배되었다가 스스로 목숨을 끊었다.

정원군에 대한 견제도 심했다. 대표적인 것이 경희궁 조성이다. "새 궁궐을 새문동塞門洞에다 건립하는 것에 대해 의논했다. (중략) 술인 김일룡이 이궁離宮을 새문동에다 건립하기를 청했는데, 바로 정원군의 옛집이다. 왕이 그곳에 왕기王氣가 있음을 듣고 드디어 그 집을 빼앗아 관가로 들였는데"라는 기록에서 정원군이 거처한 새문동에 왕기가 있다는 풍문이 있자 광해군이 이를 억누르기 위해 경희궁을 조성했음을 알 수 있다.[2] 정원군의 아들인 인조가 왕이 되었으니 술사의 예언은 적중한 셈이다.

1619년 40세로 사망한 정원군의 졸기에 "나는 해가 뜨면 간밤에 무사하게 지낸 것을 알겠고 날이 저물면 오늘이 다행히 지

2 《광해군일기》 1617년(광해 9) 6월 11일

나간 것을 알겠다. 오직 바라는 것은 일찍 집의 창문 아래에서 죽어 지하의 선왕을 따라가는 것일 뿐이다"라고 기록된 부분은 그만큼 광해군의 감시와 견제가 심했음을 보여준다. 광해군 정권에서 동생이 죽고, 부친까지 끊임없는 견제에 시달렸다. 자신도 언제든지 위해를 당할 수 있다고 생각한 것이 인조가 반정에 적극적으로 가담한 동기였다.

인조는 왕이 된 후에 많은 신하들의 반대와 종법宗法[3]에도 불구하고 1632년 부친 정원군을 원종元宗으로 추숭하고 능호를 장릉章陵이라 했다. 부친을 왕으로 올림으로써 자신의 정통성을 확립한 것이었다.

반정의 성공과 숙청

홍제원에 집결한 반정세력은 인근의 홍제천에서 칼을 씻으며 결의를 다졌다. '세검정洗劍亭'이라는 말은 이에서 유래한 것이다. 3월 12일 밤 12시경 무렵 최명길, 김자점, 심기원 등이 군사를 이끌고 창의문(서울의 북소문)에 이르렀다. 빗장을 부수고 들어간 반정군은 그들을 체포하러 온 금부도사와 선전관을 육조 앞길에서 베었다. 반정군은 곧바로 창덕궁에 이르러 돈화문을 도끼로 찍었다. 이미 반정군과 내통하고 있었던 훈련대장 이흥립의 명에

3 계사의 계승과 종족의 결합을 위한 친족 제도의 기본이 되는 법. 원래 중국 주나라 때에, 적장자 상속제 확립을 위하여 생겨난 제도이다. 우리나라에는 삼국시대 초기에 전래되었으며 고려 말기에 일반화되었다.

세검정

출처: 국립민속박물관

의해 금호문은 쉽게 열렸다. 반정군은 창덕궁의 전각들에 불을 지르며 광해군의 침소를 급습했다. 반정군은 창덕궁 안 함춘원 나무 풀숲에 불을 지르는 것을 반정 성공의 신호로 삼았는데, 만약 불길이 치솟지 않으면 가족들에게 자결할 것을 요구했다는 이야기도 전한다.

반정의 주도세력은 서인인 이이와 이항복의 문인인 김류, 이귀, 김자점 등과 무인인 신경진, 이괄 등이었다. 광해군 시절 정권은 북인이 장악하고 있었다. 권력에서 소외되었던 서인과 남인은 광해군과 북인 타도를 명분으로 세력을 규합했다. 이 과정에서 왕통을 이을 수 있는 인조의 합류는 큰 힘이 되었다. 반정 세력은 신하 이윤이 중국 은殷나라 왕 태갑을 친 것을 거사의 명분으로 삼았다. 인조가 선조의 친손으로서 총명하고 무용武勇이 뛰어나다는 점도 고려했다.

갑작스런 반정군의 공격에 놀란 광해군은 잠을 자다가 황급하게 일어나 내시에게 업혀서 궁궐 담을 넘은 후 의관 안국신의 집에 피신해 있었으나, 의관 정남신의 고변으로 곧 끌려나왔다. 그리고 자신을 폐하고 새로운 왕을 세운다는 반정군의 목소리를 들었다. 조선의 역사상 두 번째 반정이 일어난 것이었다. 당시 광해군은 황급히 달아나면서 내시에게 종묘에 불이 난 것인지를 물었다. 종묘에 불이 났다면 반드시 역성혁명(왕조가 바뀌는 일)이고 그렇지 않다면 자신을 폐위시키는 사건임을 직감한 것이다. 그런데 종묘와 가까운 함춘원 근처에 불이 일어나면서 내시는 종묘에 불이 난 것 같다고 보고했고, 광해군은 자포자기의 상태로 있다가 체포되어 끌려왔다.

반정이 성공한 다음 날부터 광해군 권력에 대한 숙청이 시작되었다. 광해군을 보좌한 북인 중에서도 대북 정권의 실세들은 대부분 자결하거나 처형되었다. 광해군은 폐위된 직후 부인 유씨, 폐세자가 된 아들 부부와 함께 강화도로 유배되었다. 겨우 목숨은 부지했지만 강화로 옮긴 지 얼마 안 되어 아들 부부가 사망한다. 폐세자는 연금된 집 안마당에 땅굴을 파고 탈출을 시도하다가 발각된 후 인조에게 자진自盡의 명을 받아 죽었다. 폐세자빈 역시 이에 충격을 받고 자살했다.

1623년 10월 왕비 유씨가 세상을 떠난 뒤 광해군은 혼자가 되었다. 그러나 타고난 체력 덕분인지 1636년 강화도 교동, 1637년 제주도 등 유배지를 옮겨 다니면서 그 모진 세월을 견뎌나가다가 1641년 7월 1일 유배지에서 생을 마감했다. 젊은 시절 전장을 누빈 튼튼한 체력 덕분에 유배 생활도 잘 견딘 것으로 여겨진다. 연산군이 중종반정 후 강화도에 유배되고 바로 죽은 것과 비교하면 광해군의 정신력과 체력을 짐작할 수 있다.

광해군 정권의 정신적 영수 정인홍도 고향인 합천에서 서울로 압송되어 왔다. 그는 이미 89세의 고령의 몸이었지만 광해군 정권의 정신적 후원자였다는 점과 반정의 주역인 이귀 등 서인과의 오랜 악연 때문에 처형을 면할 수가 없었다. 중앙 정부에서 정인홍의 대리자 역할을 하면서 공안정국을 주도했던 이이첨은 이

천까지 도주했다가 체포된 후 처형되었다. 겨우 처형을 면한 사람들은 대부분 투옥되거나 유배되면서 대북파는 거의 전멸되었다. 반정을 성공시킨 인조와 서인은 광해군에게 핍박을 당했던 인목대비의 교서를 통해 반정의 정당성을 다시금 공표했다.

> 적신賊臣 이이첨과 정인홍 등이 악행을 부추겨 임해군을 해치고 영창대군을 죽이며 조카(능창군)를 죽이는 등 여러 차례 큰 옥사를 일으켜 무고한 사람을 해쳤다. 또 대비를 서궁에 유폐하는가 하면 의리로는 군신이며 은혜로는 부자와 같은 명明에 대해 배은망덕해 속으로 다른 뜻을 품고 오랑캐에게 성의를 베풀었다. 이에 인조가 윤리와 기강이 무너지고 종묘와 사직이 망해가는 것을 볼 수가 없어 반정을 일으켰다.[4]

위에서 보듯 인조반정의 주요 명분은 '폐모살제'와 광해군의 중립외교였다. 이후 광해군 대의 잘못된 정책을 만회한다며 재성청 등의 기구가 만들어졌지만 개혁은 지지부진했다. 권세가들에게 뺏은 토지를 반정공신에게 다시 불하하는 등 공신들의 배를 불렸을 뿐이었다. 다음과 같이 시대를 한탄하는 상시가傷時歌가 민간에서 유행했다. 인조반정이 백성들에게는 별다른 도움이 되지 못했음을 시사한다.

4 《인조실록》 1623년(인조 1) 3월 14일

"아 훈신들이여
잘난 척하지 말아라.
그들의 집에 살고
그들의 토지를 차지하고
그들의 말을 타며
또 다시 그들의 일을 행하니
당신들과 그들이
돌아보건대 무엇이 다른가."[5]

1624년 1월에 일어난 '이괄의 난' 역시 반정의 명분에 큰 오점을 안겨준 사건이었다. 1623년 5월 이괄은 부원수겸 평안병사로 임명되어 북방을 경비하는 임무를 맡게 되었다. 이괄은 반정 후 일등공신이 아닌 이등공신에 임명되었는데, 김류 등은 이괄이 논공행상論功行賞에 불만을 품고 있다고 파악하고 그에 대한 경계를 늦추지 않았다. 그의 아들 이전도 상당한 무재武才를 가지고 있는 인물로서 아버지와 함께 감시의 대상이 되었다. 이 과정에서 이전이 반역 혐의를 받아 체포되는 상황이 발생했다. 격분한 이괄은 평소의 울분까지 더해 반란을 일으켰다. 이것이 1624년 1월에 일어난 이괄의 난이다.

반란군의 기세에 인조는 서울을 버리고 공주로 피난하는 수모를 겪었다. 그러나 이것은 인조의 수도 버리기 예행연습에 불

5 《인조실록》 1623년(인조 3) 6월 19일

과했다. 이후에도 인조는 두 번이나 더 수도를 버리면서 우리 역사상 가장 많이 수도를 버린 왕이 되었다.

인조,
두 차례의 호란을 당하다

광해군을 폐위시키고 인조가 즉위하면서 서인이 정권의 실세가 되었다. 정권을 잡은 인조와 서인은 광해군 정권의 정책을 대부분 부정했다. 반정의 주요 명분을 고려하면 외교 정책의 전환은 불가피했다. 인조는 친명배금을 외교 정책의 기조로 했고, 이것은 신흥 군사 강국 후금을 자극했다. 1627년(인조 5)의 정묘호란과 1636년(인조 14)의 병자호란은 인조와 서인 정권의 외교 실책이 빚은 혹독한 대가였다.

정묘호란의 시작

1623년 3월 인조가 왕이 된 시점에서, 후금은 이제 오랑캐로 멸시받는 작은 나라가 결코 아니었다. 1626년 8월 후금에서는 태조 누르하치가 사망하고 여덟 번째 아들 홍타이지洪泰時(후의 청 태종)가 9월 1일 심양 고궁에서 칸으로 즉위했다. 아버지를 따라다니며 젊은 시절부터 전공을 쌓은 홍타이지는 조선에 대한 강경한 입장을 지니고 있는 인물이었다. 조선 정벌을 미약한 권력 기반 강화의 계기로 삼을 수 있다는 판단도 했다. 마침 이 무렵 1624년 이괄의 난에 선봉장으로 참여했던 한명인의 아들 한윤이 국경을 넘어 후금으로 망명해, 조선에 새 임금이 즉위하여 후금에 투항한 강홍립과 박난영의 가족을 처형했다고 말했다. 그렇지 않아도 조선에 좋지 않은 감정을 갖고 있던 홍타이지는 전쟁 의지가 더욱 강해졌다.

홍타이지는 1627년 1월 8일 사촌 형 아민으로 하여금 조선 침공에 나서게 했다. 정묘호란이 시작된 것이다. 기병과 보병을 합한 후금의 3만 5,000여 명의 병력이 1월 13일 압록강을 넘었다. 선봉에는 강홍립, 박난영 등 조선 출신 장수들과 통역관이 함께 했다. 후금은 뒷날 보낸 국서에서 출병의 이유로 크게 네 가지를 들었다. 조선이 명나라를 도와 후금을 공격했다는 것, 명나라 장군 모문룡에 대한 지원을 계속한다는 것, 여진족과 한조의 도망민이 후금이 차지한 지역을 노략질했으나 조선 측이 방관했다는 것, 누르하치가 사망했을 때 조선에서 조문 사절을 보내지 않았다는 것 등이었다. 후금군은 순식간에 평안도 의주를 점령하고, 일주일 후에는 얼음을 타고 청천강을 건너 안주로 내려왔다. 후금군은 진격 도중 '옛 임금(광해군)을 위해 복수하려는 것이다. 우리가 승리하면 10년간의 세금을 면제해줄 것이다'라고 호언장담했다.

후금의 전격적인 침략에 조선의 조정은 당황했다. 장만을 도원수로 삼고 충청도, 전라도, 경상도의 근왕병을 모집하면서 황해도의 황주와 평산을 1차 방어선, 임진강을 최후의 방어선으로 삼았다. 소현세자는 분조分朝를 맡아 전주로 내려갔다. 임진왜란 때 조정을 둘로 나누어 선조와 광해군이 각각의 정부를 차린 것과 유사한 방식이었다. 당시 평양에는 8,000여 명의 병력이 있었으나 후금의 기세에 놀라 대부분 성을 버리고 도망을 쳤다. 1월 24일 평양성은 함락되었다. 후금의 빠른 진격에 인조는 1월 27일 황급히 강화도로 피난길을 서둘렀다. 후금의 기마족은 바다를 건너기 쉽지 않다는 판단을 했기 때문이다. 인조는 강화부 관아에 임시 정부를 차리고 대신들과 거듭 대책 회의를 하면서 전쟁의 추이를 살폈다.

이 무렵 후금군 진영은 명나라 정벌에 총력을 기울여야 하는 상황에서 강화도 공략이 쉽지 않다고 파악하여 협상을 제의했다. 명나라와의 관계를 끊고 후금과 형제 관계를 맺자는 것이 핵심이었다. 격론 끝에 명나라와의 관계 단절은 거부하고 후금과 형제 관계를 맺자는 제안은 수용하는 것으로 합의가 이루어졌다. 1627년 3월 3일 인조는 검은 옷을 입고 강화도 연미정 대청으로 나아가 후금과 형제 관계의 서약을 맺었다. 《인조실록》에는 당시의 상황을 다음과 같이 기록하고 있다.

이날 밤 상이 대청에 나가 향을 피우고 하늘에 고하는 예를 몸소 행했다. (중략) 좌부승지 이명한이 맹세문을 읽었다. 그 글에 이르기를, "조선 국왕은 지금 정묘년 모월 모일에 금국金國과 더불어 맹약을 한다. 우리 두 나라가 이미 화친을 결정했으니 이후로는 서로 맹약을 준수해 각각 자기 나라를 지키도록 하고 잗단 일로 다투거나 도리에 어긋나는 일을 요구하지 않기로 한다. 만약 우리나라가 금국을 적대시해 화친을 위배하고 군사를 일으켜 침범한다면 하늘이 재앙을 내릴 것이며, 만약 금국이 불량한 마음을 품고서 화친을 위배하고 군사를 일으켜 침범한다면 역시 하늘이 앙화를 내릴 것이니, 두 나라 군신은 각각 신의를 지켜 함께 태평을 누리도록 할 것이다. 천지 산천의 신명은 이 맹약을 살펴 들으소서"라고 했다. (중략) 호인胡人들이 소와 말을 잡아 혈골血骨을 그릇에 담았다. (중략) 두 나라의 대신들은 각각 공도를 행해 조금도 속임이 없어야 할 것이다. 기꺼이 이 술을 마시고 즐겁게 이 고기를 먹을지니, 하늘이 보호해 많은 복을 받을 것이다"라고 했다.[1]

후금의 침략 이후 50일 만에 정식 화의가 성립되었다. 정묘호란은 후금의 군대가 철수하는 것으로 종료되었다. 그러나 후금군은 철수하면서도 "산골과 해안 지대에서 아들딸과 재물을 마음대로 쓸어갔습니다. 지금의 화친은 백성을 살리려는 계책에서 나온 것인데 백성들이 어육으로 돌아가는 지경이 되었습니다"라는 기록에서 보이듯 끝까지 백성과 재물을 약탈하는 만행을 보였다.

1 《인조실록》 1627년(인조 5) 3월 3일

고개 드는 척화론과 병자호란

조정에는 정묘호란 이후에도 후금에 대해 강경해야 한다는 목소리가 높았다. 이제껏 오랑캐라고 무시했던 후금을 명나라와 동등하게 대우하는 것은 인조와 서인 정권의 생리에 절대 맞지가 않았다. 특히 후금이 통상적인 조건의 10배가 넘는 무역을 요구해오자 인조의 분노가 폭발했다.

전쟁의 여운이 어느 정도 사라진 1634년, 인조는 "이기고 짐은 병가의 상사이다. 금나라 사람이 강하긴 하지만 싸울 때마다 반드시 이기지는 못할 것이며, 아군이 약하지만 싸울 때마다 반드시 패하지도 않을 것이다. 옛말에 '의지가 있는 용사는 목이 떨어질 각오를 한다'라고 했고, 또 '군사가 교만하면 패한다'라고 했다. 오늘날 무사들이 만약 자신을 잊고 순국한다면 이 교만한 오랑캐를 무찌르기는 어려운 일이 아니다"라는 하교를 내리면서 전쟁을 결코 피하지 않을 것임을 선언했다. 조선은 또 다시 전시체제에 돌입했다. 집권층은 신흥강국 후금에 대한 현실적인 힘을 무시하고 의리와 명분을 견지하는 닫힌 의식을 고집했고, 스스로 병란을 자초한 꼴이 되었다. 정묘호란 때 후금에 그렇게 당했으면서도 내부의 국방력을 철저히 점검하지 않고 맞불을 놓은 것이다.

1636년(인조 14) 4월 국세를 확장한 후금의 홍타이지(태종)는 스스로를 황제라 칭하고, 국호를 청淸으로 하며 수도를 심양으로 정했다. 심양 천도는 명나라를 완전히 압박해 중원 장악의 기틀을 마련하기 위함이었다. 명 정벌에 앞서 그 배후가 될 수 있는 조선에게 군신관계를 맺을 것도 요구해왔다.

청 태종의 무례한 요구는 인조와 조선 조정을 격분시켰다. 정묘호란을 겪으면서 맺은 형제관계조차도 무효로 하고 싶은 상황이었다. 그러나 감정 따로 현실 따로인 법. 힘과 국력이 문제였다. 이제 후금은 중원과 북방의 최고 강자로 성장한 나라였다. 함부로 그들의 요구를 물리치고 '승산 없는 전쟁'을 계속한다면 그 결과는 불을 보듯이 뻔했다.

이런 사정 때문인지 조정에서도 청에 대한 대책을 둘러싸고 갑론을박이 오고 갔다. 김상헌을 중심으로 하는 척화파斥和派와 최명길을 중심으로 하는 주화파主和派로 국론이 갈리게 된다. 청나라에 보내는 국서에 '청'이라고 쓰자고 했던 최명길은 윤집, 오달제 등 척화파의 탄핵을 받고 사직했다. 현실적인 주화파의 입장보다 목소리가 큰 척화론이 대세가 되었다. 청 태종 홍타이지는 자신을 인정하지 않는 조선에 대한 강력한 응징을 목표로 하고 직접 전장에 뛰어들었다.

남한산성에서의 항전과 삼전도의 굴욕

1636년 11월 말 청 태종은 팔기八旗의 군사가 집결한 심양에서 자신이 직접 군사를 이끌고 조선을 공격할 것임을 선언했다. 총병력 12만 8,000여 명 가운데는 몽골족 3만 명과 한족 2만 명이 포함되어 있었다. 12월 2일 청군은 심양을 출발했다. 선봉부대의 장수는 용골대였고, 기마병은 마부대가 이끌었다. 조선인 포로는 안내자 겸 통역으로 활용했다. 1636년 12월 8일 마부대가 이끄는 기병 6,000여 명이 별다른 저항을 받지 않고 조선의 국경인 얼어붙은 압록강을 건넜다. 병자호란의 시작이었다.

청군은 기마병을 중심으로 질풍같이 쳐들어와서 압록강을 넘은 지 5일 만에 한양을 점령했다. 산성 중심의 조선 방어 전략은 수도를 목표로 돌진한 청의 기마병 중심의 공격에 별다른 효과가 없었다. 인조와 조정 대신은 청군이 한양까지 진격했다는 소식을 듣고 우왕좌왕하며 서둘러 강화도 피난길에 나섰다. 정묘호란 때에 강화도로 피난을 갔던 경험 때문이었다. 그러나 청군의 선발대가 양화진 방면으로 진출해 강화도로 통하는 길을 차단했다. 인조는 결국 남한산성으로 피난길을 돌렸고, 재위 기간 동안 세 번이나 한양을 버리고 피난을 한 불명예 기록의 보유자가 되어버렸다. 청의 대군에 포위당한 조선 조정은 의병들의 참전을 기대했지만 그나마도 쉽지 않았다.

찬바람이 유난히도 매서웠던 1636년 12월 15일 인조 일행은 남한산성에서 청의 12만 명 대군에게 완전히 포위되었다. 청군은 포위망을 구축하고 장기전으로 들어갔다. 성안에는 1만 4,000여 명의 인원이 약 50여 일을 버틸 수 있는 식량을 비축하고 있을 뿐이었다. 이후 조선과 청군 사이에 여러 차례 협상이 오고 갔다. 특히 1월 22일 강화도가 함락되고 그곳에 있던 왕족과 신하들이 포로가 되면서 청과 화의를 맺어야 한다는 주장이 우세하게 되었지만 김상헌, 윤집, 홍익한, 오달제 등은 끝까지 척화론을 주장하면서 항전 의지를 불태웠다. 결국 최명길이 총대를 메고 국왕이 성을 나와 항복하는 내용의 문서를 작성했다. 옆에 있던 김상헌은 이를 갈기갈기 찢어 버렸다. 찢어진 국서를 최명길이 다시 모아 붙이는 우여곡절 끝에 항복을 청하는 문서가 작성되었다.

1637년 1월 30일 아침, 인조는 항복을 주장하는 주화파의 주장을 받아들여 남한산성을 내려왔다. 청나라 장수 용골대와 마부대는 조선 국왕 인조가 빨리 성 밖으로 나올 것을 재촉했다. 인조는 왕의 복장 대신에 융복(철릭과 주립으로 된 옛 군복) 차림으로 서문을 빠져나왔다. 참담함과 비통함이 얼굴에 가득했다. 인조는 수항단(항복을 받아들이는 단)이 마련된 삼전도(현재의 잠실 석촌호수 부근)로 향했다. 그곳에는 청 태종이 거만한 자세로 앉아 있었고 곧이어 치욕적인 항복 의식이 행해졌다. 인조는 세자와 대신들이 지켜보는 가운데 청나라 군사의 호령에 따라 '삼배구고두(세 번 절하고 머리를 아홉 번 조아림)'의 항복 의식을 마쳤다. 청나라와 조선의 군신 관계가 맺어졌다. 뒤이어 명의 연호 대신에 청의 연호를 사용할 것, 세자와 왕자를 청나라에 인질로 보낼 것 등 굴욕적인 협상이 맺어졌는데 이를 정축화약丁丑和約이라 한다.

인조의 항복을 받은 청 태종은 승전의 기념으로 자신의 공적을 찬양하는 비석을 세우게 했으니 이것이 바로 '삼전도비'이다. 비석의 정식 이름은 '대청황제공덕비大清皇帝功德碑'로서, 서로 비문을 쓰지 않으려는 우여곡절 끝에 이경석이 총대를 메고 비문의

출처: 국립중앙박물관

서울 송파구 삼전동에 위치한 삼전도비

내용을 작성했다. 1639년(인조 17) 12월에 세워진 이 비는, 1963년 문화재 지정 당시 지명을 따서 삼전도비三田渡碑라고 한다. 삼전도비는 우리 역사상 가장 치욕스러운 장면을 기록하고 있다. 이 점에서 삼전도비는 우리의 자존심에 상처를 주는 유물임에 분명하다. 그러나 한편으로 삼전도비는 준비되지 않은 상태에서 명분만을 내걸고 수행하는 잘못된 전쟁은 더 이상 없어야 한다는 교훈을 후대에 제시하고 있다.

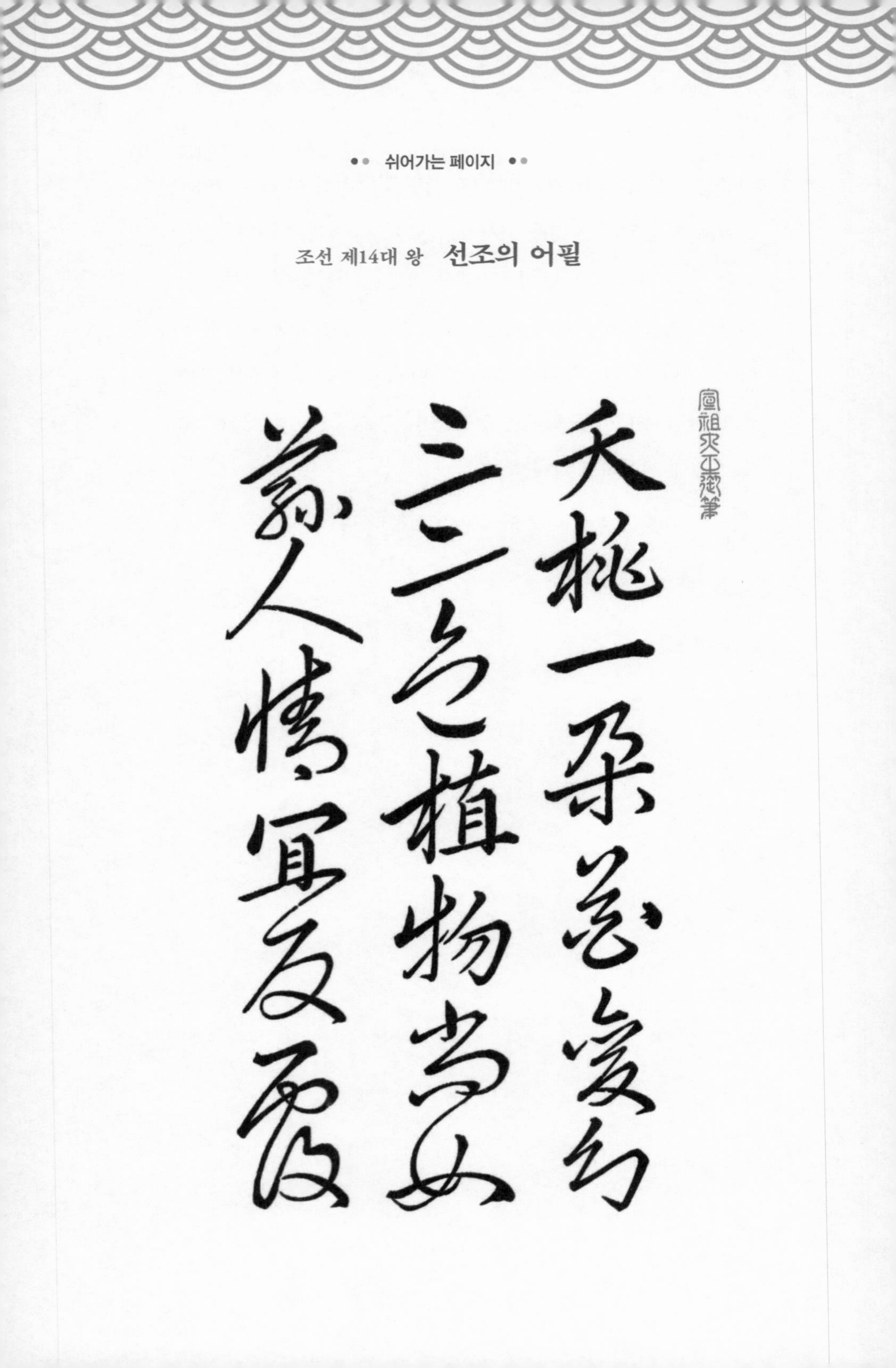

조선 제14대 왕 **선조의 어필**

宣祖大王御筆

왕의 글귀
/
셋

天桃一朶花

온 가지에 곱게 핀 복사꽃이

變幻三二色

두세 가지 빛깔로 변화했네

植物尙如玆

식물도 오히려 이와 같으니

人情宜反覆

인정이 번복함은 마땅하구나

제4장

북벌과
이념의 시대

인조는 소현세자의 죽음에서 자유로울 수 있는가?

1637년 삼전도의 굴욕 이후 항복의 상징이자 인질로 끌려갔던 소현세자(1612~1645). 부왕 인조로부터의 왕위 계승을 눈앞에 두고 있었던 세자가 8년 만의 인질 생활을 끝내고 귀국한 지 두 달 만에 의문의 죽음을 당했다. 국가의 공식 기록인 실록에서조차 독살을 의심했다. 세자의 사후에 인조가 취한 조처들을 보면 그의 죽음에 얽힌 비밀이 무척이나 많아 보인다.

귀국 후 두 달 만에 의문의 죽음을 당하다

1645년 4월 26일의 《인조실록》은 소현세자의 죽음을 다음과 같이 기록하고 있다.

> 왕세자가 창경궁 환경당에서 죽었다. 세자는 자질이 영민하고 총명했으나 기국과 도량은 넓지 못했다. 일찍이 정묘호란 때

호남에서 군사를 무군撫軍할 적에 대궐에 진상하는 물품을 절감해서 백성들의 고통을 제거하려고 힘썼다. 또 병자호란 때에는 부왕을 모시고 남한산성에 들어갔는데, 도적 청나라 사람들이 우리에게 세자를 인질로 삼겠다고 협박하자, 삼사가 극력 반대했고 왕도 차마 허락하지 못했다. 그런데 세자가 즉시 자청하기를, "진실로 사직을 편안히 하고 군부를 보호할 수만 있다면 신이 어찌 그곳에 가기를 꺼리겠습니까"라고 했다. (중략) 그러나 세자가 심양에 있은 지 이미 오래되어서 모든 행동을 일체 청나라 사람이 하라는 대로만 따라서 하고 전렵하는 군마 사이에 출입하다 보니, 가깝게 지내는 자는 모두가 무부武夫와 노비들이었다. 학문을 강론하는 일은 전혀 폐지하고 오직 화리貨利만을 일삼았으며, 또 토목 공사와 구마狗馬나 애완愛玩하는 것을 일삼았기 때문에 적국으로부터 비난을 받고 크게 인망을 잃었다. 이는 대체로 그때의 궁관宮官 무리 중에 혹 궁관답지 못한 자가 있어 보도하는 도리를 잃어서 그렇게 된 것이다. 세자가 10년 동안 타국에 있으면서 온갖 고생을 두루 맛보고 본국에 돌아온 지 겨우 수개월 만에 병이 들었는데, 의관들 또한 함부로 침을 놓고 약을 쓰다가 끝내 죽기에 이르렀으므로 온 나라 사람들이 슬프게 여겼다. 세자의 향년은 34세인데, 3남 3녀를 두었다.

위의 기록에서 보듯이 소현세자에 대한 평가는 극과 극을 이룬다. 소현세자는 정묘호란 때 분조 활동을 하고, 병자호란 때 부왕을 대신해 적진에 가기를 자청하며 기백을 보였으나, 심양 생활을 하면서 평이 뒤바뀐다. '학문을 강론하는 일은 전혀 폐지하고 오직 화리만을 일삼았으며, 또 토목 공사와 구마나 애완하는 것을 일삼았기 때문에 적국으로부터 비난을 받고 크게 인망을 잃었다'라는 표현이 대표적이다. 세자가 죽고 행해진 졸곡제卒哭祭에 대한 기록을 보자.

> 소현세자의 졸곡제를 행했다. 전날 세자가 심양에 있을 때 집을 지어 단확(고운 빛깔의 빨간 흙)을 발라서 단장하고, 또 포로로 잡혀간 사람들을 모집해 땅을 경작해서 곡식을 쌓아두고는 그것으로 진기한 물품과 무역을 하느라 관소館所의 문이 마치 시장과 같았으므로, 왕(인조)이 그 사실을 듣고 불만스러워했다. (중략) 세자는 본국으로 돌아온 지 얼마 안 되어 병을 얻었고 병이 난 지 수일 만에 죽었는데, 온몸이 전부 검은 빛이었고 이목구비의 일곱 구멍에서는 모두 붉은 피가 나오므로 검은 천으로 그 얼굴 반쪽만 덮어 놓았으나, 곁에 있는 사람도 그 얼굴빛을 분별할 수 없어서 마치 약물에 중독이 되어 죽은 사람과 같았다.[1]

실록은 소현세자가 청의 심양에 있을 당시 청나라 사람들과 무역한 것을 못마땅하게 생각했다는 내용과 귀국 후 곧바로 죽은 사실을 수록함으로써 세자의 죽음에 인조가 상당한 관여를 했음을 암시하고 있다. 특히 실록에서조차 약물 중독을 언급할 정도로 독살에 대한 의혹이 있었다.

1 《인조실록》 1645년(인조 23) 6월 27일

세자가 죽은 후 인조는 서둘러 장례를 마쳤고, 가장 중요한 후계 문제에 있어서도 특별한 결정을 내린다. 당시 소현세자에게는 세 아들이 있었지만 인조는 나이가 어리다는 이유로 세손에게 왕위를 물려줄 수는 없다는 입장을 밝혔다. 결국 인조는 둘째 아들이자 소현세자의 동생인 봉림대군(후의 효종)을 후계자로 지목했다. 이것은 정상적인 왕위 계승의 원칙에 어긋나는 방식으로서 인조가 소현세자를 극도로 불신했음을 상징적으로 보여준다.

아들 사도세자를 죽인 영조조차 왕위는 세자의 아들이자 손자인 정조에게 물려주었다. 그만큼 인조의 조처는 파격적이라 할 수 있다. 왜 소현세자는 의문의 죽음을 당한 것일까? 그 비밀의 열쇠는 심양에서 소현세자가 보낸 8년간의 생활에 찾을 수 있다.

심양에서 새롭게 눈을 뜬 세자

1637년 1월 삼전도에서 당한 굴욕의 결과로 인조의 두 아들 소현세자와 봉림대군은 인질이 되어 심양으로 갔다. 1637년 4월 10일 소현세자는 심양에 도착해 조선 사신을 접대하는 객관客館인 동관에 머무르다가, 5월 7일 황제가 세자를 위해 새로 지은 관소인 신관新館, 즉 심양관으로 거처를 옮겼고 이곳에서 8년을 머물렀다. 심양관에는 세자와 봉림대군 부부를 비롯한 배종신, 수행원역員役 및 부속된 종인從人 등 상주 인원이 500명이 넘었다. 세자는 이곳에서 포로로 잡혀온 사람들을 모집해 땅을 경작했고, 무역 활동을 했다. 부인인 강씨도 적극적으로 세자를 도왔다. 그러나 《인조실록》에는 '관소의 문이 마치 시장과 같았으므로, 왕(인조)이 그 사실을 듣고 불만스러워했다'라고 기록했듯이 인조는 세자의 심양 생활에 대해 부정적이었다.

소현세자는 인질 생활 초기에 반청 감정을 강하게 지니고 있었다. 하지만 심양 생활을 통해 청나라의 놀라운 발전에 큰 자극을 받고 생각이 바뀌어갔다. 중국 대륙을 통일한 후 신생대국으로 거침없이 뻗어가던 청나라에게서 강한 군사력과 문화적 잠재력을 읽었던 것이다.

당시 청나라는 아담 샬과 같은 선교사를 통해 천주교뿐만 아니라 화포, 망원경과 같은 서양의 근대 과학기술을 적극 수용하고 있었다. 예수회 선교사 신부로서 해박한 과학 지식을 바탕으로 명나라 조정에서 인정받았던 아담 샬Adam Shall은 청나라가 북경을 점령한 후에도 청나라의 과학기술 발전에 공헌한 인물이었다. 세자는 북경 남문 남천주당에 머물고 있던 아담 샬과 자주 만나 새로운 서양 문명과 천주교를 접할 수 있는 기회를 가지면서 더욱더 조선은 변화해야 한다는 생각을 굳혀가고 있었다. 소현세자가 귀국하면서 화포와 천리경 등을 가져온 것도 이러한 맥락이었다.

1644년 명나라를 멸망시키면서 중원을 완전히 장악한 청나라는 이제 소현세자의 귀국을 허락했다. 그러나 1645년 소현세자가 8년 만의 인질 생활을 끝내고 조선에 돌아왔을 때 그의 귀국을 달가워하는 사람은 거의 없었다. 소현세자와 인조의 갈등이 감지

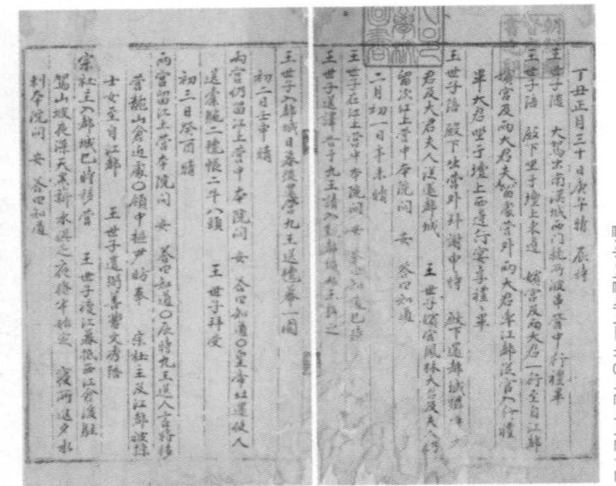

출처: 서울대학교 규장각한국학연구원

소현세자의 《심양일기》

되었기 때문이다. 그리고 귀국 후 두 달 만에 세자는 의문의 죽음을 당한다. 이러한 일련의 사태는 인조와 소현세자의 갈등이 무척이나 깊었음을 보여주고 있다.

야사에는 '소현세자가 청나라의 물건을 가져와 인조에게 내놓자 인조가 벼루를 던져 세자가 죽었다'라고 할 정도로 이들 부자 관계는 싸늘하게 식어 있었다. 세자에 대한 청나라의 호의적인 입장과 신뢰는 인조를 비롯한 조정 대신들에게 결코 반갑지 않았다. 소현세자가 왕이 되면 인조와 서인 정권은 그들이 추진한 숭명반청崇明反淸의 이념이 퇴색될 것을 우려했다. 당시 조선의 조정은 청나라를 군사대국, 문화대국으로 보기보다는 여전히 오랑캐로 인식하는 분위기였다. 따라서 청의 과학기술 수용에 적극적이었던 세자는 경계의 대상이 될 수밖에 없었다. 또한 인조는 청이 자신을 물러가게 하고 소현세자를 왕으로 삼으려는 움직임을 경계했다. 정통으로 왕위에 오르지 않고 반정이라는 '쿠데타'로 집권한 왕, 인조. 인조는 본능적으로 청의 후원을 받는 아들을 정적으로 본 것이 아닐까?

아직까지도 독살에 대한 심증은 확실하나 물증은 없는 상황이다. 그러나 독살이건 병으로 인한 죽음이건 세자의 죽음이 인조에게 호재로 작용했음은 확실하다. 인조가 세자의 세 아들을 제쳐두고 서둘러 봉림대군을 후계자로 지명하고, 세자의 부인이자 며느리인 강빈에게 사약을 내린 것에서 알 수 있다.

며느리에게 사약을 내린 시아버지

소현세자는 청의 문물 수용에 깊은 관심을 보였고, 자신이 왕위에 오르면 이것을 적극 실천할 움직임을 보이고 있었다. 그와 함께 심양에 갔던 부인 강씨는 남편을 도와 적극적으로 경제활동에 나서는 등 나름대로 새 시대에 눈뜬 세자빈의 모습을 보였다. 그러나 귀국 후 남편이 의문의 죽음을 당하고 아들이 세자가 되지 못하는 현실에 부딪히자 격렬하게 시아버지에게 저항했다. 죽음을 각오한 강씨는 머리를 풀어헤치고 인조의 침실로 달려가 하소연을 늘어놓으며 통곡하는가 하면, 맏며느리로서 왕에게 올리는 조석 문안도 한때 중지해버렸다. 분노한 인조는 강씨를 유폐시켰고 갈등은 결국 왕세자빈의 죽음으로 이어졌다.

어느 날 인조의 수라상에 오른 전복에 독이 든 사실이 발견되자 강씨가 이것을 사주했다는 혐의를 받았다. 결국 강씨는 사약을 받고 한 많은 생을 마감했다. 《인조실록》은 강씨의 죽음을 기록하면서, 그녀의 강한 기질을 특히 강조하고 있다.

> 소현 세자빈 강씨를 폐출해 옛날의 집에서 사사하고 교명죽책敎命竹冊·인印·장복章服 등을 거두어 불태웠다. 의금부 도사 오이규가 덮개가 있는 검은 가마로 강씨를 싣고 선인문宣仁門을 통해 나가니, 길 곁에서 바라보는 이들이 담장처럼 둘러섰고 남녀노소가 분주히 오가며 한탄했다. 강씨는 성격이 거셌는데, 끝내 불순한 행실로 상의 뜻을 거슬러오다가 드디어 사사되기에 이르렀다. 그러나 그 죄악이 아직 밝게 드러나지 않았는데 단지 추측만을 가지고서 법을 집행했기 때문에 안팎의 민심이 수긍하지 않고 모두 조숙의에게 죄를 돌렸다.[2]

강씨의 죽음 이후 소현세자의 아들도 크게 화를 당했다. 세 아들 석철, 석린, 석견은 모두 제주도에 유배를 갔는데 당시 석철은 12세, 석린은 8세, 석견은 4세였다. 석철과 석린은 제주도에서 풍토병으로 사망했고, 석견(경안군)은 효종 즉위 후 역모의 불씨가 된다 하여 제주에서 남해로, 다시 강화로 유배지를 전전하다가 1665년(현종 9) 9월에 사망했다. 소현세자의 가족사는 철저히 비극으로 마무리되었다.

청의 신문물을 보고 북학北學의 기운을 조선에 심으려 했던

2 《인조실록》 1647년(인조 24) 3월 15일

소현세자는 부왕인 인조와 정면충돌했고, 결국 의문의 죽음으로 생을 마감했다. 왕위가 세자의 동생인 봉림대군(효종)으로 이어지며, 조선의 국시國是는 북벌北伐이 되었다. 소현세자가 죽은 후 북학 사상이 만개하기까지는 또 100여 년의 세월을 더 기다려야 했다.

효종의 즉위와 북벌

1645년 2월 소현세자가 귀국 후 두 달 만에 의문사한 연유로 봉림대군은 뜻하지 않게 세자에 책봉되었다. 소현세자에게 세 아들이 있었으나, 인조는 봉림대군에게 왕위를 계승하려는 강력한 의지가 있었다.

효종(1619~1659, 재위 1649~1659)은 자신이 왕이 된 이유를 누구보다 잘 알고 있었다. 효종이 즉위 직후 북벌을 표방하고 재위 기간 내내 이를 추진한 배경에는 복수설치(복수해 치욕을 씻음)와 숭명반청(명나라를 받들고 청나라에 맞섬)의 이념이 자리하고 있었다.

북벌의 왕, 효종

봉림대군이 효종으로 즉위하면서 조선은 역사의 중요한 전환기를 맞이한다. 청을 물리쳐야 한다는 '북벌'이 국시로 자리를 잡았고, '북벌'은 효종에게 늘 꼬리표처럼 따라다녔다.

출처: 국립고궁박물관, 한국문화유산사전

효종 추상존호 금보와 금보 보통(뚜껑). 1900년(광무 4) 대한제국에서 제작한 어보이다. 고종이 효종에게 '흠천달도 광의홍렬'이라는 존호를 추상하면서 제작되었다. 6·25 전쟁 중에 미국으로 유출되었으나, 1990년대 후반 재미교포 이대수가 구입하여 기증하였다.

효종은 심양 생활에서 조선인 포로의 비참한 생활을 직접 목격했고, 청 황제를 따라 수렵에 나서면서 중국의 사정과 지형도 면밀히 관찰했다. 효종의 이러한 경험들과 부왕의 복수를 해야 한다는 신념이 북벌을 추진하는 데에 크게 작용했다. 그러나 당시 조선은 청과 공식적인 평화협정을 맺고 있었다. 조선 내의 산성 수축 등 군사적 준비는 허용되지 않는 시절이었다. 따라서 공식적으로 북벌을 내세우는 것은 청을 자극하는 '무모한 도전'이었다. 이러한 현실 때문에, 의외로 《효종실록》에는 북벌에 대한 논의가 거의 없다. 그러나 실록의 행간을 살피고, 효종이 대화를 나누었던 주요 인물들의 기록을 따라가다 보면 효종의 북벌 의지가 굳건했음을 알 수 있다. 아래의 기록을 보자.

> 상이 주강에 나아가 《시전》 하인사장何人斯章을 강독했다. 강독을 마치자 상이 이르기를, "우리나라의 군졸은 갑옷을 입지 않아 갑자기 적을 만나면 화살과 돌을 막기 어렵다. 나무 방패를 활용하면 좋을 것 같다"라고 하자, 훈련대장 이완이 아뢰기를, "나무 방패는 가지고 다니기가 매우 어렵습니다. 신은 군인들이 각기 하나의 큰 무명 자루를 소지했다가 급박할 때에 임해서는 흙을 담아 쳐들어오는 형세를 방어한다면 나무 방패보다 못하지 않을 것으로 여깁니다" 하니, 상이 이르기를, "그렇다. 일찍이 들으니 명나라 장수 장춘張椿의 군대가 무명 자루를 소지했다가 넓은 들판에서 오랑캐의 기마병을 만나면 흙을 자루에다 넣어 보루를 만들었는데 오랑캐 군사가 감히 핍박하지 못했다고 한다."[1]

위의 글에서 10년 재위 기간 동안 오로지 북벌에 매진했던 효종의 의지를 간접적으로 알 수 있다.

1 《효종실록》 1656년(효종 7) 10월 4일

북벌을 위한 노력들

효종은 즉위 후에 김자점 등 친청파를 제거하고 김상헌, 김집, 송시열, 송준길 등 반청 척화파를 등용하여 북벌을 국가의 주도 이념으로 설정했다. 특히 대군 시절 그의 스승이었던 송시열을 불러들여 북벌의 이념을 널리 전파할 북벌 전도사로서의 사명을 맡기려 했다. 이와 동시에 효종은 중앙 상비군인 훈련도감을 강화하고, 북벌 추진의 중심 기구로 어영청을 설치한 후 이완을 어영대장으로 임명했다. 실제 효종과 함께 북벌을 추진한 유일한 인물은 이완이었다. 이완은 이후에도 관례적으로 공신이나 왕실의 친인척이 임명되었던 야전사령관, 즉 훈련대장에 전격 발탁되어 현종 대까지 16년 동안 역임했다.

효종은 이완이 평안도와 함경도의 병마절도사를 지내면서 입증한 능력과 병자호란 때 참전 경험, 친명반청 성향을 보았을 때 그를 북벌 추진에 긴요하게 활용할 수 있겠다고 판단했다. 이완은 이를 충실히 따랐다. 이완은 효종의 북벌 정책을 실천한 거의 유일한 장수였으며, 자신이 죽으면 효종의 무덤 인근에 자신을 묻어줄 것을 유언하기도 하는 등 철저하게 효종의 사람이었다. 현재 이완의 무덤은 효종의 무덤이 있는 경기도 여주의 영릉寧陵 인근에 조성되어 있는데, 죽을 때까지 효종과 북벌의 뜻을 함께한 상징물로 남아 있다. 이외에 효종은 훈련도감과 남한산성의 수비대인 수어청에 대한 군비 증강 사업, 군량미 확보 등을 통해 북벌을 구체적으로 실천해나갔다.

그러나 송시열이나 송준길과 같이 효종이 기대를 걸었던 산림山林 세력들은 북벌을 위한 준비 단계로서 내수의 중요성을 강조했다. 결국 북벌 추진은 효종의 고독한 사업이 되고 말았다. 1624년(효종 5)에 발표한 교서에서 "지금 씻기 어려운 수치심이 있는데도 모든 신하들이 이를 생각하지 않고 매양 나에게 수신修身만을 권하고 있으니 이 치욕을 씻지 못하면 수신만 한들 무슨 소용이 있겠는가?"라고 토로한 것도 그만큼 북벌을 뒷받침해주는 정치 세력이 부재했음을 보여주고 있다. 그리고 무엇보다 전쟁에 지친 백성들이 북벌에 회의적이었다. 백성들은 임진왜란과 두 차례의 호란을 경험하면서 기근에 시달렸고, 북벌 준비를 위한 정부의 군비 증강과 재정 부담에 크게 동의하지 않았다. 특히 훈련도감군은 모두가 월급을 받는 급료병으로 증원에 막대한 예산이 소요되었는데, 그 부담은 백성에게 고스란히 전가되었다.

하루하루 생활이 급급한 백성들에게 이미 멸망한 명나라를 위한 복수는 그리 큰 호소력을 갖지 못했다. 여기에 더하여 중국의 형세는 청나라가 명의 잔존 세력을 완전히 뿌리 뽑고 확고하게 중원의 지배자로 자리잡아가는 국면이었다. 청나라의 감시도 북벌 준비의 장애 요소였다. 청나라 측은 수시로 조선을 시찰하면서 군사력 증대를 억제했고, 산성 수축 등 군비 증강 사업을 감시했다. 이러한 어려움 속에서도 북벌에 대한 효종의 의지는 꺾이지 않았다.

1659년 3월 효종은 승지와 사관을 모두 물리치고 송시열과 단독으로 면담했다. 북벌을 어떻게든 실천하기 위함이었다.

> 송시열이 또 아뢰기를, "송효종이 당초에 큰일을 하려는 뜻을 품고 장남헌을 볼 때에, 만일 전상殿上에서 만나보면 혹시 엿듣는 자가 있을까 싶어서 뜰 가운데다 장막을 설치하고 그를 보았는데 좌우에는 아무도 없었습니다. 임금과 신하 사이가 이와 같아야만 큰일을 도모할 수 있는 것입니다"라고 하니 상이 이르기를, "근래에 경의 병으로 인해 오랫동안 서로 만나보지 못했기에 늘 매우 답답했다. 오늘은 자못 조용한 듯 하니 경은 나가지 말라"라고 했다. 상이 승지 이경억에게 이르기를, "오늘은 승지가 먼저 물러가라"라고 하고, 또 사관과 환관에게 모두 물러가라고 분부했다. 그러고 나서 송시열 혼자 입시했는데, 외조外朝에 있는 신하들은 송시열이 어떤 일을 말씀드렸는지 몰랐다.[2]

당시 실록에는 독대한 상황만 언급이 있고 구체적인 내용은 기록이 없다. 송시열의 문집인 《악대설화》에서 이날 북벌에 대한 긴밀한 논의가 이루어졌음을 증언하고 있다. 효종은 "저 오랑캐들은 이미 망할 형세에 있다. 10년을 기한으로 군사훈련을 하고 군장비, 군량을 비축해 조선과 국민들이 일치단결하여 군사 10만 명을 양성해서 명과 내통한 다음 기습하고자 한다"라고 했다. 그러면서 오랑캐가 반드시 망할 형편이라며 정예 포병 10만 명을

2 《효종실록》 1659(효종 10) 3월 11일

길러 공격을 시작할 작정이고, 세자는 이런 어렵고 위태로운 일을 할 수가 없으니 자신의 기력이 쇠하지 않는 한 10년을 기한으로 삼아 북벌을 추진하겠다고 했다. 그러나 이에 대해 송시열은 북벌을 위해서는 내수가 필요하고 내수를 위해서는 학문에 전념해야 한다는 원론적인 말 이외에 더 이상 하지 않았다. 북벌 정책에 관한 한, 송시열은 효종의 기대를 충족시켜주는 후원자가 아니었다.

효종의 죽음

효종은 북벌을 실천하기 위해 각고의 노력을 했지만 그 뜻을 이루지 못한 채 재위 10년 만인 1659년 창덕궁 대조전에서 승하했다. 청나라의 계속적인 군사력 축소 압박과 내수에 치중해야 한다는 송시열 등의 의견, 전쟁의 공포에 휩싸인 사대부와 백성의 소극적인 입장 등이 맞물리면서 북벌은 현실에서 구체화되지 못한 채 꿈으로만 끝났다.

효종은 북벌을 위한 준비기구로 어영청을 설치해 이완 장군을 어영대장으로 삼고 송시열, 송준길 등과 같은 인물을 등용하여 북벌 이념의 메신저로 삼았다. 그러나 북벌의 길은 멀고도 험했다.

효종은 재위 기간 내내 북벌 계획에 혼신의 힘을 쏟다가 그 꿈을 이루지 못한 채 승하하고 말았다. 사인은 종기였다. 종기의 독이 계속 올라와서 의관이 침을 놓았으나 이것이 혈맥을 찔러

출처: 문화재청

효종 영릉 전경

조선 제17대 임금 효종과 인선왕후 장씨의 무덤이다.

버렸던 것이다. 북벌을 야심차게 준비한 왕의 마지막 모습치고는 너무나 허망했다. 실록은 효종의 죽음을 다음과 같이 전하고 있다.

> 상이 침을 맞고 나서 침구멍으로 피가 나오니 상이 이르기를, "신가귀가 아니었더라면 병이 위태로울 뻔했다"라고 했다. 피가 계속 그치지 않고 솟아나왔는데 이는 침이 혈락血絡을 범했기 때문이었다. 제조 이하에게 물러나가라고 명하고 나서 빨리 피를 멈추게 하는 약을 바르게 했는데도 피가 그치지 않으니, 제조와 의관들이 어찌할 바를 몰랐다. 상의 증상이 점점 위급한 상황으로 치달으니, 약방에서 청심원淸心元과 독삼탕獨參湯을 올렸다. 백관들은 놀라서 황급하게 모두 합문閤門 밖에 모였는데, 이윽고 상이 삼공과 송시열과 송준길 약방 제조를 부르라고 명했다. 승지·사관과 여러 신하들도 뒤따라 들어가 어상御床 아래 부복했는데, 상은 이미 승하했고 왕세자가 영외楹外에서 가슴을 치며 통곡했다. 승하한 시간은 사시(오전 10시)에서 오시(정오) 사이였다.[3]

효종의 승하 이후에도 북벌 이념은 조선 사회에서 완전히 사라지지 않았다. 조선의 사대부들은 여전히 조선을 명나라의 계승자로 자부하면서 청나라 연호를 사용하지 않고 멸망한 명나라의 마지막 연호인 숭정崇禎을 사용했다. 숙종 대에는 창덕궁의 후

3 《효종실록》 1659(효종 10) 5월 4일

원 깊숙한 곳에 대보단大報壇[4]을 건립하기도 했다. 또한 북벌의 논리는 중화 문화의 중심이 조선에 있다는 '소중화사상', 나아가 '조선중화사상'이 이념화된 것이었다. 북벌은 우리의 문화에 대한 자부심과 함께 민족의 자존심을 지켜주는 논리로 발전했다. 하지만 이 이념과 명분이 긴 시간 동안 조선 사회를 지배하면서 정치 · 사회 발전에 걸림돌이 되었다.

4 임진왜란 때 조선을 도와 준 신종의 제사를 지내는 제단.

하멜의 표류와 효종의 나선정벌

효종 대에는 외세와 얽히는 다양한 사건이 많았다. 하멜이라는 네덜란드 사람이 조선에 표류하는가 하면, 1654년과 1658년 두 차례에 걸쳐 나선정벌(청나라 군사와 함께 러시아를 정벌한 일)이 이루어지기도 했다. 북벌의 주요 공격 대상이던 청나라를 도와 군대를 파견했기에 효종의 고뇌가 고스란히 반영된 사건이었다.

1653년(효종 4) 조선에 표류한 하멜 일행은 억류당하는 신세가 되었다. 그도 그럴 것이, 당시 분위기 상 조선은 하멜 일행을 환대할 입장이 아니었다. 효종 대의 조선은 서양에 적대적이었다. 결국 하멜 일행 중 일부는 13년 만에 조선을 탈출해서 고국 네덜란드로 돌아가는 데 성공했다. 하멜이 쓴 표류기는 효종과 현종 대 조선 사회의 실상을 알려주는 대표적인 자료가 되었다.

하멜의 표류와 효종의 대책

1653년 7월 하멜은 네덜란드 동인도회사 소속 무역선 스페르베르호를 타고 64명의 일행과 함께 자바와 대만을 거쳐 일본 나가사키로 향했다. 그러나 불행하게도 풍랑을 만나 제주도 산방산 근처의 해안에 상륙했다. 이들을 발견한 백성들은 즉시 제주 목사에게 이 사실을 고했고, 생존자 38명이 제주의 관원들에 의해 체포되었다. 22일 하멜 일행은 목사가 있는 곳으로 압송되었다. 당시 제주 목사 이원진은 그들에게 몇 가지 질문을 한 뒤, 왕에게 편지를 띄웠다. 《효종실록》에는 당시의 상황이 기록되어 있다.

> "배 한 척이 고을 남쪽에서 깨져 해안에 닿았기에 대정 현감大靜縣監 권극중과 판관判官 노정을 시켜 군사를 거느리고 가서 보게 했더니, 어느 나라 사람인지 모르겠으나 배가 바다 가운데에서 뒤집혀 살아남은 자는 38인이며 말이 통하지 않고 문자도 다릅니다. 배 안에는 약재藥材·녹비鹿皮 따위 물건을 많이 실었는데 목향木香 94포, 용뇌龍腦 4항, 녹비 2만 7,000건이었습니다. 파란 눈에 코가 높고 노란 머리에 수염이 짧았는데, 혹 구레나룻은 깎고 콧수염을 남긴 자도 있었습니다. 그 옷은 길어서 넓적다리까지 내려오고 옷자락이 넷으로 갈라졌으며 옷깃 옆과 소매 밑에 다 이어 묶는 끈이 있었으며 바지는 주름이 잡혀 치마 같았습니다. 왜어倭語를 아는 자를 시켜 묻기를 '너희는 서양의 크리스천인 길리사단吉利是段인가?'라고 하니, 다들 '야야耶耶' 했

고, 우리나라를 가리켜 물으니 고려라 하고, 본도本島를 가리켜 물으니 오질도吾叱島라 하고, 중원을 가리켜 물으니 혹 대명大明이라고도 하고 대방大邦이라고도 했으며, 서북을 가리켜 물으니 달단韃靼이라 하고, 정동正東을 가리켜 물으니 일본이라고도 하고 낭가삭기郎可朔其(나가사키)라고도 했는데, 이어서 가려는 곳을 물으니 낭가삭기라 했습니다."[1]

위의 기록에서 하멜 일행이 조선을 고려로, 청나라를 명나라로 잘못 알고 있었고 이들의 최종 목적지는 일본의 나가사키였다는 것을 알 수 있다. 《하멜표류기》에는 "70세가량 된 목사가 선량하고 이해심이 많은 사람이며 서울 출신으로 조정에서도 상당한 신망을 받고 있었다"라고 기록해 이원진이 이들에게 우호적이었음을 알 수 있다.

10월 29일에는 네덜란드 출신으로 1627년 제주도에 표류해 조선에 귀화한 벨테브레Weltevree(박연)가 한양에서 내려와 하멜 일행의 통역을 맡게 되었다. 하멜은 "57~58세로 보이는 벨테브레가 모국어를 거의 잊고 있어서 더듬더듬 말하는 것을 거의 알아들을 수 없었지만, 한 달 정도 같이 지내다 보니 그가 다시 모국어를 기억해냈다"라고 했다. 벨테브레는 당시의 왕 효종의 "그대들이 새라면 본국으로 날아갈 수 있겠지만 우리는 외국인을 나라 밖으로 보내지 않는다. 그대들을 보호해주겠으며 적당한 식량과

1 《효종실록》 1653년(효종 4) 8월 6일

7년간 머물렀던 전라도 강진의 병영마을에서 하멜 일행이 만든 옛 담장

의복을 제공해줄 테니 이 나라에서 여생을 마쳐라"라는 말을 전했다. 이후 하멜 일행은 실질적인 억류 생활로 들어가게 되었다. 하멜 일행이 들어온 시점은 정확하게 효종이 북벌을 추진하던 시점으로, 청의 눈치를 살피던 효종에게 서양인들의 조선 표착은 정치적으로 큰 부담이 되었기 때문이다.

험난한 생활이 계속되자 1655년(효종 6) 3월, 하멜 일행 중 2명이 조선을 방문한 청나라 칙사에게 도움을 요청할 계획을 세웠다. 청나라 칙사가 귀국하는 길목에 매복한 2명은 네덜란드식 복장을 하고 갑자기 나타나 자신들의 억울함을 토로했다. 그러나 효종이 칙사에게 뇌물을 주면서 없던 일이 되었다. 탈출을 시도한 2명은 수감되었다가 얼마 후 세상을 떠났다. 이 탈출 사건 이후 조정에서는 하멜 일행의 처리 문제에 대한 토론을 벌였다. 결국 하멜 일행을 전라도의 병영에 분산 수용하는 것으로 결론이

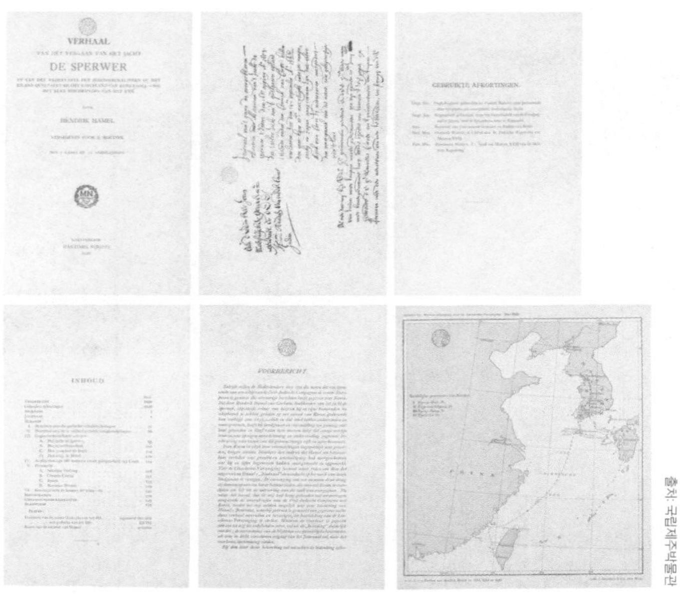
VERHAAL

DE SPERWER

HENDRIK HAMEL

INHOUD

VOORBERICHT

GEBRUIKTE AFKORTINGEN

《하멜표류기》 산엽

출처: 국립제주박물관

났다.

1659년 효종이 사망한 후에도 하멜 일행의 처리 문제는 조정의 골칫거리였다. 1662년(현종 3) 현종은 당시까지 생존했던 22명을 여수에 12명, 순천에 5명, 남원에 5명씩으로 나누어 보냈다. 하멜은 여수로 보내져 훈련장에 나가 화살을 줍고, 매일 새끼를 꼬는 힘든 생활을 했지만 틈틈이 탈출을 계획해나갔다. 하멜 일행은 기약이 없는 억류 생활에도 희망을 잃지 않았다. 이들의 노력은 마침내 탈출 성공으로 이어진다.

일행 중 13명은 1666년 여수를 탈출해 나가사키를 거쳐

1668년 고국인 네덜란드 암스테르담에 도착했다. 하멜은 조선에서의 억류 생활을 생생하게 정리한 《하멜표류기》를 편찬했다. 처음 책을 쓰게 된 동기는 밀린 월급을 청구받기 위한 증거 자료로 삼기 위함이었다. 《하멜표류기》는 조선을 서양에 최초로 소개한 책자로, 17세기 조선 사회의 모습과 함께 효종과 현종이 표착한 서양인에게 취한 정책을 이해하는 데도 큰 도움이 된다.

뜻하지 않은 파병, 나선정벌

효종은 수백 명의 조총 부대를 1654년, 1658년 두 차례에 걸쳐 길림 근처에 파병하고 청나라 군대와 합세해 러시아 공격에 나서도록 했다. 이 원정을 '나선정벌'이라 일컫는다.

청과 러시아는 17세기 중반 이후 국경 지역에서 몇 차례 충돌했다. 청나라는 러시아군을 제압하는 데 있어서 조총으로 무장한 조선군 포수들이 제격임을 파악하고 조선에 지원 병력 파병을 요청했다. 조선은 1636년 병자호란 이후 청나라와 군신 관계에 있었다. 효종은 청나라의 요구를 거절할 명분이 없었고, 고심 끝에 파병을 결정했다. 내심 청나라에 복수심을 지니고 북벌을 추진하는 상황에서, 현실적으로는 청의 요구에 응할 수밖에 없는 모순이 발생한 것이다. 효종이 나선정벌에 조선군을 파병한 것은 그만큼 효종 대의 북벌이 구호로만 그쳤음을 보여준다.

나선정벌은 1654년 2월 청나라에 파견되었던 사신 한거원이 서울에 들어와 효종에게 청나라의 요구 사항을 보고한 것에서 시작한다. "조선에서 조창鳥槍을 잘 쏘는 사람 100명을 선발해 청나라 관리의 통솔을 받아 나선을 정벌하되, 3월 초 10일에 영고탑에 도착하라"라는 것이었다. 당시까지 효종은 나선, 즉 러시아의 존재를 모르고 있었던 듯하다. 효종은 나선이 어떤 나라인지를 물었고, 한거원은 "영고탑 옆에 별종이 있는데 이것이 바로 나선입니다"라고 대답했다.

정언 이상진처럼 "지금 나선에 파병하는 일은 참으로 걱정스러운 형세가 있습니다. 만일 강변이 함락되면 어느 군졸로써 방어하시렵니까"라며 우려를 표명하는 대신도 있었다. 그러나 효종은 북우후北虞候 변급을 대장으로 삼아 조선군을 청나라로 파병했다. 조선군은 흑룡강성 의란시 전투 등에서 청나라군과 연합해 승리를 거두고 1654년 7월 영고탑으로 귀환했는데, 이것이 1차 나선정벌이다. 《효종실록》에는 "북우후 변급이 청병淸兵과 함께 나선을 격파하고 군사를 거느리고 영고탑으로 귀환했다"라고 이날의 승전을 간략하게 기록하고 있다.

1658년 청나라는 러시아와 다시 국경 분쟁에 시달리자, 조선군의 파병을 재차 요청했다. 이에 효종은 함경도 북병영의 부사령관격인 병마우후兵馬虞侯 신유에게 조총군 200명과 초관哨官 60여 명을 거느리고 러시아 정벌에 나서게 했다. 신유가 기록한 《북정록》에 의하면, 신유는 1658년 4월 6일 회령에서 군병을 검열하고, 4월부터 8월까지 약 4개월간 영고탑에서 사이호달이 이끄는 청나라 군대와 합류한 뒤 북상해 흑룡강으로 출전했다. 5월

9일 청군과 합류했을 때 신유가 이끈 200명의 조선군은 청나라 장수 8명에게 24명씩 배속되었다. 도착하자마자 조선군에 대한 지휘권을 청나라 장수가 행사하는 수모를 겪은 것이다.

6월 10일 조청 연합군은 흑룡강과 송화강이 만나는 지점에서 스테파노프가 지휘하는 러시아 군사와 접전을 벌였다. 당시 러시아군의 모습에 대해서는 "적은 신장身長이 10척이나 되며 눈은 길고 깊으며, 털은 붉고 수염은 헝클어져 마치 해초海草가 어깨에 늘어진 것 같다"라고 하여 러시아군은 외모만으로도 공포의 대상이 되었음을 알 수 있다. 그러나 조선군은 10여 척의 배를 앞세우고 공격해오는 러시아군에 총과 화전으로 용감히 맞서 싸워 대승을 거두었다. 이 전투에서 스테파노프를 포함해 러시아군 270여 명이 전사한 데 비해 조선군 희생자는 단 8명에 불과했다. 신유 장군이 중심이 된 이 전투를 제2차 나선정벌이라 한다.

1654년과 1658년의 1차, 2차 나선정벌은 정묘호란과 병자호란 이후 거듭 패전했던 조선군의 전투 역량이 만만치 않음을 보여주었다는 점에서 큰 의미가 있다. 그렇지만 무엇인가 씁쓸함이 진하게 배어 있는 승리였다. 효종이 군대를 파견할 수밖에 없었던 것은 병자호란의 패전 이후 1637년 1월 30일 체결된 정축화약의 "명나라 정벌을 위해서는 조선의 군병을 기한 내에 보내도록 한다"라는 규정 때문이었다.

효종은 북벌을 준비하면서 특히 조선군의 장점인 조총병 양성에 힘을 기울였다. 그러나 야심작 조총병을 청나라를 공격하는

효종 영릉 영자각 설경
출처: 문화재청

데 쓰지 못하고 청나라를 도와 러시아를 정벌하는 데 활용하는 아이러니를 보여주었다. 효종에게 나선정벌은 약소국의 비애를 더욱 절감하게 한 전투로 남았을 것이다.

현종이 왕으로서 존재감이 약한 까닭은?

조선의 18대 왕 현종(1641~1674, 재위 1659~1674) 하면 별로 떠오르는 기억이 없다. 대개 조선의 왕이 존재감이 없으면 재위 기간이 매우 짧다. 2대 왕 정종을 비롯해 8대 왕 예종, 12대 왕 인종은 재위 기간이 1~2년밖에 되지 않아 큰 업적을 낼 형편이 아니었다. 그러나 현종은 재위 기간이 짧은 것도 아니었다. 15년이나 재위하여 세조나 연산군, 효종보다도 그 기간이 길었다.

현종이 별다른 업적을 남기지 못한 이유는 당쟁이 치열하게 전개되어 이를 수습하는 데 급급했다는 점, 건강이 매우 좋지 않았던 점, 그리고 유래 없는 자연재해와 대기근으로 제대로 정사를 펼칠 수 없었던 점 등을 들 수 있다. 그나마 현종 즉위년에 전개된 1659년의 기해예송과 재위 마지막 해에 있었던 갑인예송으로 말미암아 현종이라는 왕을 기억할 수 있게 되었다.

시작과 끝을 장식한 예송

현종 대는 서인과 남인 간의 예송 논쟁이 가장 치열하게 전개된 시대였다. '예송'은 예를 둘러싼 소송이라는 뜻이다. 조선 중기 이후 주자성리학의 이념이 강화되면서, 성리학의 이념을 실천할 수 있는 구체적인 학문으로써 예학禮學이 발전했다. 예학은 한편으로 서로 다른 당파를 공격할 수 있는 학문적 무기로 기능을 하게 된다. 예禮에 대한 해석을 둘러싸고 1623년 인조반정 이후 집권세력이 된 서인과 야당의 위치에 있었던 남인이 견해 차이를 보이기 시작했다. 서인과 남인이 효종의 승하를 계기로 예에 대한 각종의 이론을 동원해 본격적인 논쟁을 벌이게 되는데, 이것을 '예송논쟁'이라고 한다.

1659년 효종이 승하하고 현종이 즉위하자 첫 번째 예송인 기해예송이 일어났다. 논쟁의 초점은 인조의 계비(장렬왕후, 1624~1688)로 들어온 조대비가 상복을 입는 기간을 얼마로 하느냐는 것이었다. 조대비는 1638년에 15세의 나이로 인조의 계비가 되었다. 당시 인조는 44세였으며, 조대비는 아들인 효종보다도 나이가 어렸다.

효종의 국상에 조대비가 입을 상복을 두고 송시열과 송준길 등 서인측은 1년복을 주장했다. 효종이 차남이고, 장남 소현세자가 사망했을 때 조대비가 이미 장자에 해당하는 상복인 3년복을 입었으므로 1년복이 타당하다는 것이었다. 그 근거로 유가의 예법에 관해 상술한 책인 《주자가례》를 들었다. 《주자가례》에는 '왕자례사서동王者禮士庶同'이라 해서 왕의 예법은 사대부나 서민의 예법과 같다고 명시되어있고, 주자성리학의 원칙에 충실했던 서인들은 이 규정을 따를 것을 주장했다.

이에 허목, 윤휴 등의 남인들은 반박 논리를 폈다. 효종이 왕인 점을 강조하면서 이번 상황은 특수한 사례임을 주장했다. 남인측은 《고례》에 의거해 '왕자례사서부동王者禮士庶不同'이라 해서 왕의 예법은 사대부나 서민과는 다르다는 점을 주지했다. 효종이 비록 차남이지만 왕위를 계승한 인물이므로, 조대비는 왕이 사망한 경우의 상복인 3년복을 입는 것이 옳다고 맞섰다. 남인들의 주장에는 신권보다는 왕권을 강화하는 입장이 내재되었다.

예송논쟁은 정치적 대결의 양상을 띠게 되었다. 결국 현종은 서인의 손을 들어 주었다. 즉위한 지 얼마 되지 않은 상황에서 서인들의 논리를 무시하기는 어려웠다. 결국 기해예송은 《경국대전》과 《국조오례의》를 근거로 해서 1년복을 입는 것으로 결정되었고, 서인의 정치적 입지는 더욱 커지게 되었다. 그러나 서인 측의 주장은 효종을 왕이 아닌 차남으로 여기는 논리였던 만큼 상당한 위험을 내포하고 있었다.

1674년(현종 15) 1월 효종의 왕비인 인선왕후가 사망하면서 또 한 번 정국이 상복 문제로 들끓었다. 이번에도 상복의 주인공은 대비로 있던 장렬왕후였다. 조대비는 인선왕후보다 어렸고, 이때도 생존해 왕실의 최고 어른으로 자리를 잡고 있었다.

서인들은 기해예송 때와 같이 《주자가례》를 근거로 왕의 예법이 사대부의 예법과 동일하다는 논리를 폈다. 따라서 조대비는 차남의 며느리가 사망한 경우에 입는 9개월 상복을 입어야 한다고 주장했다. 반면 남인들은 왕비의 국상이므로 조대비가 1년복을 입는 것이 타당함을 역설했다. 양 정파의 의견이 팽팽히 대립하는 가운데 현종은 남인의 손을 들어주었다. 서인의 논리에는 효종의 왕통王統보다 가통家統을 우선시하는 입장과 함께, 신권을 강화하려는 의도가 있었기 때문이다.

현종은 왕으로 있으면서 어느 정도 시국의 흐름을 간파했다. 현종은 더 이상 서인에게 끌려갈 수 없다고 판단했고, 예법에서도 왕권을 강조하는 남인의 입장에 동조했다. 1674년의 이 예송을 2차 예송 또는 갑인예송이라 한다. 이로써 현종은 1659년 기해예송 때 서인의 압력으로 지키지 못한 자신과 부모의 정통성을 확립할 수 있었다. 갑인예송을 계기로 서인이 실각하고 남인이 정권을 잡는 정국의 변화가 일어났다. 그러나 현종은 예송논쟁이 마무리되어가던 1674년 8월 18일 창덕궁에서 승하했다.

온천을 즐겨 찾았던 왕

찬바람이 불기 시작하면 누구나 찾고 싶은 곳 온천, 조선시대 온천은 왕실의 최고 휴식처였다. 이 중에서도 가장 각광을 받았던 곳은 온양이었다. 조선 초기에는 평산과 이천 온천에 왕이 거둥하기도 했다. 그러나 온천의 뛰어난 치료 효능과 지리적 여건 때문에 온양에 행궁을 조성하고 이곳에서 정사를 보는 경우가 많았다. '평산 온천은 너무 뜨겁고 이천은 길이 험해 온양으로 정한다' 라는 《현종실록》의 기록에서 온양이 왕들의 온천으로 자리매김했음을 알 수 있다.

《조선왕조실록》의 기록에 의하면 온양행궁에 행차해 장기간 머물렀던 왕은 세종 · 세조 · 현종 · 숙종 · 영조 등 5명의 임금과 사도세자이다. 세종과 세조, 현종이 모두 피부병으로 고생한 전력이 있음을 보면, 왕의 온양 행차는 질병을 치료하고 휴식을 취하기 위한 목적이 가장 컸음을 알 수 있다.

이 중에서도 온양행궁을 가장 많이 찾은 왕은 현종이었다. 현종은 재임 기간 내내 종기와 피부병으로 시달렸다. 현종 6~10년의 실록 기록에는 왕이 온천에 머문 기사가 평균 50건이나 발견될 정도이다.

> 상이 의관을 시켜 약방에 말을 전하기를, "요즈음 부스럼이 온몸에 나 고통을 견디기 어려운데, 온천에 목욕하는 것이 효험이 있다는 것을 알고 있으면서도 민폐가 염려되어 할 생각을 못했다. 지금 눈병과 부스럼이 한꺼번에 발병해 약은 오래 복용했으나 효험이 없고 침은 겨우 당장 위급한 것만 치료할 뿐이다. 일찍이 듣건대, 온천이 습열濕熱을 배설시키고 또 눈병에 효험이 있다고 하니, 지금 기회에 가서 목욕했으면 한다. 여러 의원들에게 물어서 아뢰라"했는데, 도제조 허적 등이 아뢰기를, "신들이 성상의 몸을 돌보는 자리에 있으면서 도움이 되는 바는 없이 마음 조이며 걱정만 하고 있었습니다. 지금 성상의 분부를 받

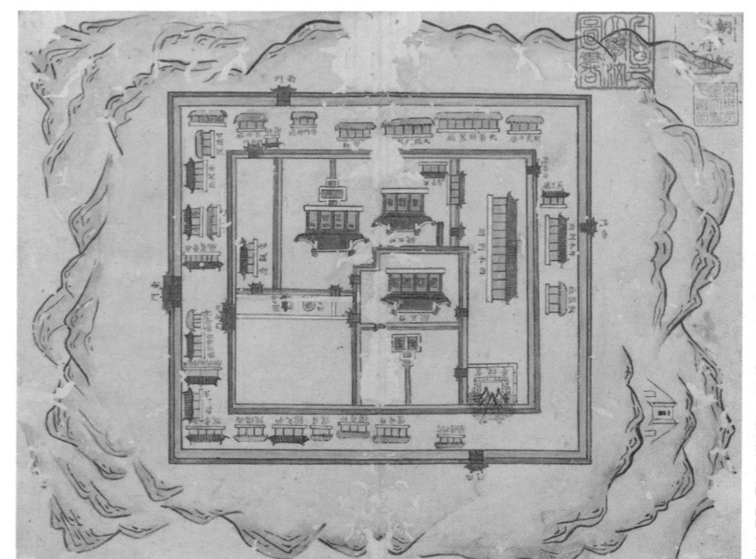
출처: 서울대학교 규장각한국학연구원, 디지털아산문화대전

〈온양행궁전도〉. 현종이 즐겨 찾았던 온양행궁을 그린 전도이다. 온양행궁의 영괴대에 관하여 기록한 조선 후기 문헌 《영괴대기》에 수록되어있다.

들고는 즉시 여러 의관들을 불러 물어보니, 여러 의관들이 모두 '성상의 눈병과 부스럼은 모두 습열 탓에 생긴 것이다. 이런 때에는 온정溫井이 가장 좋다'고 했습니다."[1]

위의 기록에는 어의御醫들이 현종의 눈병과 피부병에 온천욕만큼 효능이 뛰어난 것이 없음을 강조한 대목이 나온다. 실제 현종은 자신의 병에 침과 약이 효험이 없자 온천욕을 대안으로 찾

1 《현종개수실록》 1665년(현종 6) 3월 14일

았고 잦은 행차를 했다. 왕의 행차였던 만큼 그 규모도 대단했다.

> 왕이 온양 온천에 거둥했다. 인시寅時에 왕은 군복을 입고 칼과 활, 화살통을 차고서 작은 수레를 타고 나가 인정문 밖에 도착했다. 수레에서 내려 말을 타고 숭례문 밖에 도착해서부터는 교자를 타고 출발했다. 영의정 정태화, 우의정 허적, 병조판서 홍중보, 호조판서 정치화, 이조판서 김수항, 한성판윤 오정일 (중략) 침의 윤후익 등 4인, 약의 이동형 등 4인이 따라갔으며, 영풍군 이식 등 형제 4인도 자원해 어가를 수행했다. 무예별감 30명, 어영군 1, 200명, 기병 50명, 군뢰軍牢와 잡색雜色이 합해 400명이었는데, 대장 유혁연과 중군中軍 유정이 이끌고, 금군 500명은 별장 이지원이 이끌고, 마병 470명과 포수 800명은 별장 유비연과 한여윤이 이끌었다.[2]

위에서 보듯 현종의 온양 행차는 대신들과 어의 및 대규모 병력이 수행했다. 이러한 행차가 국정에 상당한 차질을 빚었을 것이다. 결과적으로 현종의 잦은 온천행은 왕으로서의 역량을 발휘하는 데 큰 장애가 되었다고 볼 수 있다.

극심한 자연재해

현종이 왕으로서의 역할을 제대로 할 수 없었던 또 하나의

2 《현종개수실록》 1665년(현종 6) 4월 17일

요인으로 극심한 자연재해를 지적한다. 현종은 재위 기간 내내 가뭄과 전염병, 추위와 이에 수반된 전 백성의 기근으로 힘든 상황을 맞았다. 조선시대판 IMF 시기를 맞은 것과도 유사하다고 할까? 1670년과 1671년에는 특히 기근이 심해 이 시기를 1670년의 경술년과 1671년 신해년의 앞 글자를 따서 '경신대기근'이라 칭한다.

《현종실록》에는 백성이 자연재해로 고통 받는 상황이 자주 나온다. 현종의 즉위 직후인 6월 2일에는 "그해 봄에 기근이 들어 상평청이 3월부터 죽을 쑤어 기민을 먹이다가 6월에 와서야 정지했다"라는 기록이 있으며, 9월 4일에는 "함경도 전역이 다른 도에 비해 기근이 갑절이나 더하고 북도는 더욱 심하다"라는 비변사의 보고도 있다.

1670년 홍문관에서 한재와 수재로 인한 기근의 참상을 극력하여 말하고 조세와 경비의 절감, 각 도의 저축을 경비에 쓸 것 등의 대책을 건의한 내용을 볼 수 있다. 이에 10월 24일 현종은 "큰 기근 뒤에 추운 절기를 만났으니, 얼어 죽는 자가 틀림없이 많을 것이다. 해조와 해청으로 하여금 한성부에 분부해 특히 의지할 데가 없어 얼어 죽을 위험을 가진 자에게는 겨울옷을 주거나 옷감을 지급하게 하라"라고 지시하기도 했다. 전라도 관찰사 오시수가 올린 보고서에는 당시의 참상이 잘 나타나 있다.

"기근의 참혹이 올해보다 더 심한 때가 없었고 남방의 추위도 올겨울보다 더 심한 때가 없었습니다. 굶주림과 추위가 몸에 절박하므로 서로 모여 도둑질을 하고 있습니다. 그리하여 집에 조금이라도 양식이 있는 자는 곧 겁탈의 우환을 당하고 몸에 베옷 한 벌이라도 걸친 자도 또한 강도의 화를 당하고 있으며, 심지어는 무덤을 파서 관을 깨고 고장藁葬을 파내어 염의斂衣를 훔치기도 합니다. 빌어먹는 무리들은 다 짚을 엮어 배와 등을 가리고 있으니 실오라기 같은 목숨은 남아 있지만 이미 귀신의 형상이 되어 버렸는데, 여기저기 다 그러하므로 참혹해서 차마 볼 수 없습니다. 감영에 가까운 고을에서 얼어 죽은 수가 무려 190명이나 되고, 갓난아이를 도랑에 버리고 강물에 던지는 일이 없는 곳이 없습니다. (중략) 돌림병이 또 치열해 죽은 자가 이미 670여 명이나 되었습니다."[3]

효종 대인 1653년에 표류해서 현종 대까지 조선에 살았던 하멜의 기록에도 "조선의 겨울에는 굉장히 많은 눈이 내린다. 1662년의 어느 절에 머물렀을 때는 집과 나무들이 눈으로 덮여 있어서 다른 집에 가려면 눈 속으로 통하는 굴을 파야 했다"라고 적고 있다.

이례적인 추위 및 한재와 기근, 그리고 전염병의 창궐은 그렇지 않아도 예송논쟁으로 시달리고, 건강도 좋지 않은 현종을 더욱 궁지로 몰아갔을 것이 틀림없다. 현종은 건강 때문인지 조

3 《현종개수실록》 1671년(현종 12) 1월 11일

선 왕 중 거의 유일하게 후궁을 두지 않은 왕이기도 했다. 그나마 현종의 공헌이라면 왕비 명성왕후와의 사이에서 적장자 숙종을 낳고, 그에게 왕위를 물려준 것 정도를 들 수 있겠다. 조선 역사상 두 번째로 적장자가 연이어 왕위를 계승하게 된 것이었다. 이 정통성을 바탕으로 아들 숙종은 강력한 존재감을 발휘하게 된다.

쉬어가는 페이지

조선 제16대 왕 **인조의 어필**

仁祖大王御筆

天門中斷楚江開碧水东
流至此迴兩岸青山相對
出孤帆一片日邊来

왕의글귀
-
넷

天門中斷楚江開

천문산 끊긴 곳에 초강이 열리고

碧水東流至北廻

동으로 흐르는 푸른 물은 북쪽에서 돌아 흐르네

兩岸靑山相對出

양 언덕에 청산이 마주하여 솟았는데

孤帆一片日邊來

한 조각 외론 배가 태양 가로 나오네

제5장

출처: 어진박물관, 문화재청

부국과
중흥의 시대

14세의 카리스마, 숙종

조선시대 왕 중 정통성의 측면에서 가장 우위를 보이는 왕은 누구일까? 먼저 적장자로서 왕위를 계승한 왕을 들 수 있을 것이다. 27명의 조선 왕 중에서 적장자로 왕위를 승계한 왕은 문종, 단종, 연산군, 인종, 현종, 숙종, 순종의 7명인데, 이상하리만큼 적장자 출신의 왕은 단명하거나 제대로 왕권을 행사하지 못한 경우가 많았다.

적장자인 왕 중에서 가장 존재감이 있는 왕은 현종과 명성왕후의 외동아들로 태어난 숙종(1661~1720, 재위 1674~1720)이다. 숙종이 조선의 19대 왕으로 즉위했을 때의 조선은 중기부터 시작된 당쟁이 절정에 오른 시기였고, 그만큼 신하들의 위상이 컸다. 숙종은 14세의 어린 나이였지만 결코 신권에 휘둘리지 않았다. 오히려 정통성을 바탕으로 강력한 왕권을 행사하는 왕의 모습을 보이게 된다.

14세의 왕, 노론의 영수에 맞서다

> 내가 나이가 어려서 글을 잘 보지 못하고 또 예도 알지 못하지만 반드시 (송)시열이 예를 그르쳤다고 쓴 뒤에라야 선왕의 처분하신 뜻이 명백해질 것이니, '인용했다'라는 뜻의 '소所' 자를 '잘못했다'라는 뜻의 '오誤'자로 고치게 하라 했다. 그때 임금의 나이 열네 살이었다. 온 조정 사람들은 이 말을 듣고 모두 떨지 않는 이가 없었다.

위의 글은 숙종이 즉위 직후 당시의 최고 정치가인 송시열의 잘못을 구체적으로 지적한 것으로써, 《당의통략》의 〈숙종조〉에 기록되어 있다. '조정 사람들 중 떨지 않는 이가 없었다'라는 표현이 나올 만큼 어린 왕의 강한 존재감을 보여준 장면이었다. 할아버지인 효종이나 아버지 현종도 어려워했던 당대의 정계, 사상계의 중심 송시열에게 있어서 숙종은 하룻강아지 범 무서운 줄 모르는, 그야말로 '마른하늘에 날벼락' 같은 존재였을 것이다. 송시열은 결국 1689년 숙종이 내린 사약을 받고 죽게 된다.

조선시대 어린 왕 하면 대부분 숙부 수양대군에 의해 희생된 단종을 떠올린다. 더구나 수양대군이 세조로 즉위한 후 어린 단종을 영월의 청령포에 귀양을 보낸 후 비참하게 죽였기 때문에, 단종에게는 늘 '어리고 불쌍한 왕'의 이미지가 따라다닌다. 이외에는 12세에 왕위에 오른 후 어머니 문정왕후의 수렴청정을 받은 명종이 어린 왕의 이미지가 강하다. 그런데 숙종은 단종과 명종보다 불과 2살 많은 14세에 왕위에 올랐지만 이 사실을 아는 사람은 흔치 않다. 숙종 옆에는 장희빈이나 인현왕후와 같은 궁중 여인들이 늘 함께 따라다녔기 때문에 성숙한 왕의 이미지가 강했던 것으로 여겨진다. 숙종은 어렸지만 즉위 직후부터 서인 정권의 판세를 뒤엎고 남인들을 정국에 등용하는 등 어린 나이가 무색하게 정치 역량을 발휘해나갔다.

숙종 대를 대표하는 키워드는 서인과 남인의 당쟁에서 파생된 '환국'이다. 환국이란 정치적 국면이 바뀐다는 뜻으로 숙종 대에는 세 차례의 환국이 있었다. 그만큼 정치적 대립이 치열했음을 의미한다. 이제까지 환국은 보통 서인과 남인의 당쟁이 격화된 것이라고 이해하는 경향이 컸다. 하지만 어린 시절부터 보여준 강한 카리스마와 대담함을 고려했을 때, 환국의 실질적인 주역은 숙종이라고 볼 수 있다.

숙종이 가진 카리스마의 배경에는 현종의 적장자라는 정통성이 있었다. 앞에서도 언급한 바와 같이 조선은 적장자가 왕위를 계승한 예가 거의 없었다. 적장자 계승이라 할지라도 문종, 단종과 같이 병약하거나 혹은 신권에 휘둘리거나, 연산군과 같이 정통성을 믿고 패륜의 극치로 치닫는 경우가 대부분이었다. 이후 세자의 요절과 두 차례의 반정 등의 이유로 적장자 계승이 끊겼다가 현종이 적장자로 왕위를 계승했고, 부왕의 뒤를 이어 숙종 역시 적장자로 왕위를 계승했다. 조선 왕실의 입장에서 보면 2대를 이어 적장자가 왕위를 계승하는 경사를 맞이한 것이다. 모친 명성왕후 또한 청풍 김씨 명문가의 피를 이은 인물이었다. 이처럼 혈통상의 하자도 없고, 별다른 경쟁자 없이 왕세자 교육을 받으며 왕권 강화를 준비하고 있던 숙종의 눈에 가장 큰 걸림돌은 신하들의 지나친 권력 다툼, 곧 당쟁黨爭이었다. 특히 부친 현종의 재위 마지막 해에 일어난 1674년의 갑인예송은 숙종에게 당쟁의 문제점을 확실히 각인시켜주었다. 숙종이 즉위 후 예송논쟁의 중심에 서 있었던 송시열의 잘못을 곧바로 지적한 것은 정통성이 있는 왕의 강한 이미지를 대내외에 인식시키기 위함으로 파악된다.

숙종 대를 상징하는 용어, 환국

숙종의 정치 역량을 이해하는 데 있어서 빼놓을 수 없는 것이 치열하게 전개된 당파간의 다툼과 이에 대한 대응이다. 1680년의 경신환국, 1689년의 기사환국, 1694년의 갑술환국은 말할 것도 없고, 1683년경의 노론과 소론의 분열, 1716년의 병신처분, 1717년의 정유독대 등 숙종 대의 정치사는 당파 간의 대립과 이에서 파생된 정치 세력의 교체, 정치적 거물의 희생 등이 난무한 시대였다. 그런데 그 중심에는 당파가 아닌 왕, 바로 숙종이 있었다.

숙종이 즉위한 해인 1674년, 2차 예송(갑인예송)에서 남인이 승리하면서 인조반정 이후 야당에만 머물렀던 남인이 서인을 대신하여 정권의 중심에 섰다. 숙종 즉위 초에도 남인 정권은 유지되어 윤휴, 허적 등 남인이 정권의 실세가 되었다. 그러나 오랫동안 집권하고 있었던 서인의 움직임도 만만치 않았다. 서인은 윤휴, 허적 등 남인의 전횡을 비판하면서 정계의 중심으로 복귀를 노렸다. 척신으로서 공작 정치에 능했던 김석주를 중심으로 서인들은 남인 정권의 축출에 나섰고, 1680년 마침내 그 기회가 왔다.

남인의 영수였던 영의정 허적이 잔치를 베풀었다. 그의 조부 허잠이 시호를 받은 것을 축하하는 잔치였다. 허적은 당시 최고의 정치 실세였으므로 많은 사람들이 그의 집으로 모여들었다. 그런데 그날 마침 비가 내렸다. 이 행사를 알고 있던 숙종은 특별히 대궐에서 쓰는 유악(기름을 먹인 장막)을 가져가 쓰게 하라고 지시했다. 그런데 이미 이것을 허적이 잔치에 갖다 쓴 것이다. 보고를 들은 숙종은 권력을 믿고 왕까지 무시하는 허적의 태도에 분노했다. 더구나 이미 서인계 외척인 김석주 등에 의해 남인들이 권력을 잡은 후 전횡을 일삼는다는 보고가 여러 차례 올라오고 있었다.

숙종은 내시를 시켜 거지 모양으로 꾸미고 허적의 잔치를 염탐하게 했다. 잔치에 참여한 사람은 거의가 남인들이었고 서인은 김만기 등 몇몇 뿐이었다. 그야말로 남인들의 잔치였다. 오늘날로 치면 여당 실세가 벌인 잔치가 대통령이 주관한 모임과 맞먹는 규모였다고나 할까? 숙종은 남인의 권력 독주에 제동을 걸어야겠다고 결심했다. 훈련대장을 남인인 유혁연에서 서인인 김만기로 교체하는 것을 시작으로 권력 교체를 단행했으니 이것이 1680년의 '경신환국'이다.

환국 이후 김익훈, 신여철 등 서인들이 요직을 차지했고, 갑인예송의 패배로 철원으로 유배를 가 있던 서인 김수항은 석방과 동시에 영의정에 올랐다. 경신환국은 남인 축출의 신호탄에 불과했다. 경신환국이 단행된 일주일 후 공작 정치의 명수 김석주는 자신이 파견한 정탐조들을 통해 허적의 서자인 허견 등이 남인과 가까운 복선군(인조의 3남인 인평대군의 아들)을 왕으로 삼으려 한다는 고변서를 올렸다. 결국 이에 연루되어 숙종 초반을 이끌어갔던 남인의 영수 허적과, 서인 송시열의 영원한 숙적 윤휴도 사사되고 말았다.

환국 정치의 진정한 승리자

1680년 경신환국으로 다시 서인 정권 시대가 열렸지만, 숙종이 왕통을 계승할 아들을 낳지 못하게 되면서 정국은 다시 혼란에 빠지게 된다. 숙종의 정비인 인경왕후가 왕자를 낳지 못하고 사망하자 숙종은 1681년 15세의 신부 인현왕후(1667~1701)를 계비로 맞이했다. 그러나 인현왕후에게서도 5년이 넘도록 후사가 없었다. 이때 숙종의 마음을 사로잡은 여인이 나인으로 뽑혀 처음 궁중에 발을 들여놓았던 장희빈이었다.

장희빈은 그의 후견인 역할을 했던 5촌 숙부인 역관 장현과 정권에서 밀려났던 남인의 적극적인 지원 속에 마침내 숙종의 마음을 사로잡을 수 있었다. 그리고 1688년 그토록 원했던 왕자(후의 경종)를 낳음으로써, 일약 왕비의 지위에 오를 수 있는 발판

출처: 국립중앙박물관

송시열 초상

을 마련했다. 숙종으로서는 왕이 된 지 14년 만에 보는 첫 아들이었다.

기쁨에 넘친 숙종은 새로 태어난 왕자를 원자元子로 하고 그 이름을 정할 것을 지시했다. 그러나 정국의 실세였던 서인들은 중전인 인현왕후의 춘추가 어린 점을 들어 원자의 이름을 정하는 것이 신중하지 못한 처사임을 지적하고, 아직 22세밖에 되지 않은 중전(인현왕후)의 왕자 생산을 좀 더 기다려 보자고 요청했다. 더구나 중전은 서인의 실세 민유중의 딸이 아니던가? 그러나 숙종의 뜻은 완강했고 이를 서인들의 왕권에 대한 도전으로 인식했다.

숙종이 워낙 강경하게 나오자 서인의 영수 송시열이 고령의 몸으로 총대를 멨다. 송시열은 거듭 상소문을 올려 원자 정호定號의 부당함을 지적하고 나섰지만, 그의 상소는 오히려 숙종을 자극했다. 숙종은 서인들이 정국에 포진해 있는 이상 왕권 강화를 달성할 수 없다고 판단했다. 결국 숙종은 원자 정호 사건을 빌미로 1689년 기사환국을 단행했다. 서인을 물리치고 남인을 재등용한 것이다. 조정은 권대운, 목내선, 김덕원 등 남인의 차지가 되었고, 100여 명 이상의 서인이 처벌되었다. 윤휴를 비롯해 경신환국에서 화를 당한 남인은 신원(억울하게 쓴 죄명을 씻음)되었다.

기사환국은 인조 때부터 조선 후기 사상사, 정치사의 중심 인물로 활약한 송시열에게 죽음의 그림자를 드리웠다. 1689년 3

월 제주도에 위리안치[1] 되었던 송시열은 마침내 왕명을 받아 서울로 오던 중 정읍에서 숙종이 내린 사약을 받고 숨을 거두었다. 인조부터 4대에 걸쳐 신권의 상징이었던 인물 송시열조차 강심장의 소유자 숙종을 당해낼 수 없었던 것이다. 기사환국으로 서인이 몰락하여 정국은 다시 남인 세상이 되었다. 장희빈이 정식 왕비가 되고 희빈의 오빠인 장희재 등의 장씨 일가가 득세했다. 인현왕후는 폐위된 후 안국동 사가로 돌아갔다.

그런데 이 무렵 무수리 출신의 한 궁녀가 숙종의 눈에 띄기 시작했다. 바로 후에 영조를 낳는 숙빈 최씨이다. 숙빈 최씨는 인현왕후를 시종했던 궁녀 출신으로, 인현왕후가 폐위된 이후에도 그녀에 대한 의리를 끝까지 지키는 모습을 보여 숙종을 감동시켰다. 장희빈은 숙빈이 숙종의 총애를 받자 숙빈을 견제했다. 장희빈이 숙빈을 제거하려고 독살을 사주했다는 설까지 불거져 나왔다. 또 권력에 집착한 남인들이 필요 이상으로 서인 세력들을 제거하려는 움직임이 여러 차례 나왔다. 이러한 상황이 지속되자 숙종은 점차 남인들의 정치적 능력을 불신했다. 숙종은 민비를 폐위시킨 것에 대해서도 후회하고 있었다. 그럴수록 인현왕후에 대한 장희빈의 질투는 더욱 심해졌다.

1694년 4월 숙종은 남인인 우의정 민암 등이 서인을 제거할 목적으로 고변 사건을 일으키자 오히려 민암에 대해 '군부를 우롱

1 유배된 죄인이 거처하는 집 둘레에 가시로 울타리를 치고 그 안에 가두어 두던 일.

하고 신하들을 도륙하려 했다'라고 질책하면서 권력에 포진해 있던 남인들을 대거 숙청한다. 이것이 1694년의 갑술환국이다. 갑술환국으로 권력은 다시 남인에서 서인으로 교체되었고, 남인의 지원을 받았던 장희빈도 폐출되었다. 갑술환국으로 남인들은 대대적인 탄압을 받아 더 이상 정치적으로 재기할 수 없게 되었다.

1680년의 경신환국, 1689년의 기사환국, 1694년 갑술환국은 서인과 남인의 당쟁이 치열하게 전개되었던 정치적 상황을 보여주었다. 이 사건들은 정비와 후궁에 대한 정치적 지원, 원자의 세자 책봉 문제 등과 더불어 정경 유착, 정보 정치의 단행 등 정치 권력을 차지하기 위한 각 당파의 노력이 집결되어 있었다. 그러나 환국의 진정한 승리자는 숙종이었다. 어느 한 당파의 정치적 독주를 허용하지 않으면서 왕권을 강화한 숙종의 정치는 영조대 탕평책을 추진하는 데도 주요한 기반을 제공했다.

숙종의 '역사 바로 세우기'와 상평통보의 유통

2015년 11월 22일 김영삼 전 대통령이 서거한 이후, 대통령 재임 중에 수행했던 업적들에 대한 재평가가 이루어졌다. 문민정부 수립 · 금융실명제 · 하나회 숙청 등과 함께, 조선총독부 청사 철거 작업과 두 전직 대통령 구속과 같은 '역사 바로 세우기' 사업이 김영삼 대통령의 업적 중 하나로 평가되었다.

숙종(1661~1720, 재위 1674~1720) 또한 46년간 재위하면서 역사 바로 세우기에 중점을 뒀다. 숙종 대는 조선 사회의 지배 이념으로 자리를 잡은 성리학이 사회 곳곳에 뿌리를 내렸다. 정치와 사회의 모든 기준점은 성리학의 의리와 명분에 적합하냐는 것이었다. 그러나 이 시대에도 해결하지 못한 과거사 정리가 있었다. 바로 세조에 의해 노산군으로 강등되었던 단종의 왕위를 회복하는 문제였다.

정국의 뜨거운 감자, 단종과 사육신의 복권

성리학의 기준으로 보면 왕의 명예를 회복하지 못한 단종과 단종을 위해 목숨을 바친 사육신의 복권은 언젠가는 반드시 해결해야 할 역사적 과제였다. 조선 왕실의 입장에서 보면 단종은 연산군이나 광해군과 같이 정치적으로 축출된 왕과는 분명히 구분되어야 하는 존재였다. 성리학의 기준에서 보면 사육신은 의리와 충절을 지켜 국가에서 적극 표창할 인물이었다.

이러한 당위에도 불구하고 숙종 이전의 왕들이 단종과 사육신의 명예를 회복시키지 못한 것은 무엇보다도 이들을 죄인으로 만든 세조 때문이었다. 단종의 묘호를 회복하고 사육신의 충절을 국가적으로 공인하게 되면, 세조의 왕위 자체에도 큰 흠결이 발견되기 때문이었다.

16세기 이래로 재야의 사림파 학자들은 사육신의 충절을 높이 평가하고 이들의 정신을 따르려는 경향이 강했지만, 국가에서 이를 공인하는 데는 시간이 필요했다. 사육신의 복권은 노산군이 단종으로 명예를 회복하는 길과 맞물려 있었다. 사육신을 국가적으로 포상해야 한다는 논의가 꾸준히 제기되었으나, 어느 왕도 사육신을 '국가의 충신'으로 공인하는 데는 주저했다. 그런데 230여 년이 지난 후, 숙종 스스로가 총대를 멨다. 숙종은 1691년(숙종 17) 사육신의 관작을 회복하고 국가에서 제사를 지내도록 하는 특단의 조치를 단행했다.

서울 동작구 노량진동에 위치한 사육신묘사당. 1456년(세조 2) 단종의 복위를 도모하다 목숨을 바친 사육신을 모신 곳이다. 원래의 묘역에는 박팽년·성삼문·유응부·이개의 묘만 있었으나 후에 하위지·유성원·김문기의 묘도 만들어 함께 모시고 있다.

해조該曹에 특별히 명하여 성삼문 등 여섯 사람을 복작復爵하고, 관원을 보내어 제사 지내게 했다. 사당의 편액(문루 중앙 윗부분에 거는 액자)을 민절愍節이라 내리고, 비망기를 내리기를, "나라에서 먼저 힘쓸 것은 본디 절의를 숭상하고 장려하는 것보다 큰 것이 없고, 신하가 가장 하기 어려운 것도 절의에 죽는 것보다 큰 것이 없다. 저 육신이 어찌 천명과 인심이 거스를 수 없는 것인 줄 몰랐겠는가. 그 마음이 섬기는 바에는 죽어도 뉘우침이 없었으니, 이것은 참으로 사람이 능히 하기 어려운 것이다. (중략) 당세에는 난신亂臣이나 후세에는 충신이라는 분부에 성의聖意가 있었으니, 오늘의 이 일은 실로 세조의 유의遺意를 잇고 세조의 큰 덕을 빛내는 것이다"라고 했다.[1]

1 《숙종실록》 1691년(숙종 17) 12월 6일

숙종은 사육신에 대해 '당세에는 난신이나 후세에는 충신'이라는 논리를 내세웠다. 그래서 사육신의 복권이 결코 선왕인 세조의 뜻과도 어긋나지 않는 것임을 강조했다.

사육신의 복권과 함께 1694년(숙종 24) 11월 6일 노산군에게 단종이라는 묘호가 올려졌다. 민심 속에 살아 있던 단종이 역사 속에 다시 살아나는 순간이었다. 당시의 실록 기록을 보자.

> 대신大臣·육경六卿·의정부의 서벽西壁과 관각館閣의 당상들을 빈청賓廳에 모이라 명했다. 노산대군의 시호를 추상해 '순정안장경순대왕純定安莊景順大王'이라 했다. (중략) 묘호는 단종이라 하니, 예를 지키고 의를 잡음을 단端이라 한다. 능호陵號는 장릉莊陵이라 했다. 부인의 시호를 '정순定順'이라 하니, 순행純行하여 어그러짐이 없음을 정定이라 하고, 이치에 화합하는 것을 순順이라 한다 했다. (중략) 능호는 '사릉思陵'이라 했다.

단종은 1457년 세조에 의해 죽음을 당한 후 묘소조차 제대로 남기지 못했다. 230여 년이 지난 후 숙종에 의해 '단종'이라는 왕위를 회복하고, 무덤 역시 왕릉으로 인정을 받아 '장릉'이 되었다. 어린 단종과 생이별 후 쓸쓸하게 말년을 보냈던 단종의 부인 송씨도 이때 정순왕후로 왕비의 위상을 되찾았다. 그녀의 무덤 또한 '사릉'이라는 왕비릉의 이름을 찾았다. 숙종 대인 1691년에 집행된 사육신의 복권과 1694년 단종의 왕위 회복은 성리학의 핵심인 충의 이념을 왕실이 주체가 되어 회복한 것이었다.

현충사와 대보단의 건립

성리학 이념에 입각한 숙종의 '역사 바로 세우기'는 여기에 그치지 않았다. 1704년에는 창덕궁 후원 깊숙한 곳에 대보단을 세웠다. 대보단은 임진왜란 때 군대를 보내준 명나라 황제 신종에게 제사 지내는 제단이다. 조선을 도와준 명나라의 은혜를 잊지 않고, 명의 유교 문화를 계승한 유일한 문명국가가 우리임을 확인하기 위한 것이었다. 1704년에 설립한 것은 명나라가 멸망한 해가 1644년이므로, 60주년이 되는 해에 세워 그 의미를 크게 하고자 했다. 1676년에는 의병장 곽재우와 고려의 명장 강감찬의 사우祠宇에 액호額號를 내려 그들의 충절을 기렸다.

임진왜란의 영웅 이순신 장군의 사당 현충사를 처음 세운 왕도 숙종이었다. 1704년(숙종 30) 5월 16일 《숙종실록》에는 "충청도 유생 서후경이 상소를 올려, 충무공 이순신을 위해 아산 땅에 사당을 세우기를 청했으니, 이는 이순신이 생장生長한 고향이고, 구묘丘墓가 있기 때문이었다. 왕이 담당 부서로 하여금 처리하게 했다"라고 기록해 충청도 유생의 상소를 시작으로 이순신의 사당을 세우게 된 과정을 기록하고 있다. 1706년 사당이 완공되었고, 1707년 숙종은 직접 '현충'이라는 휘호를 하사했다. 이때 숙종은 "절개에 죽는다는 말은 예부터 있거니와 제 몸 죽여 나라를 살려 냄은 이 사람에게 처음 본다"라는 제문을 적어 이순신의 구국 정신을 강조했다.

숙종은 이순신에게 현충이라는 호를 내렸다. 더불어, 평안도 안주에는 고구려의 장군 을지문덕, 영중추부사 최윤덕, 영의정 이원익, 대사헌 김덕함을 아울러 사우에 향사享祠하게 하고 '청천淸川'이란 호를 내렸다. 평안도 지역에서 외적을 물리치는 데 공을 세운 장군과 대신들에 대한 포상 작업이었다. 이러한 조치들은 충忠의 이념을 확산시켜 위기의 시기에 신하와 백성들의 충절을 이끌어내려는 의도가 컸다.

왕이 성리학 이념 실천을 주도하는 시대 분위기 속에서 전국에는 서원과 사우祠宇들이 곳곳에 세워졌다. 숙종 대를 전후로 전국 166곳에 서원이 설치되었고 이 중 105곳은 국가의 지원을 받는 사액서원으로 지정되었다. 서원에는 면세·면역의 특권이 부여되어 국가의 경제를 어지럽히고 당쟁의 온상이 되는 등 그 폐단도 적지 않았다. 이에 숙종은 1714년 이후부터 서원의 건립을 엄금하고 사액을 내리지 않을 것을 결정했지만 조선시대 서원과 사우가 최전성기를 맞은 것은 숙종 대였다.

상평통보의 주조와 유통

숙종은 성리학 이념의 강화와 실천에도 주력했지만, 실물경제에도 깊은 감각을 지닌 왕이었다. 1678년(숙종 4) 숙종은 대신과 비변사의 여러 신하들이 모인 자리에서 화폐의 주조에 대한 의견을 주고받았다.

화폐는 천하에 통행하는 재화財貨인데 오직 조선에서는 누차 시행하려고 했으나 행해지지 못했다. 먼저 동전이 토산土産이

상평통보. 상평통보는 나무처럼 생긴 주전 틀에서 동전을 만들어 떼어 내는 방식을 취했는데, 요즘 흔히 알고 있는 '엽전'이라는 용어도 동전이 주전 틀에 나뭇잎처럼 달려 있었던 것에서 유래한 것이다.

아니라는 점과 우리나라는 중국과는 달리 화폐를 유통하는 분위기가 크지 않았음이 지적되었다. 이어 허적, 권대운 등의 대신들이 변화하는 사회상에 대응하기 위한 방안으로 화폐의 시행을 적극 건의했고, 숙종은 군신들의 의견을 재차 구했다. 참석한 신하 대부분이 화폐 유통의 필요성에 공감을 보이자 드디어 숙종은 호조, 상평청, 진휼청, 어영청, 사복시, 훈련도감 등의 기관에 명해 상평통보를 주조하고 돈 400문文을 은 1냥의 값으로 정해서 시중에 유통했다. 오늘날에는 한국조폐공사에서만 화폐를 만들지만, 조선시대에는 여러 관청에서 화폐를 주조하는 방식이 채택되었다. 400문이 은 1냥의 가치를 가지게 했으니 은 한 냥은 동전(상평통보)의 4배의 가치를 가지게 되는 셈이었다.

상평통보가 주조됨으로써 조선 사회는 본격적인 화폐 유통의 시대를 맞이하게 되었다. 조선시대의 화폐 단위인 1문은 1푼이라고도 했으며, 10푼이 1전, 10전이 1냥이 되었다. 10냥은 1관으로 관이 최고의 화폐 단위였다. 상평통보 유통 초기, 백성들은 조그만 동전으로 쌀이나 옷을 과연 살 수 있을지를 두려워하여 그 사용에 소극적이었다. 이에 정부에서는 동전을 가져오는 자에게 직접 명목 가치에 해당하는 현물을 바꾸어주는가 하면, 중앙 관리를 각 지방에 파견해서 동전 사용을 독려하기도 했다. 또한 정부가 직영하는 시범 주점과 음식점을 설치해 화폐 유통의 편리함을 널리 홍보했으며, 세금을 화폐로 받았다. 또 한성부, 의금부 등에서는 죄인의 보석금도 현물 대신에 동전으로 받으면서 화폐 유통을 촉진시켜 나갔다.

숙종 대에 상평통보가 전국적으로 유통된 배경에는 국왕의 의지와 함께 조선 후기 농업 사회가 서서히 상공업 사회로 전환하던 시대적 상황이 자리 잡고 있었다. 즉 조선 후기 상업과 수공업이 발달하면서, 이전에 화폐의 기능을 했던 쌀이나 옷감보다는 화폐를 직접 활용하는 것이 편리하다는 사실을 백성들이 깨달은 것이다. 갑오개혁 이후 '금납제'의 시행도 화폐의 유통에 한몫을 했다. 오늘날 공과금을 현금이 아닌 신용카드 결제로 많이들 납부하게 되었듯이, 금납제는 세금과 소작료를 동전으로 대납할 수 있게 하는 조세제도이다. 한편 국가의 입장에서도 농업 경제만으로는 확보할 수 없는 재원이 필요했으므로, 상업과 수공업이 중요하게 대두되었다. 화폐의 유통은 동전의 재료가 되는 광산의 개발과 상업의 발달을 촉진하는 효과를 가져왔다.

조선은 16~17세기 왜란과 호란을 거치면서 정치, 사회, 이념적으로 힘든 상황을 겪었다. 조선은 숙종이 등장하면서 비로소 안정기를 향해 나아갈 수 있었다. 숙종은 우선 이념적 안정을 위해 주도적으로 조선시대판 역사 바로 세우기 사업을 지휘해 나갔다. 그 결과 조선은 성리학 국가의 면모를 확고하게 갖추어 나갔고, 충신과 열녀에 대한 포상이 적극 추진되었다. 그러나 멸망한 명나라의 연호를 그대로 사용하고, 대보단 건립에서 나타나듯 지나치게 대명의리론大明義理論을 고수함으로써 이념과 명분을 지나치게 강조하는 잘못을 범하기도 했다. 한편 숙종은 상업과 수공업의 발전이라는 시대적 흐름을 잘 읽어나갔고, 이러한 왕의 능력은 상평통보의 주조와 유통으로 구체화되었다.

숙종 시대의 국방 강화와 지도 제작

숙종은 성리학의 의리론과 명분론을 철저하게 조선 사회에 구현함으로써 도덕 국가, 문화 국가의 모습을 지향했다. 그러나 이념만을 추구하지는 않았다. 숙종은 상평통보의 유통과 같이 실리적인 경제개혁을 단행해 상업과 유통경제가 균형 있게 발전해 갈 수 있는 기틀을 마련했는가 하면, 한양 도성과 북한산성을 수축하고, 돈대 설치를 적극 추진하면서 국방 강화에도 주력한 왕이었다.

숙종의 국방 강화 사업들

숙종의 국방 강화 의지는 북한산성과 한양 도성을 수축하고, 북한산성과 한양 도성을 연결하는 탕춘대성을 조성한 것에서 잘 드러난다. 한양 도성은 태조 때 정도전의 주도로 처음 건설되었고, 세종 대에 수축했다. 이후 200여 년간 대대적인 정비가 이루어지지 않았던 한양 도성을 다시 수축한 왕이 숙종이었다. 당시 수축한 돌은 규격화된 돌로써, 현재에도 한양 도성을 답사하면 태조 대나 세종 대에 쌓은 돌과 숙종 대에 쌓은 돌의 차이를 확연히 알아볼 수가 있다.

북한산성은 숙종 즉위 초부터 축성에 대한 논의가 있은 후 어영청, 금위영 등 군영으로 하여금 축성 사업을 맡겨서 1712년 무렵에 완성을 보았다. 그해 6월 9일에는 북한산성에 왕이 임시로 거처하는 행궁이 완성되었으며, 10월 8일에는 북한산성의 성곽과 창고, 문루, 우물 등이 완공되었다. 숙종의 국방 강화 사업은 해안 지역의 돈대墩臺 축성으로 이어졌는데, 강화도에는 48개의 돈대를 설치했다.

1696년(숙종 22)에는 수군 출신 안용복이 울릉도와 우산도(독도)에 출몰하는 왜인들을 쫓아내고 일본 당국과 담판지어 이곳이 우리의 영토임을 확인했다. 안용복 사건을 계기로 숙종은 더욱 적극적인 해방海防 정책을 수립했다. 숙종의 국방 강화 사업은 지도 제작으로 이어졌는데, 특히 1706년에는 이이명을 청나라에 사신으로 보내면서 비밀리에 청의 국경 지도를 입수하게 했다.

압록강과 두만강을 경계로 하는 조선의 국경선이 확정된 것은 세종 대였다. 세종은 김종서와 최윤덕으로 하여금 여진족을 몰아내어 북방의 6진과 4군을 개척하고 적극적인 사민徙民 정책을 통해 이곳을 조선의 국경으로 정했다. 이후 압록강과 두만강 이북의 간도 지역은 조선의 농민들이 정착해 살면서 실질적인 조선의 영토로 인식되기 시작했다. 그런데 17세기 중반 청나라가 중원을 장악하면서 청과 조선 사이에서 이 지역의 소유권 문제를 둘러싸고 잦은 충돌이 일어났다.

이처럼 청과 조선의 국경 문제가 쟁점이 될 무렵인 1705년, 청나라에 사신으로 파견된 이이명은 청나라 측에서 대외비로 분류했던 명나라 지도 《주승필람》과 청나라 지도 《산동해방지도》, 청나라 지리지 《성경지》 등의 중요성을 알았다. 《주승필람》을 구입하는 데 성공한 이이명은 곧 《산동해방지도》를 입수하는 일에 착수했지만 이 일은 쉽지가 않았다. 이이명은 수행한 화원을 시켜 잠시 지도를 빌린 후 현지에서 급히 이 지도를 베껴 그리도록 했다. 영화에서나 볼 만한 비밀 첩보 작전이 수행되었다.

조선에 돌아온 후 이이명은 이들 지도와 조선의 〈서북강해변계도〉 등을 참고해서 〈요계관방지도〉를 제작했다. 민족의 영산靈山으로 인식되었던 백두산은 '백두白頭'라는 단어의 뜻처럼 흰색을 써서 강조한 것이 인상 깊다. 숙종은 청과 조선의 국경 지역 상황을 정확히 파악하고자 하는 강한 의지가 있었다. 숙종은 이 지도를 늘 곁에 두고 북방 영토 회복 의지를 다졌을 것이다.

1712년 백두산 정계비의 건립

숙종 대에는 본격적으로 청과 영토 분쟁이 전개되었다. 백두산 일대가 주요 분쟁 지역이었다. 우리나라는 일찍부터 백두산을 조산祖山으로 인식해 신성시했다. 하지만 청나라 또한 백두산

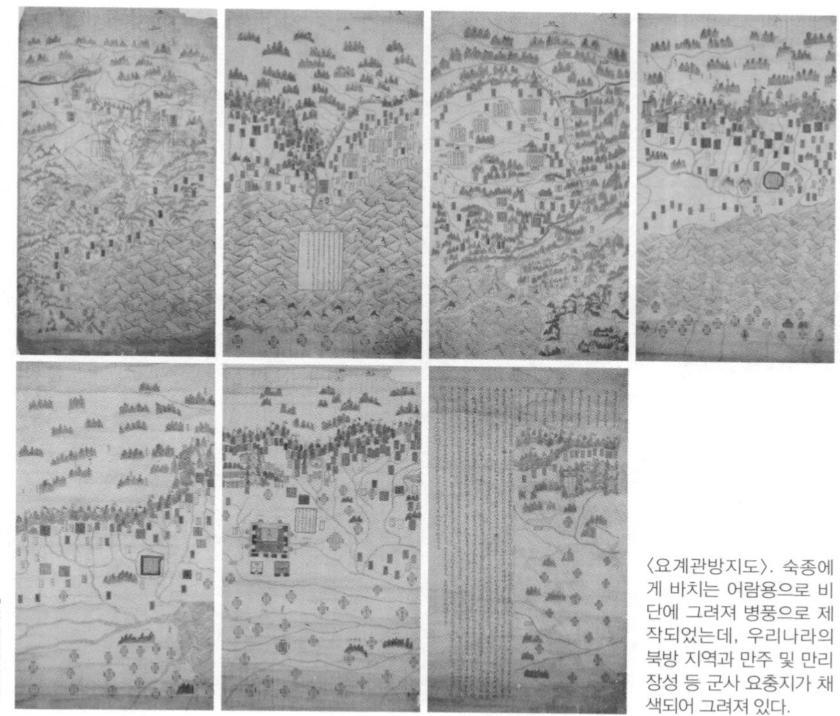

출처: 국립중앙박물관

〈요계관방지도〉. 숙종에게 바치는 어람용으로 비단에 그려져 병풍으로 제작되었는데, 우리나라의 북방 지역과 만주 및 만리장성 등 군사 요충지가 채색되어 그려져 있다.

을 장백산이라 부르며 그들 건국의 발상지로 여기고 성역화 했다. 17세기 후반부터 양국 백성들이 서로의 국경을 침범하는 사례가 빈번히 일어나, 이 지역은 조선과 청의 중요한 외교 현안이 되었다. 1679년 청나라 사신이 백두산을 측량하고 돌아갔다. 당시 청나라에서 가져온 지도는 백두산을 비롯한 조선의 산천에 대한 내용이 매우 자세했다. 조정에서는 조선 측의 지도가 유출된 것으로 판단하고 이에 대한 대비책을 세우게 했다. 1692년 청나라에서는 다시 사신을 보내 국경선 조사를 요구했으나 조선 측의 강력한 반발로 성사되지는 못했다. 1697년 숙종은 국방에 해박했던 남구만 등에게 대책을 세울 것을 지시했다. 남구만은 두만강 이북은 목조, 익조, 도조, 환조 등 태조 이성계 선조의 활동 지역이었다는 점을 주지시키고, 이곳을 확실히 확보하는 방안을 추진했다. 또 청나라 역시 지리에 익숙한 서양인을 활용해서 백두산 일대의 지형을 살폈다. 이러한 노력들을 통해 영토 분쟁에서 조선에게 유리한 여건들을 만들어나갔다.

1711년(숙종 37) 청과 조선 양국민 사이에 서로의 국경을 침범했다는 이유로 살인 사건이 일어났다. 이 사건으로 양국 간의 국경선을 확정하는 백두산 정계(경계를 정함) 문제가 본격적으로 거론되었고, 치열한 외교전이 전개되었다. 1712년 청나라는 예부를 통해 정식 공문을 보내왔다. 간략히 추려보자면, '청의 사신 목극등이 황제의 명을 받고 봉성에서부터 장백산까지 우리 변경을 조사하려 했으나 길이 험해 육로로 통하는 토문강을 조사하려 하니 협조를 원한다'라는 내용이었다. 양국은 여러 차례의 실랑이를 거친 끝에 1712년(숙종 38) 백두산에 정계비를 세워 서로의 영역을 정하는 데 합의했다.

당시 청나라의 융성기를 이끌었던 황제 강희제(재위 1661~1722)는 안정된 국력과 문화적 영향력을 바탕으로 청 왕조의 발상지였던 만주와 백두산 일대를 성지聖地로 만들기 위해 여러 차례 관리를 파견했다. 조선에서도 함경도 북방으로 진출한 백성을 보호하기 위해 이 지역에 대한 영토 조사를 했다. 마침내 양국이 백두산 마루의 분수령에 정계비를 세워 서로의 영토 확정을 명문화했다. 양측이 합의한 비문의 내용은 '오라총관 목극등이 황제의 뜻을 받들어 변경을 답사해 이곳에 와서 살펴보니 서쪽은 압록강을 경계로 하며 동쪽은 토문강을 경계로 한다. 분수령 위에 돌에 새겨 기록한다'라는 것이었다.

그러나 정계비에 쓰인 '서위압록西爲鴨綠 동위토문東爲土門'이라는 구절의 해석을 둘러싸고, 19세기 후반부터 조선과 청 사이에 영토 분쟁이 일어났다. 이를 '백두산 정계비 사건'이라 한다. 서쪽 경계를 압록강으로 정한 것에는 양측의 불만이 없었지만, 동쪽의 경계로 설정했던 토문강에 대한 해석을 둘러싸고 양측은 의견을 달리 했다. 청나라 측은 토문강을 두만강으로 해석한 반면, 조선 측은 토문강을 만주 송화강의 지류로 해석한 것이다.

토문강을 송화강의 지류로 해석하면 간도를 포함한 만주 일대가 조선의 영토가 된다. 백두산 정계 이후 조선에서는 북방 지역에서의 주민 거주와 경제 활동을 보장하고 행정 구역을 신설하는 등 적극적인 북방정책을 추진했다. 이 같은 노력은 조선 후기 북방 고토古土에 대한 관심을 부각하고, 역사적으로 북방 지역뿐 아니라 만주 지역까지도 과거 우리의 세력권이었음을 새롭게 인식하는 계기가 되었다. 이러한 역사적 배경 아래서 19세기 중엽부터 두만강 지역에 거주하던 주민들이 두만강을 넘어 간도 지역에 이주하고 토지를 개간했고, 19세기 말 간도의 영유권을 둘러싸고 청과 국경 분쟁이 일어났을 때 조선에서 두만강과 토문강은 다른 것이므로 정계비에 쓴 문구대로 압록강과 토문강을 국경으로 정하자고 주장할 수 있었던 것이다. 그러나 20세기 이후 일본에 의해 나라를 빼앗기면서 이 지역에 대한 영토 의식은 점차 옅어졌다. 1931년 9월 만주사변 이후 정계비는 사라졌다.

죽어서도 행복한 왕

1720년 6월 8일 숙종은 경희궁에서 60세를 일기로 승하했다. 숙종 이전까지 60세가 넘도록 살았던 왕은 태조(74세), 정종(63세), 광해군(67세)이 있었다. 이들 세 왕은 모두 왕위에서 물러난 후 승하했다. 숙종은 왕의 자리에 있으면서 60세를 넘긴 최초의 왕이다.

현재 숙종의 무덤은 경기도 고양시 서오릉 자락에 조성된 명릉明陵에 자리하고 있다. 명릉은 숙종과 계비 인현왕후의 무덤이 함께 있는 쌍릉의 형식인데, 두 번째 계비인 인원왕후의 무덤도 명릉의 우측 언덕에 위치해 숙종을 지켜보고 있다. 첫 번째 왕비였던 인경왕후의 익릉 또한 그리 멀지 않은 곳에 위치해 있다. 여기에 더하여 숙종 하면 늘 떠오르는 인물 장희빈의 무덤은 원래 경기도 광주 오포읍에 있다가, 1970년 명릉 근처로 이장되어 사후 270년 만에 다시 숙종을 가까이 하게 되었다.

명릉을 보면 숙종의 정치력이 사후에도 계속된다는 느낌이다. 조선의 역대 왕 치고 함께한 왕비 모두를 자신의 무덤 곁에

출처: 문화재청

고양 서오릉 명릉. 명릉은 일반적인 왕릉과 달리 명릉에서 가장 낮은 서열의 인원왕후의 능이 가장 높은 자리인 오른쪽 언덕에 모셔져 있다. 명릉은 숙종의 명에 의해 능역에 드는 인력과 경비를 절감하여 부장품을 줄이고 석물 치수도 실물 크기에 가깝게 하는 등 간소한 제도로 조영되었다.

둔 사례는 없기 때문이다. 첫 번째 부인이거나 특별히 총애한 왕비가 왕의 무덤 옆에 묻히는 것이 일반적인 관례다. 재위 시절 왕비의 폐출과 재신임으로 정국을 소용돌이치게 했던 숙종이었지만 사후에는 언제 그랬냐는 듯이 왕비들 모두가 그의 무덤 근처에 나란히 자리를 잡았다.

숙종은 대체로 기존의 사극에서 연출한 이미지로 인식하는 경향이 컸다. 즉 인현왕후와 장희빈, 그리고 숙빈 최씨의 치마폭에 둘러싸여 궁중 음모의 중심에 있었던 왕이라는 이미지가 강했다. 그러나 숙종의 본 모습은 적장자라는 정통성을 바탕으로 오랜 기간 재위하면서 왕권을 본격적으로 행사한 '강한 왕'이었다.

숙종은 정치, 경제, 사회, 문화, 국방 등의 각 분야에서 다양한 업적을 펼치며 왕조의 안정을 구축해나갔다. 송시열과 같은 거물 정치인을 제거한 대담한 정치력, 성리학 이념에 의한 역사

바로 세우기, 경제와 국방 현안에도 소홀하지 않는 실용 중시 능력 등은 왜란과 호란의 상처를 딛고 조선 사회가 본격적으로 중흥할 수 있는 기틀을 만들었다. 조선의 르네상스이자 정치, 문화의 황금기라고 불리는 영조·정조 대의 탄생 뒤에는 숙종이 있었다.

영조의 즉위와 탕평책의 실천

조선의 21대 왕 영조英祖(1694~1776, 재위 1724~1776) 하면 늘 떠오르는 이미지 중의 하나는 정조와 더불어 조선 후기 정치, 문화의 중흥을 이룩한 군주라는 점이다. 영조는 아버지 숙종과 무수리 출신 후궁인 어머니 숙빈 최씨 사이에서 태어나, 출생 때부터 신분적 콤플렉스에 시달렸다. 때문에 왕세제 시절부터 당쟁의 중심에 있었던 인물이기도 했다.

숙종 대 후반은 노론과 소론, 남인 간의 치열한 당쟁이 전개되었던 만큼 영조가 왕위에 오르는 과정 역시 순탄치 못했다. 장희빈 소생의 이복형 경종이 소론의 지원에 의해 왕위에 오른 후, 영조는 노론의 적극적인 후원을 받았다. 하지만 왕세제의 위치는 살얼음판 같았다. 특히 경종이 즉위한 후 신임옥사가 일어나 노론 4대신이 희생되면서 영조에게 정치적 위기가 왔다. 한순간만 방심하면 차기 후계자에서 '역모의 중심'으로 목숨까지 날아갈 수

출처: 국립고궁박물관

영조 어진

있었다.

1724년 영조는 경종의 급서로 즉위하면서, 당쟁의 참상을 뼈저리게 인식했다. 때문에 영조가 왕위에 오른 후 가장 강조한 것은 탕평蕩平이었다.

탕평책 추진의 배경

영조는 당쟁의 여파로 국왕에 올랐지만 누구보다 당쟁의 폐해를 뼈저리게 인식하고, 국정의 기본 방향을 모든 당파가 고르게 정치에 참여하는 탕평으로 잡았다.

탕평에 대한 논의는 영조 이전인 숙종 대 후반에도 박세채 등에 의해서 제기되었다. 당파 사이의 대립으로 정국이 어수선해지자, 그 해결책으로 탕평론이 제시된 것이었다. 그러나 숙종이 시도한 탕평책은 명목으로만 그쳤고 노론 중심의 정국 운영이 되면서 제대로 지켜지지 않았다. 특히 숙종 자신이 왕권 강화 차원에서 정국의 상황에 맞추어 한 당파를 일거에 내몰고 반대 당에 정권을 모두 위임하는 편당적인 조처를 취했다. 숙종 말년부터는 외척에 의존하는 경향이 두드러지면서 노론 중심의 당파 독주가 나타났다. 경종 연간(어느 왕이 왕위에 있는 동안)에도 소론 온건파인 조문명 등은 왕세제인 영조를 보좌하면서 탕평 정치의 필요성을 호소했다. 하지만 경종은 강력한 왕권을 행사할 수 없는 실정이었기에 탕평책은 본격적으로 실시되지 못했다.

숙종과 경종 대에 제대로 실현하지 못한 탕평책은 영조가 즉위하면서 새로운 전기를 마련할 수 있었다. 영조는 즉위 직후 탕평을 국시로 내세우면서, 이를 널리 선언했다. 탕평에 대한 영조의 강한 의지는 붕당朋黨의 폐단을 타파하고 인재를 고르게 등용할 것을 선언한 아래의 하교에 잘 나타나 있다.

> 하교하기를, "아! 모든 신민은 모두 내 가르침을 들으라. 붕당의 폐해가 《가례원류》가 나온 뒤부터 점점 더해져 각각 원수를 이루어서 죽이려는 것으로 한계를 삼아왔다. 아! 마음 아프다. 지난 신축년(1721년)과 임인년(1722년)의 일은 그 가운데 반역할 마음을 품은 자가 있기는 하나 다만 그 사람을 죽여야 할 뿐이지, 어찌해서 반드시 한편 사람을 다 죽인 뒤에야 왕법을 펼 수 있겠는가? 옥석을 가리지 않고 경중을 가리지 않아서 한편 사람들이 점점 불평하게 하는 것은 이 또한 당습이다. (중략) 아, 당습의 폐단이 어찌해서 이미 뼈가 된 세 신하에게까지 미치는가? 무변武弁·음관蔭官이 색목色目에 어찌 관계되며 이서吏胥까지도 붕당에 어찌 관계되기에 조정의 진퇴가 이들에게까지 미치는가? 이미 반포하고 알렸어도 전만 못하면 조정의 명령을 따르지 않은 죄로 다스릴 것이다."[1]

영조는 당쟁의 폐단을 강력히 지적한 뒤에 "나는 다만 마땅히 인재를 취해 쓸 것이니, 당습에 관계된 자를 내 앞에 천거하면 내치고 귀양을 보내어 국도國都에 함께 있게 하지 않을 것이다"라

1 《영조실록》 1727년(영조 3) 7월 4일

면서 공평하게 인재를 쓸 것을 거듭 강조했다. 이어서 "나의 마음이 이러한 데도 나를 따르지 않는다면, 나의 신하가 아니다"라면서 신하들이 탕평책에 적극 호응할 것을 독려했다.

탕평이라는 용어는 원래 유교 경전인 《서경》의 홍범 황극설에 나오는 '무편무당 왕도탕탕無偏無黨 王道蕩蕩 무편무당 왕도평평無偏無黨 王道平平'에서 비롯된 것이었다. 그 연원은 오래되었지만 우리 역사에서 본격적으로 이를 정책화한 왕은 영조다. 영조는 탕평책을 효과적으로 실시하기 위하여, 당파를 가리지 않고 온건하면서 타협적인 인물을 등용했다. 즉 노론 강경파 준로峻老와 소론 강경파 준소峻少를 권력에서 배제하고, 온건파인 완료緩老와 완소緩少를 중용하는 방식이었다. 한편으로는 자신과 호흡을 맞출 수 있는 신하, 즉 탕평파 대신을 양성해 정국의 중심에 나서게 했다. 송인명, 조문명, 조현명 등이 대표적인 탕평파 대신들로서 이들은 영조가 추진하는 탕평책의 든든한 후원군이 되었다.

영조의 탕평책은 1727년 탕평 교서를 반포하고, 1742년 성균관에 탕평비를 건립하는 것으로 구체화되었다. 성균관에 탕평비를 세운 것은 앞으로 관료가 될 성균관 유생이 당습에 물들지 않기를 바라는 뜻이 반영된 것이었다. 현재 성균관대학교 교정에 남아 있는 탕평비에는 '주이불비 군자지공심周而不比 君子之公心 비이불주 소인지사의比而不周 小人之私意'라 해서 '편당을 짓지 않고 두루 화합함은 군자의 공평한 마음이요, 두루 화합하지 아니하고 편당을 지음은 소인의 사심이다'라는 내용이 새겨져 있다. 군자와 소인의 구분을 탕평과 편당에 두면서 '탕평'이 공公이자 바른 것임을 선언한 영조의 의지가 보인다. 녹두묵에 고기볶음과 미나리, 김 등을 섞어 만든 묵무침인 '탕평채'가 영조 때 여러 당파가 잘 협력하자는 탕평책을 논하는 자리의 음식상에 처음으로 등장한 데서 유래했다는 이야기도 흥미롭다.

위기를 기회로, 1728년 무신란

1728년(영조 4) 의욕적으로 추진된 탕평책은 이인좌, 정희량, 박필몽 등 소론과 남인 급진파가 충청도, 경상도, 전라도 등지에서 일으킨 무신란(이인좌의 난)으로 위기를 맞았다. 반란의 주도층은 선왕 경종의 억울한 죽음을 천명하면서 '의거'임을 선전했다. 탕평책을 추진했지만 여전히 노론 중심의 정국 운영에 불만을 품은 정치 세력과 일부 동조하는 백성들이 합류하면서 반란군의 규모는 커졌다. 반군의 지도자 이인좌는 한때 청주성을 점령하면서 위세를 떨쳤으나, 소론 출신 오명항이 이끄는 정부 토벌군에 의해 진압되었다.

무신란은 소론과 남인 급진파가 주도해 일으켰기에 영조는 반란을 진압하면서 노론 중심의 정치체제를 공고히 하는 계기를 마련할 수도 있었다. 하지만 반란의 원인을 '조정에서 붕당만을 일삼아 재능 있는 자를 등용하지 않은 데 있다'라고 파악하고 탕평책이 더욱 공고히 추진하는 주춧돌로 삼았다. 아래의 기록은 영조의 이러한 입장을 잘 보여주고 있다.

"내가 덕이 부족한 탓으로 국가가 판탕板蕩한 때를 당해 안으로는 우리 조정의 모습을 평화롭게 하지 못하고, 밖으로는 우리 백성들을 구제하지 못해 얼신孼臣, 흉예凶裔들이 흉악한 뜻을 함부로 행해 호남과 경기에서 창궐하게 만들었으니, 통탄함을 금할 수 없다. (중략) 그 하나는 조정에서 오직 붕당만을 일삼아 오직 재능 있는 자의 등용을 생각하지 않고 도리어 색목色目만을 추중하고 권장하는 데 있다(중략). 또 하나는 해마다 연달아 기근이 들어 백성들은 죽을 지경에 처해 있는데도 구제해 살릴 생각은 하지 않고 오직 당벌黨伐만을 일삼는 것으로, 불쌍한 우리 백성들은 조정이 있음을 모른 지 오래되었다. 그들이 와해되어 적도賊徒에게 합류한 것은 그들의 죄가 아니요 실로 조정의 허물이니, 이 역시 당의黨議 때문이다. 이것이 바로 이른바 하나도 붕당이요, 둘도 붕당이라는 것이다."[2]

영조는 당쟁이 백성들을 반란 세력에게 합류시킨 일차 원인임을 지적하고, 앞으로는 당黨과 사私를 옹호하지 말고 모두가 한마음으로 협력해 중흥의 기틀을 삼자고 호소했다. 무신란을 계기로 당파를 철폐하고자 하는 영조의 정치적 승부수였다.

무신란 이듬해인 1729년 영조는 기유처분己酉處分을 통해 당쟁에 조종弔鐘을 울리며 탕평 정치에 대한 인식을 보다 강화해나갔다. "오늘의 역변은 당론에서 비롯된 것이니, 지금 당론을 말하는 자는 누구든 역적으로 처단하겠다"라고 강경한 선언을 한 것

2 《영조실록》 1728년(영조 4) 3월 25일

역시 탕평에 대한 영조의 확고한 의지를 잘 보여주고 있다.

영조는 당쟁의 뿌리를 제거하기 위해 사림 등 유학자 집단이 정치에 관여하지 못하도록 계속 견제했다. 은둔한 산림의 공론을 인정하지 않았고, 사림 세력의 본거지인 서원을 대폭 정리하기도 했다. 1741년 4월 8일 영조는 하교를 내려 팔도의 서원과 사묘祠廟 가운데 사사로이 건립한 것과 개인적으로 제향하는 것을 없애는 조치를 취했다. 이를 어기는 경우 수령과 유생에게 엄한 처벌을 가하도록 했다. 왕이 직접 백성을 만나는 방식으로 왕권을 강화해 나가기도 했다.

52년간 재위한 영조 대의 정치에서 가장 중시한 개념이 '탕평'이었다. 《조선왕조실록》에서 '탕평'이란 용어가 총 477회 검색이 되는데, 이 중 영조 대에만 343회 등장한다. 영조가 탕평책을 적극 실천한 것은 정치, 경제, 사회, 문화 각 분야에서 강력한 왕권을 바탕으로 시대가 요구하는 다양한 정책들을 수행하기 위해서였다. 실제 영조 대 나타난 다양한 성과의 바탕에는 정치적 안정을 추구한 탕평책이 있었다.

서민을 위했던 왕, 영조의 균역법

영조는 조선시대 왕 중에서 83세로 가장 장수했고, 왕으로 재위한 기간도 52년으로 가장 길다. 실록이나 《승정원일기》의 기록을 토대로 영조의 장수 비결에 관한 분석이 시도되고 있다. 최근 밝혀진 바에 따르면, 영조의 장수는 채식 위주의 식단을 짜고 일생토록 검소하고 절약한 것과 밀접한 관련이 있다. 영조는 정치적으로는 왕의 권위를 강조했지만, 스스로는 철저히 서민적인 삶을 지향했다.

서민 군주 영조

영조는 다른 어느 왕보다도 서민을 위한 정책을 펴는 군주였다. 아래 기록은 영조의 이러한 면모를 잘 나타내주고 있다.

"내가 일생토록 얇은 옷과 거친 음식을 먹기 때문에 자전慈殿(왕의 어머니)께서는 늘 염려를 하셨고, 영빈暎嬪(영조의 후궁, 사도세자의 생모)도 매양 경계하기를, '스스로 먹는 것이 너무 박하니 늙으면 반드시 병이 생길 것이라'라고 했지만, 나는 지금도 병이 없으니 옷과 먹는 것이 후하지 않았던 보람이다. 모든 사람의 근력은 순전히 잘 입고 잘 먹는 데서 소모되는 것이다. 듣자니, 사대부 집에서는 초피貂皮의 이불과 이름도 모를 반찬이 많다고 한다. 사치가 어찌 이토록 심하게 되었는가?"[1]

영조는 사치의 문제점을 지적하면서, 자신이 병이 없는 것은 일생 동안 거친 음식을 먹고 얇은 옷으로 생활했기 때문이라 했다. 영조의 어머니인 숙빈 최씨는 숙종의 후궁 출신이었기 때문에 영조는 정통 왕세자 교육을 받지 못했고, 18세부터 28세까지는 궁궐이 아닌 사가私家에서 살았다. 영조가 왕이 되기 전 살았던 곳은 경복궁 서쪽 지역으로 영조가 왕이 된 후 창의궁으로 불리게 된다. 영조는 이 집을 사위인 김한신에게 물려주었다. 김한신은 화순옹주의 남편으로 추사 김정희의 증조부가 된다. 현재 이곳에는 김정희가 당시 청나라에서 종자를 가져와 심었다는 백송이 남아 있다. 일반 백성들 사이에서 어울려 살았던 삶의 경험은 왕이 된 이후에 영조가 철저히 사치를 금지하고 금주령을 자주 내린 것이나, 군역의 부담을 덜어준 균역법을 제정하고 청계천을 공사하는 등 서민 위주의 경제 정책을 펴는 데도 큰 영향을 미쳤다.

1 《영조실록》 1750년(영조 26) 2월 10일

출처: 서울대학교 규장각한국학연구원

《승정원일기》. 조선 역대 왕들의 일과부터 회의까지 기록되어 있다.

조선시대 왕들의 평균 수명이 47세 정도임을 감안하면 83세까지 산 영조의 장수는 파격적인 것이었다. 영조는 스스로도 철저하게 건강을 관리했다. 《승정원일기》에 의하면 영조는 재위 52년 동안 7,284회나 내의원의 진찰을 받았다. 승정원의 업무 지침을 정리한 책인 《은대조례》의 '문안진후問安診候' 항목에는 승지들이 닷새마다 한 번씩 내의원 의원과 함께 입시해서 왕의 건강 상태를 살펴보았던 사실이 나타난다. 영조의 경우에는 월 평균 11.7회나 입진을 받을 정도로 건강관리에 만전을 기했다. 《승정원일기》 1751년(영조 27) 윤5월 18일의 기록에는 김약로가 영조에게 "고추장은 근일에 연이어 드셨습니까?"라고 질문하자, 영조가 "연이어 먹었다. 지난번에 처음 들어온 고추장은 매우 좋았다"라고 답한 것에서 보듯이 고추장을 매우 즐겼음이 기록되어 있다. 고추장도 영조의 건강 유지에 도움이 되었을 가능성이 있다.

건강해서 장수한 만큼 영조는 긴 재위 기간 동안 서민을 위한 많은 정책을 폈다. 1749년 《국혼정례》를 정해 혼례에서의 사치를 막고, 1752년 호조의 경비와 예산에 대한 규정인 《탁지정례》를 제정하여 국가 재정의 절약을 꾀했다. 이외에 가체加髢 금지령을 내려 여인들의 사치와 낭비를 방지했다. 가체는 그 머리카락 자체의 값이 비싼 것이 아니라 머리 장식 때문에 높은 가격이 매겨졌다. 가체는 조선 후기에는 궁중뿐 아니라 여염집에서도 여인들이 많이 사용했다. 가체는 사치할 품목이 많지 않았던 유교 사회인 조선의 최고 사치품으로, 품질이 좋은 것은 웬만한 집 한 채 값을 호가하기도 했다. 혼수로 신랑 집에서 신부에게 가체를 해주어야 하는데 그 값이 부담되어 혼례를 미룰 정도였다니 그 정도를 짐작할 수 있다. 영조의 가체 금지령으로 인해 다른 머리 장식 중 하나인 족두리가 대신 성행하기도 했다.

금주령은 술을 빚음으로써 비롯되는 곡식의 낭비를 막기 위해 내려진 명령이다. 고려 때부터 가뭄이나 흉년이 심할 때에 시행되었으나 영조 대에는 특히 엄격하게 집행되었다. 대표적인 예로 영조는 금주령을 어긴 평안도 남병사 윤구연을 직접 참수해서 마을 입구에 머리를 걸어 놓은 적도 있다. "백성들은 기근에 허덕이며 하루하루를 힘겹게 연명하는데 재력이 있다고 해서 이것저것 핑계 대며 술을 가까이 하는 게 말이나 되는가. 부디 내 뜻을 따라 백성의 근심을 함께 덜어야 할 것이다"라는 것이 영조의 기본 입장이었다. 영조는 52년간 재위했으니 술을 좋아하는 신하나 백성들은 영조의 재위 기간이 지옥이었을 것이다. 영조는 자신이 66세 되던 해 계비인 15세의 신부 정순왕후를 맞이했다. 혼례식에서도 거듭 사치의 방지를 강조했다. 영조와 정순왕후 혼례식의 전 과정을 기록한 《영조정순왕후가례도감의궤》에는 영조의 사치 방지 의지가 곳곳에 나타나있다. 왕실에서 먼저 사치 방지의 모범을 보여 민간에도 전파시키려는 의도가 컸다. 영조의 재위 기간 동안 사치 방지는 국시라 할 만큼 모든 분야에서 강조되었다. 고종 대에 정리된 《증보문헌비고》에 나타난 영조의 지시 사항은 가히 '사치 방지 어록'이라 할 만하다.

> 영조 23년(1747)에 하교하기를, 보불黼黻과 면류冕旒에 아름다움을 극진히 하는 것은 대우大禹 같은 성인에게나 맞는 것이다. 태묘의 범절은 벌써부터 무늬가 없는 것을 써왔는데, 바로 내 의장에 그 무늬가 있는 것을 사용한다면 옛날의 법을 따르는 것이 아니다. 그러니 이 뒤로는 홍양산에 무늬 없는 것을 사용하고 일산日傘도 우리나라 명주를 사용하도록 하고, 연여輦轝의 의장에 사용하는 것 또한 이 예를 따르도록 하라.

이외에 영조는 1751년 사복시에 명해 모든 가마에 금으로 그림을 그리지 못하게 했으며, 1761년에는 가마에 금 장식이 필요한 경우 주석으로 고쳐 꾸미도록 했다.

서민의 부담을 경감한 균역법

서민을 위한 정책을 추구한 영조의 면모는 균역법의 추진으로 이어졌다. 조선시대에 백성들이 국가에 납부해야 하는 세금은 크게 토지에 대한 세금인 전세田稅와 특산물을 납부하는 공납貢納, 그리고 군포軍布로 이루어져 있었다. 공납의 문제는 17세기 대동법을 실시해 백성의 부담을 덜어주는 방향으로 해결이 되었으나, 군역의 의무 대신에 세금으로 1년에 2필씩 납부하는 군포는 17세기 이후 여전히 큰 부담으로 남아있었다. 조선시대에는 16세에서 60세까지 군역의 의무를 졌지만, 양반은 군역을 부담하지 않았기 때문에 일부 양인들은 관직을 사거나 족보와 호적을 위조해 군역의 법망에서 벗어났다.

군역을 피하기 위해 스스로 군역이 없는 노비로 전락하는 백성이 늘어났다. 군역을 피하려는 양반과 노비의 숫자가 늘어나는 만큼 힘없는 백성들의 군역 부담은 불어났다. 당시 군역이 50만 호에 해당한다고 추정하는데 실질적으로 군역의 부담을 지는 숫자는 10만 호에 불과했다. 이러한 부족분은 나머지 양인에게 고스란히 떨어지게 되었다. 죽은 사람이나 군역의 의무가 없는 어린 아이에게까지 군역이 부과되었다. 군역의 부담을 이기지 못해 도망간 경우에는 이웃이나 친척에게 군역을 전가했다. 두 차례의 전란을 겪은 이후 이러한 사회 현상이 만연했다. 영조는 백성들에게 직접 의견을 물으면서 군역 부담 해결의 근본 대책을 마련해나갔다.

1750년(영조 26) 5월 영조는 창경궁의 홍화문 앞에 나갔다. 군역 부담에 대한 백성들의 생생한 현장 목소리를 듣기 위함이었다. 이후에도 영조는 양인의 군역에 관한 절목을 검토하고, 7월에는 군역에 관해 유생들의 의견을 들어보는 등 적극적인 여론조사를 실시했다. 영조의 균역법 실시에는 경제 분야에 해박한 박문수, 조현명, 홍계희, 신만 등 관료들의 도움도 컸다. 암행어사로 널리 알려진 박문수는 호조판서로서 균역법의 기본인 감필 정책을 제안하기도 했다.

영조는 여론조사와 관료들의 아이디어를 바탕으로 1751년 9월 균역청을 설치하고 본격적으로 균역법을 실시했다. 균역법의 핵심 내용은 1년에 백성들이 부담하는 군포 2필을 1필로 줄이는 것이었다. 군포 1필의 값을 돈으로 환산하면 대략 20냥 정도가 되었는데, 당시 1냥으로 쌀 20kg(현재 4만~5만 원) 정도를 구매할 수 있었다. 이를 보아 환산하면 20냥은 현재의 80만~100만 원쯤의 가치가 된다. 일반 백성들에게는 결코 만만치 않은 액수였고, 더구나 이웃이나 친척의 군역도 부담해야 하는 상황이라 이것을 반으로 줄여주었더니 많은 백성들이 크게 환영했다.

균역법 실시의 의미

영조는 균역법의 실시로 인해 줄어든 재원을 다른 방법으로 메워 나갔다. 우선 일정한 직업 없이 놀고 있는 재력가들에게 선무군관選武軍官이라는 명목으로 군포를 내게 했다. 이들은 양반과 비슷한 복장을 하고 호적에 유학幼學이라고 칭하던 자들로서 군역을 부담하지 않던 계층이었다. 조선 후기 상공업의 발달과 함께 이러한 계층들이 점차 확대되는 추세였기 때문에, 국가는 이들에게 선무군관이라는 명칭을 주는 대신에 군포를 징수하도록 한 것이다. 이외에 결작結作이라는 새로운 세금을 신설했다. 지주들에게 1결당 쌀 2말이나 5전의 돈을 부담하는 토지세를 만들어 땅이 많은 양반 지주들의 부담을 크게 했고, 왕실의 재원으로 활용했던 어세, 염세, 선세를 군사 재정으로 충당해서 균역법의 실시에 따른 부족한 국가 재정을 보충했다.

결국 균역법은 백성들의 부담을 줄이는 대신에 지주인 양반층과 상업이나 수산업 등으로 부를 축적한 부유층이 더 많은 세금 부담을 지게 한 세제 개편이었다. 조선시대에 양반들이 가진 가장 큰 특권 중의 하나가 군역의 부담을 지지 않는 것이었다. 원래 영조는 양반에게도 군역의 의무를 부과하기 위해 가호마다 군포를 납부하는 호포제戶布制를 실시하려고 했으나, 양반층의 강력한 반발로 호포법의 실시까지에는 이르지 못했다. 영조가 균역법을 실시한 지 100여 년이 흐른 후인 19세기 후반, 흥선대원군은 양반들에게도 모두 군포를 내게 하는 호포법을 실시했다. 영조 시대에 균역법으로 그 틀을 잡은 군역 제도의 개혁이 흥선대원군에게까지 이어진 것이다. 검소와 절약을 바탕으로 스스로 서민적인 삶을 살고자 했던 국왕 영조. 균역법은 서민을 위한 영조의 정책 이념이 실천되었다는 점에서도 그 의미가 크다.

영조가 청계천 준천 사업을 실시한 까닭은?

얼마 전 겨울 광통교 주변 청계천을 걸었다. 시민들이 편리하게 걸을 수 있도록 하천변 산책로가 조성되었고, 청계천과 관련된 설명이 곳곳에 설치되어 더욱 친근감 있게 다가왔다.

시간을 거슬러 청계천의 역사를 떠올렸다. 2005년 많은 논란 끝에 복원된 청계천은 1967년 도시화, 산업화의 과정에서 덮개로 포장되며 암흑으로 변했다. 영조는 처음으로 골격을 만든 태종 대의 청계천을 토대로 삼아, 본격적인 준천 사업에 착수했다. 조선시대 집권자의 통치력과도 그 궤를 같이하고 있는 청계천의 공사. 그중에서도 집권자의 의지와 백성들의 노력이 함께 어우러지며 성공적으로 조성된 1760년 청계천을 걸어본다.

인공 하천 청계천

청계천은 2005년 복원 공사가 완료되어 우리 국민의 품으로 돌아왔다. 이제 청계천은 도시민들에게 휴식과 안정을 주는 대표 공간이 되었다. 청계천은 조선이 한양으로 도읍을 옮긴 후 도시 정비 과정에서 새롭게 준설한 인공 하천이다.

한양은 전통적으로 홍수에 취약한 구조를 지니고 있었다. 북악산이나 인왕산, 남산 등지에서 내려와 청계천에 모인 물들이 남산에 막혀 바로 한강으로 빠져나가지 못했기 때문에 비가 많이 오면 한양 도심은 홍수 피해로 몸살을 앓았다. 1400년 왕이 된 태종은 한양을 관통하는 인공 하천의 준설을 지시했다. 태종은 1406년 1월 처음 공사를 실시해 1412년 공사의 완성을 보았다.

사실 청계천이라는 용어는 《조선왕조실록》에는 등장하지 않는다. 태종 대 '천거川渠를 수리해서 열었다'라는 뜻에서 '개천開川'이라 불렸고, 이후 개천이라는 말은 하천과 통용되는 보통명사가 된다. 실록을 비롯해 《동국여지승람》이나 《춘천사실》, 《한경지략》, 《동국여지비고》의 기록에는 청계천이 모두 개천으로 표기되어 있다. 청계천이라는 이름의 유래에 대해서는 영조 대 본격적인 준천 사업이 이루어져 '개천을 깨끗이 치웠다'는 뜻의 '청개천淸開川'이 되고, 다시 '청계천淸溪川'으로 바뀌었다고 보는 것이 일반적이다.

세종 역시 청계천에 관심을 가졌지만, 이후 300여 년이 지나도록 본격적인 준천 사업으로는 이어지지 않았다. 태종의 뒤를 이어 청계천 준천 사업에 눈을 뜬 왕은 영조였다. 영조가 준천 사업에 관심을 보인 데는 사회적인 변화가 자리를 잡고 있었다. 상업의 발달에 따라 농촌 인구가 도시로 집중하면서 이들이 버린 오물이나 하수로 청계천은 점차 하수 배출의 기능을 잃어갔다. 인구의 증가로 인해 성 안의 벌채가 심해지면서 토사土沙가 청계천을 메워 홍수 피해의 우려는 한층 심각해졌다.

영조는 청계천의 준천 사업을 통해 한양의 홍수 피해를 방지하는 한편 도시화가 진전되는 과정에서 발생한 실업자들에게 일자리를 만들어주고자 했다. 영조 대 청계천 공사에 관해서는《영조실록》을 비롯해 영조와 신하들의 대화가 자세히 기록되어 있는《승정원일기》, 영조가 청계천 공사를 완료한 후에 쓴《준천사실》등의 기록물에 자세히 정리되어 있다. 이들 기록에는 청계천 공사의 추진 배경과 청계천 공사 찬반 논쟁, 공사의 구체적인 과정, 공사 이후의 보상 등 청계천 공사에 얽힌 다양한 내용들이 정리되어 있다.

영조의 준천 사업 실시 배경

조선 후기 영조 대에 이르러서는 청계천에 토사가 쌓여 거의 평지와 같이 되는 상황이 초래되었다. 따라서 본격적인 준천 사업이 요구되었다. 그러나 아무리 필요성이 인정되더라도 국가 재정이라든가, 사업 수행 능력이 선행되지 않으면 대규모 국책 공사의 수행은 쉽지 않은 문제였다. 영조는 1760년 재위 36년이 되는 시점에, 정치적 안정을 바탕으로 국가의 역량을 총동원하는 사업을 폈다.

영조 대는 정치, 경제, 사회 전 분야에서 경장更張의 필요성이 대두된 시대였다. 청계천 준천 사업에 역부를 동원하고, 일당 노동자를 고용한 것은 실업자 대책과 관련이 깊다. 준천 사업을 통해 한양의 홍수 피해를 막고 실업자를 구제하는 두 마리 토끼를 잡고자 했다. 영조의 준천 사업은 1920년대 미국의 대공황 시기, 대규모 토목 사업을 통해 실업자를 구제한 루스벨트 대통령의 뉴딜 정책과도 흡사하다.

영조의 대표적 참모였던 홍계희가 영조의 뜻을 받아 기록한 《준천사실》의 어제御製 서문에는, "큰일과 중요한 일은 비록 거론할 수 없으나 그 가운데서 보수하고 보충해야 할 곳은 감히 게을리할 수 없다. 준천과 같은 일은 백성들을 동원하지 않을 수 없고, 또한 백성들을 돌아보지 않을 수도 없다"라면서 영조가 준천이 국가의 최우선 사업임을 강조한 내용이 나타난다. 그러나 영조는 "나는 백성들에게 혜택을 주지 못했으니 무슨 마음으로 백성을 괴롭히겠는가?"라면서 준천 사업이 백성들에게 큰 부담을 주는 면에 대해 세심하게 신경 썼다.

영조는 준천 사업의 필요성을 알리고 백성의 부담을 줄이기 위해 조정의 관리들과 재야의 선비들, 그리고 백성들을 자주 만나면서 소통했다. 1752년에는 친히 광통교에 행차해 백성들에게 준천에 대한 의견을 직접 물어보았고, 1758년 5월 2일에는 준천의 찬반 여부를 신하들에게 물으면서 구체적인 방안을 세웠다. 왕과 신하, 백성 간의 소통은 백성들의 적극적인 협조를 이끌어냈다. 영조는 청계천의 준천을 역대 중국의 주요 치수 사업(하천 범람이나 가뭄의 피해를 막는 수리 시설 준설)과도 비교했다. 주나라 문왕文王의 영대靈臺나 하나라 우왕禹王의 치수 사업을 가장 모범적인 사례로 제시하는 한편, 백성을 착취한 은나라 주왕紂王과 수양제隋煬帝의 사업은 결코 답습하지 않기를 다짐했다.

준천 사업의 과정

1759년 10월 6일 준천의 시역始役이 결정되었다. 준천을 담당할 임시 관청인 준천소가 설치되었고 홍봉한, 홍계희 등이 준천소 당상으로 임명되었다. 한성부좌윤 구선복이 직접 현장에 가서 준천도를 그려오는 등 구체적인 사업이 시작되었다. 본격적인 준천 사업은 1760년 2월 18일에 시작되어 4월 15일에 종료되었다. 57일간의 공사 기간 동안에 21만 5,000여 명의 백성이 동원되었다. 도성의 방민坊民을 비롯해 각 시전의 상인 등, 지방의 자원군自願軍, 승군僧軍, 모군募軍 등 다양한 계층의 백성들이 참여했다. 실업 상태의 백성 6만 3,000여 명은 품삯을 받기도 했다. 대략 공사 기간 동안 3만 5,000냥의 돈과 쌀 2,300여 석의 물자가 소요되었다.

영조는 "나의 마음은 오로지 준천 사업에 있다"라고 하면서 자신의 최대 역점 사업이 청계천 공사임을 신하들에게 알렸다.[1]

1 《승정원일기》 1760년(영조 36) 2월 23일

이에 호조판서가 된 홍봉한이 현재 역사役事에 금위영, 어영청 소속 군사들이 동원되어 공사를 진행하고 있음을 보고했다. 영조는 가장 어려운 오간수문(5개의 수문) 설치 공사가 6일 만에 끝났다는 소식에 매우 흡족해했다. 홍봉한은 당시 맹인들도 부역에 참여하기를 희망한다는 보고를 했고 영조는 백성들의 적극적인 협조를 치하했다. 이처럼 영조 대의 준천은 모든 백성들이 협력하는 국가사업이었다.

1760년 3월 16일 마침내 공사가 완성되고 공사의 전말을 기록한 《준천사실》이 편찬되었다. 《준천사실》이라는 책의 제목은 영조가 직접 정했다. 영조는 공사의 책임자인 홍봉한에게 "준천한 뒤에 몇 년이나 지탱할 수 있겠는가"라고 물었고 홍봉한은 "그 효과가 백 년을 갈 것입니다"라면서 공사에 대한 자신감을 표현했다. 이어 구선행 등이 굴착이 끝난 후 각 다리에 표석標石을 만들 것을 건의했다. 영조는 표석에 '1760년 지평'이란 뜻의 '경진지평庚辰地平' 네 글자를 새기게 했다. 1760년에 공사가 완성되었음을 표시함과 함께 항상 이 네 글자가 보일 수 있게 해서 더 이상 청계천에 토사가 쌓이지 않도록 했다. 만약 한 글자라도 파묻히면 후대의 왕들에게도 계속 준천할 것을 당부한 것이었다.

공사 기간 동안 영조는 사업에 적극적인 관심을 가지고 친히 동대문에서 공사를 독려하기도 했다. 공사가 완성되고 나서는 이를 기념해 명나라와 청나라 사신을 대접하던 모화관에서 시재試才를 베풀어 경사를 자축했다. 또한 일을 감독한 사람들을 인솔해

연융대(서울 창의문 밖 군사훈련장)에서 연회를 베풀면서 노고를 치하하기도 했다. 당시 영조가 친히 공사 참여자들을 격려한 모습은 〈준천계첩〉에 그림으로 남아 있다. 〈준천계첩〉에 그려진 네 폭의 그림에는 준천 현장 모습과, 준천 후 영조가 참여자들에게 특별히 상을 내렸던 내용이 정밀하게 묘사되어 있다. 준천 사업의 전 과정을 기록과 함께 그림으로 남긴 것은 그만큼 준천에 대해 큰 의미를 부여하고, 후대에도 이러한 사업을 계승하려는 의지를 보인 것이다.

영조는 청계천 준천 사업을 일컬어 균역법과 함께 '자신의 재위 기간 동안 이룩한 가장 중요한 사업'이라고 평가할 만큼 자부심이 있었다. 현재에도 서울의 중심을 흐르면서 국제도시의 상징이 된 청계천. 이곳에는 250년 전 위민爲民의 정치철학을 실천한 영조의 리더십과 준천에 적극 호응한 신하들 그리고 백성들의 모습이 그대로 남아 있다.

조선 제17대 왕 **효종의 어필**

孝宗大王御筆

龍潛瀋邸賜仁興君瑛

敬次瓊韻

為客遼河久閑閱望鄉空自淚潸〻

陰雲慘〻迷江樹廣野蒼〻接塞山

愁裡厭看清海月夢中欲逐

紫宸班明年倘遂東歸計樽酒

夢想渴再攀

爲客遼河久開關

요하에서 길손 되어 문 닫은 지 오래인데

望鄉空自淚潸潸

고향 생각에 부질없이 눈물 절로 흘렀네

陰雲慘慘迷江樹

참담한 구름은 강가 나무에 끼었고

廣野茫茫接塞山

아득히 넓은 들은 변방 산에 접했네

愁裸厭看淸海月

시름 속에 청해의 달을 싫증나도록 보았고

夢中欣逐紫宸班

꿈속에 궁궐의 반열을 기쁘게 따랐네

明秊倘遂東歸計

내년에 고국으로 돌아갈 수 있다면

樽酒華筵得再攀

잔치에서 술잔 다시 잡을 수 있겠지

제6장

개혁, 정치와 문화의 부흥

정조의 즉위와 개혁정치의 산실, 규장각

정조(1752~1800, 재위 1776~1800)는 세종과 함께 조선시대를 대표하는 개혁 군주이다. 그러나 정조에게는 지울 수 없는 상처도 있었다. 바로 아버지 사도세자의 비극적인 죽음이다. 1762년 정조는 아버지가 할아버지 영조에 의해 죽어가는 현장에 있었다. 11살의 나이였다. 정조의 즉위 과정에는 노론의 집요한 반대가 있었다. 특히 사도세자의 죽음에 깊이 관여한 노론 벽파 세력들은 정조가 왕위에 오르면 엄청난 정치적 후폭풍이 있을 것으로 예상했다.

죄인의 아들, 왕이 되다

세손 시절 정조는 갑옷을 입고 잠자리에 들었을 정도로 신변의 위협을 느꼈다. 《정조실록》에도 궁궐에 자객이 들었던 상황이 기록되어 있다.

김홍도가 그린 〈규장각도〉

출처: 국립중앙박물관

> 대내大內에 도둑이 들었다. 임금이 어느 날이나 파조罷朝하고 나면 밤중이 되도록 글을 보는 것이 상례이었는데, 이날 밤에도 존현각에 나아가 촛불을 켜고서 책을 펼쳐놓았고, 곁에 내시 한 사람이 있다가 명을 받고 호위하는 군사들이 직숙하는 것을 보러 가서 좌우가 텅 비어 아무도 없었는데, 갑자기 들리는 발자국 소리가 보장문 동북쪽에서 회랑 위를 따라 은은하게 울려왔고, 어좌의 한가운데에 있는 방쯤에 와서는 기와 조각을 던지고 모래를 던지어 쟁그랑거리는 소리를 어떻게 형용할 수 없었다. 임금이 한참 동안 고요히 들어보며 도둑이 들어 시험해보고 있는가를 살피고서, 친히 환관과 하인들을 불러 횃불을 들고 중류 위를 수색하도록 했었는데, 기와 쪽과 자갈, 모래와 흙이 이리저리 흩어져 있고 마치 사람이 차다가 밟다가 한 것처럼 되어 있었으니 도둑질하려 한 것이 의심할 여지가 없었다.[1]

정조가 세손 시절 머물렀던 거처는 경희궁 존현각이었다. 그리고 영조가 경희궁에서 승하했기 때문에 정조는 1776년 3월 경희궁에서 즉위식을 올린 후 한동안 홍정당에 머물렀다. 그러나 정조는 경희궁이 경호가 부실한 것에 대해 신하들을 강하게 질책하고 8월 6일 거처를 창덕궁으로 옮겼다. 정치에서 새 판을 짜고 개혁정치를 수행하기에는 창덕궁이 적합하다고 판단했기 때문이다.

정조는 즉위 후 선왕인 영조의 이념을 계승해 탕평책을 바탕

1 《정조실록》 1777년(정조 1) 7월 28일

으로 한 왕권 강화에 힘을 기울였다. 이것은 '성왕론聖王論'이라는 새로운 정치 이념으로 정당화되었다. 성왕론은 왕을 정치의 핵심 주체이자 적극적인 정치가로 보는 입장으로서, 붕당이 공론 형성과 관련된 본래의 기능을 상실하고 각 당의 이해관계를 대변하는 전위 조직으로 전락했다는 부정적인 붕당관에서 나왔다. 정조는 자신을 성왕으로 이해하면서, 중국의 성인 군주인 요·순·우 3대의 제왕을 모범으로 삼고 왕 중심의 개혁정치를 강력하게 추진하고자 했다.

왕권을 위협하는 세력에 대한 축소 작업도 들어갔다. 우선 자신의 즉위에 누구보다도 든든한 힘이 되어주었지만 권력을 함부로 휘두르며 파벌을 만들었던 홍국영을 축출했다. 외척도 예외일 수 없었다. 정조는 당시 막강한 권력을 휘두르고 있던 외종조부 홍인한을 사사하고, 그를 뒷받침하고 있던 인물의 상당수도 극형에 처하면서 왕권 강화의 기반을 조성했다. 그러나 사도세자의 죽음에 관여한 인물에 대한 정치적 보복은 최대한 자제하는 노련미도 보였다.

개혁의 구심점, 규장각

정조는 즉위 직후인 1776년 6월 창덕궁 후원의 중심 공간에 규장각을 세우고 개혁정치의 구심점으로 삼았다. 세종이 집현전을 설치하여 학문 연구와 정책 결정에 활용한 것과 유사하다.

규장각은 세조 때에 이미 양성지에 의해 그 설치가 제창되었

출처: 국립고궁박물관

규장각 현판. 숙종 대에 종정시에 규장각 건물을 별도로 짓고 숙종의 친필 현판을 걸었다.

으나 시행되지 못했다. 1694년(숙종 20)에 이르러 비로소 규장각을 역대 왕들의 어제나 어필 등 일부 자료를 보관하는 장소로 삼았다. 이후 규장각은 유명무실한 존재가 되었으나 정조가 '계지술사(선왕의 뜻을 계승해 정사를 편다)'의 명분 아래 문화 정책의 추진 기관으로 힘을 실어주면서, 역대의 도서들을 수집하고 연구하는 학문의 중심 기관이자 정조의 개혁을 뒷받침하는 핵심 정치 기관으로 거듭났다. 정조는 창덕궁에서 경관이 가장 아름다운 영화당 옆의 언덕을 골라 2층짜리 누각을 짓고 어필로 '주합루宙合樓'라는 현판을 달았으며, 1층을 '어제존각御製尊閣'이라 해서 역대 선왕이 남긴 어제, 어필 등을 보관하게 하고 '규장각'이라 이름하였다.

정조는 당파나 신분에 구애 없이 젊고 참신한 능력이 있는 인재들을 속속들이 규장각으로 모았다. 정약용(1765~1836)을 비롯해 박제가, 유득공, 이덕무 등 당대를 대표하는 학자들이 규장각에 나와 함께 연구하면서 개혁정치의 파트너가 되었다. 규장각은 점차 조선 후기 문화 중흥을 이끄는 두뇌 집단의 산실이 되어 갔다. 특히 박제가, 유득공, 이덕무, 서이수와 같은 서얼들을 적극 등용하면서 그 능력을 최대한 활용하였다. 규장각의 가장 중요한 업무는 역대 왕들의 글이나 책 등을 정리하고 이것을 바탕으로 개혁정치의 방향을 설정하는 것이었다. '법고창신(전통을 본받아 새것을 창출한다)'은 규장각을 설립한 취지에 가장 부합하는 정신이었다.

출처: 국립고궁박물관

수교 객래불기. 금자로 쓴 수교 현판이다. 규장각의 바깥 기둥에 걸렸다.

정조는 규장각이 정치기구라는 점을 분명히 했다. "본각本閣(규장각)의 설치는 외면적인 작은 일에 속하는 것이고, 나의 본의는 따로 있다. 아! 과거 왕세손으로 있을 적에 온갖 어려움을 갖추 겪었으므로, 조정을 타락시킨 자를 제거하고 기필코 조정을 청명하게 하고 세도世道를 안정시키려 했는데, 이는 곧 하나의 고심

스러운 부분이었다"라고 한 정조의 회고에도 잘 나타나 있다.[2]

정조는 규장각에 힘을 실어주기 위해 당대 최고의 인재들을 발탁했을 뿐만 아니라, 아무리 관직이 높은 신하라도 함부로 규장각에 들어올 수 없게 함으로써 외부의 정치적 간섭을 배제했다. '객래불기(손님이 와도 일어나지 말아라)'와 같은 현판을 직접 내려서 규장각 신하들이 학문에만 전념할 수 있도록 배려했다. 때로는 정조 자신이 몸소 그들과 날이 새는 줄도 모르고 학문에 대해 토론했다. 왕과 신하 사이에서 피어나는 소통과 교감 속에 규장각에서는 정조의 열정이 담긴 수많은 책들이 편찬되었다.

외규장각의 설립

정조는 창덕궁과 같은 궁궐은 전쟁이나 약탈의 위험에서 자유로울 수 없다고 판단했다. 정조는 국방상 안전지대인 강화도에 규장각의 지방 분소격인 외규장각外奎章閣의 건립을 명했다. 1782년(정조 6) 2월 외규장각 완공을 알리는 강화유수의 보고가 올라왔다. 이를 계기로 외규장각에는 왕실의 주요 자료들이 보다 체계적으로 보관되었다. 정조 이후 80여 년간 외규장각은 왕실 문화의 보고寶庫로 자리를 잡았다. 1784년에 편찬된 《규장각지》에 따르면, 외규장각은 6칸 크기의 규모로 행궁의 동쪽에 자리를 잡았다고 한다.

2 《정조실록》 1782년(정조 6) 5월 29일

외규장각은 정조 이후 그 위상이 커지면서 역대 왕의 저술과 어필을 비롯하여, 국가의 주요한 행사 기록을 담은 의궤, 지도 등 조선 후기 문화의 정수를 보여주는 귀중한 자료들을 보관해왔다. 그러나 외규장각은 1866년 병인양요 때 프랑스군의 침공으로 철저히 파괴되었다. 프랑스군은 조선군의 강렬한 저항을 받아 퇴각하면서 외규장각에 보관된 책들에 손을 댔다. 특히 프랑스 군이 눈독들인 것은 채색 비단 장정에 선명한 그림으로 장식되어 왕이 친히 열람하는 의궤 즉, '어람용 의궤'였다.

프랑스군이 약탈해간 외규장각 소장 어람용 의궤 297책은 오랜 기간 파리국립도서관에 있었다. 1990년대 이후 우리는 문화재 반환 운동을 치열하게 전개했다. 2011년 4월 마침내 외규장각 의궤가 국내로 반환되었다. 외규장각 의궤는 145년 만에 돌아와, 현재 국립중앙박물관에 보관되어 있다. 외규장각 의궤를 선명하게 볼 수 있는 국립중앙박물관 누리집이 마련되어 있으니 기회가 된다면 꼭 한번 접속해 감상해보기를 권한다.

초계문신 제도와 공무원 재교육 시스템

규장각은 각신(규장각 신하)이 모여 연구를 하는 규장각 이외에 여러 부속 건물이 있었다. 우선 창덕궁의 정문인 돈화문 근처에 사무실에 해당하는 이문원이 있었다. 그밖에 역대 왕들의 초상화, 어필 등을 보관한 봉모당을 비롯하여, 국내의 서적을 보관한 서고와 포쇄曝曬[3]를 위한 공간인 서향각, 중국에서 수입한 서적을 보관한 개유와와 열고관, 그리고 휴식 공간으로 부용정이 있었다. 개유와와 열고관에는 중국의 2만 여 책을 분류 · 보관하였다. 이를 1781년(정조 5) 서호수로 하여금 정리해서 《규장총목》이라는 중국본 도서 목록을 만들도록 했다.

정조는 젊은 관리들이 규장각에서 재교육을 받는 제도인 초계문신抄啓文臣 제도를 새로 만들었다. 초계문신 제도는 이미 과거를 거친 사람 가운데 37세 이하의 젊은 인재를 뽑아 3년 정도 특별 교육하는 제도이다. 이들은 매월 두 차례에 걸쳐 시험을 치르는 등 강도 높은 교육을 받으며 정조의 개혁정치가 나아갈 방향을 학습했다.

이 제도는 정조의 친위 세력을 양성하는 정치적 장치이기도 했다. 초계문신은 1781년(정조 5)에 16명을 선발한 것을 시작으로 정조 말년인 1800년(정조 24)까지 10회에 걸쳐 모두 138명이 선발되었다. 정약용, 서유구 등 대표적인 실학자들이 초계문신으로 발탁되어 성장했다. 상당수의 남인이나 북인계 인물도 초계문신에 뽑혔다. 《정조실록》에는 초계문신들에게 자주 친시親試를 보이고, 시험 후에는 시상을 했던 정조의 모습이 자주 기록되어 있다. 그만큼 초계문신에 대한 정조의 믿음이 컸음을 보여주고 있다.

'죄인의 아들'이라는 큰 짐을 지고 왕위에 올랐지만, '복수'의

3 서책을 정기적으로 햇볕이나 바람에 말리는 작업.

경기수원 화성 홍화문

화성에 건설한 출입문 가운데 유일하게 물 위에 건설하였다.

출처: 국립중앙박물관

정치 대신에 '탕평'의 정치를 택한 정조. 특히 정조 시대는 학문 연구에 바탕을 두고 개혁정치의 방향을 잡아갔기에, 선왕인 영조대와 더불어 정치 · 문화가 중흥한 시기로 평가받고 있다.

정조 시대의 편찬 사업과 문화 중흥

정조가 국왕으로 있던 18세기 후반은 조선의 문예 부흥기로서 사회 각 분야의 발전이 두드러졌다. 이 시기는 세계사 또한 역동적으로 변화했다. 1776년에는 미국이 신생 국가로 새롭게 탄생했고, 더불어 정조가 즉위했다. 유럽에서는 1789년 프랑스에서 시민혁명이 일어나 자유와 평등에 바탕을 둔 근대 시민국가가 등장하는 계기를 마련했다. 또한 중국에서는 건륭제(재위 1736~1796)가 왕위에 있으면서 최대의 융성기를 맞이하고 있었다. 건륭제는 강희제, 옹정제에 이어 청의 전성시대를 이끌면서 18세기 청나라의 정치, 문화 발전을 견인했다. 동양과 서양 모두에서 새로운 발전의 전기를 마련해가던 시기, 정조는 강화된 왕권과 정치적 안정을 바탕으로 문화 중흥을 위한 편찬 사업을 적극 추진했다.

왕성한 편찬 사업의 성과들

정조는 학술 정책 연구 기관인 규장각을 중심으로 각종 편찬 사업을 주도해갔다. 영조는 《속대전》, 《속오례의》, 《속병장도설》, 《여지도서》 등의 간행을 통해 새로운 시대로 나아가는 문화 정리 사업을 펼쳤다. 정조의 편찬 사업은 선왕의 유지를 이어받는 길이기도 했다. 《경국대전》과 《속대전》을 잇는 법전인 《대전통편》(1785년)을 비롯해 외교문서를 정리한 《동문휘고》(1788년), 병법서인 《병학통》(1785년), 무예의 기술을 그림과 함께 정리한 《무예도보통지》(1790년), 각 관청의 연혁과 기능을 정리한 《탁지지》(호조) · 《춘관통고》(예조) · 《추관지》(형조) · 《홍문관지》 · 《규장각지》 등의 책들이 저술되면서 국가기관의 역사와 기능이 기록으로 남을 수 있었다.

백과사전 성격의 《증정문헌비고》는 영조 때의 《동국문헌비고》를 수정 · 보완한 책이다. 《해행여지통재》는 영조 때의 지리지인 《여지도서》를 보완한 것이었다. 사성四聲에 따라 한자음을 설명한 《규장전운》은 한자 음운서 가운데 가장 정확한 것으로 평가를 받고 있다. 정조는 청나라의 문물 수입에도 인색하지 않았다. 청대의 학술 사조가 총정리되어 있는 《고금도서집성》 5,022권의 책을 수입한 것이 대표적인 사례이다. 이러한 책들은 청나라와 서양의 선진 문물 연구에도 큰 도움이 되었다.

정조 대에는 정조가 직접 편찬을 주관한 《어정서》 2,400여 권과 유득공, 이덕무, 박제가 등 규장각 검서관 출신 학자들이 작업을 분담해 편찬한 《명찬서》 1,500여 권을 합해 총 153종 3,960권에 달하는 방대한 편찬이 이루어졌다. 규장각을 중심으로 조선 후기 학문과 문화 중흥이 이루어진 것이다. 특히 스스로 '책만 보는 바보'라는 뜻에서 '간서치看書痴'라는 호를 붙인 이덕무는 출판 사업에 가장 핵심적인 역할을 했다.

〈군서표기〉는 당시 편찬된 책의 목록을 정리한 것이다. 〈군서표기〉에는 정조가 세손으로 있던 1772년부터 사망한 1800년까지 직접 지은 어정서와 명을 내려 편찬하게 한 명찬서가 기록되어 있다. 어정서로는 《병학통》, 《규장각지》, 《무예도보통지》, 《규장전운》, 《일득록》 등이 있으며, 명찬서로는 《국조보감》, 《홍문관지》, 《대전통편》, 《동문휘고》 등이 대표적이다.

《이충무공전서》를 간행하다

정조의 편찬 사업에서 주목되는 것은 충무공 이순신 장군의 전집인 《이충무공전서》를 간행한 것이다. 정조는 이순신 장군의 행적이 체계적으로 정리되지 못한 것을 안타깝게 여겼다. 정조는 신하들에게 명을 내려 이순신 장군과 관련된 각종 기록을 모으게 한 후 1795년(정조 19) 책으로 출판했다. 이순신 장군의 업적을 널리 기려 후대에도 충무공의 정신을 계승시키고자 하는 의도가 컸다. 정조는 출간 경비로 내탕전內帑錢과 어영전御營錢을 하사하면서 책의 출간에 심혈을 기울였다. 책에는 교유문敎諭文, 사제문賜祭文, 기旗 · 곡나팔曲喇叭 · 귀선龜船 등의 도설圖說, 이순신의 세보와 연

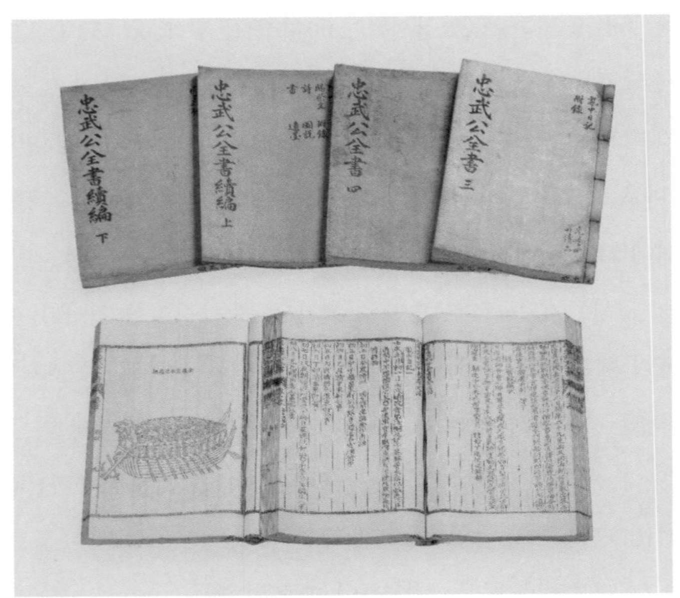

출처: 국립진주박물관

《이충무공전서》

표, 《난중일기》 등이 수록되어 있다.

우리가 이순신 장군의 일기로 잘 알고 있는 《난중일기》는 원래 제목 없이 '임진일기(1592년)', '계사일기(1593년)' 등 연도별로 모아진 일기였는데, 정조가 《이충무공전서》를 간행하면서 '난중일기'라 제목을 붙인 것이다. 난중일기 속 2건의 〈구선도龜船圖〉는 실물이 남아 있지 않은 거북선의 크기 및 모양을 알려주는 중요한 자료가 되고 있다. 이 책은 왕명을 받고 국가사업으로 완성한 만큼 조선시대 출판문화에 있어서 하나의 표본이 되기도 한다. 화려한 속표지 디자인이 당시 출판 디자인의 새로운 시도와 수준

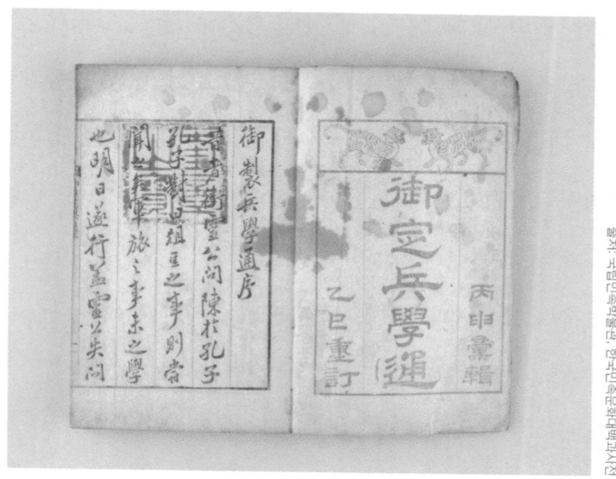

출처: 국립민속박물관, 한국민족문화대백과사전

《병학통》. 1776년(정조 즉위) 정조의 명령을 받아 장지항이 편찬하였다. 《병장도설》과 《속병장도설》을 집대성하여 1785(정조 9)에 간행한 군서이다.

을 잘 보여주고 있다.

정조 시대 편찬된 책의 특징으로는 다양한 디자인의 속표지와 도서인圖書印을 들 수 있다. 속표지에는 책의 특징을 반영한 디자인에 제목과 연도, 제작한 곳 등을 밝혔다. 《병학통》과 같은 병법서에 호랑이 두 마리를 배치해 디자인한 것이 대표적이다. 책에 찍힌 인장도 흥미로운데, 책의 크기와 조화를 이루며 내용에도 부합하는 도장을 찍어서 책의 예술적 가치를 높였다.

궁정 화원 김홍도의 역할

정조는 천재 화가 김홍도(1745~1806년 경)의 능력을 알아보고 궁정 화원으로 최대한 그 능력을 발휘하게 했다. 우리는 흔히 김홍도를 서민의 생활상을 그린 풍속화가로 알고 있지만, 실제 김홍도는 정조의 총애를 받는 궁중 화원으로서 화성 행차와 관련된 병풍 및 행렬도, 그리고 국가의 행사도를 비롯한 각종 궁중 그림의 제작을 주도한 전형적인 화원 화가였다. 정조가 단행한 1795년 화성 행차의 주요 장면이 담긴 8폭의 병풍 그림 〈화성능행도〉가 바로 김홍도의 주관 하에 그려진 대표적인 기록화다.

김홍도와 정조의 인연은 1773년 29세의 김홍도가 영조의 어진, 그리고 당시 왕세손이었던 정조의 초상화를 그리며 맺어진다. 《홍재전서》를 보면 훗날 정조는 "김홍도는 그림에 교묘한 자로 그 이름은 안 지 오래다. 30년 전 초상을 그렸는데 이로부터 무릇 화사畵事에 속한 일은 모두 홍도로서 주관하게 했다"라고 당시를 술회했다. 이후 김홍도는 왕이 된 정조의 어진 제작에 참여하면서 더욱 신뢰를 받았다. 정조가 화원 신분인 김홍도에게 파격적으로 안기찰방이나 연풍현감과 같은 지방의 수령직을 맡도록 한 것 역시 두 사람의 긴밀한 관계를 잘 보여주고 있다.

김홍도는 산수화와 기록화, 신선도 등을 많이 그렸지만 정감어린 풍속화를 그린 것으로 유명하다. 그는 밭갈이, 추수, 씨름, 서당 등에서 자신의 일에 몰두하는 사람들의 특징을 소탈하고 익살스러운 필치로 묘사했다. 이러한 풍속화는 정조의 국정 자료로 활용되었다. 정조는 국정 개혁에 대한 의지가 매우 강했고 따라서 일반 서민들의 삶에도 많은 관심을 가지고 있었다. 하지만 왕이라는 신분 때문에 직접 서민들 가까이에서 그들의 삶을 관찰하고 생활의 문제점을 시정하기 위한 의견을 들을 수는 없었다. 이에 정조는 자신의 최측근인 김홍도에게 서민들의 모습을 생생하게 담아오라고 지시를 했고 김홍도는 이 역할을 충실히 수행했다. 김홍도는 정조가 필요로 하는 그림을 다수 작업했다. 금강산 일대를 여행하고 온 후에 주요 장면을 그림으로 그려 올린 것이나, 용주사의 후불탱화(사도세자의 무덤인 현륭원의 원찰願刹) 제작에 참여한 것에서도 확인된다.

기록의 모범을 보인 군주

정조는 국가적인 출판 사업에도 심혈을 기울였을 뿐만 아니라 개인의 기록을 철저히 남겼다. 학자 군주로서의 면모가 잘 드러나는 부분이기도 하다. 정조가 세손으로 있을 때부터 쓴《존현각일기》는 현재 국보이자 유네스코의 세계기록유산으로 지정된《일성록》의 모태가 됐다. 정조는 증자가 말한 '오일삼성오신吾日三省吾身(나는 매일 나를 세 번 반성한다)'에 깊은 감명을 받아 일찍부터 일기 쓰는 습관이 있었다. 이것은 정조가《일성록》편찬을 명하면서 증자의 글귀를 인용한 것에서도 잘 드러난다.

1785년(정조 9) 정조는 자신이 태어난 후부터《존현각일기》에 이르기까지의 내용과 즉위한 후의 행적을 기록한《승정원일기》등을 기본 자료로 활용해서 왕의 일기를 편찬할 것을 명했다. 규장각 신하들이 실무를 맡았고, 1760년(영조 36) 정조가 세손으로 있을 때부터의 기록이 정리되었다. 정조는 당시 왕의 비서실에서 작성하고 있었던 《승정원일기》와는 다른 방식의 편찬을 지시했다. 결국 《일성록》은 국정에 필요한 주요 현안을 강綱과 목目으로 나눠 일목요연하게 찾을 수 있는 방식을 채택했다.

《일성록》에는 신하들이 올린 상소문을 비롯해 왕의 동정과 윤음(임금이 백성이나 신하에게 내리는 말), 암행어사의 지방 실정 보고서, 가뭄 · 홍수 구호 대책, 죄수 심리, 정부에서 편찬한 서적, 왕의 행차 시 처리한 민원 등이 일별 · 월별로 기록되어 있다. 내용은 주요 현안을 요점 정리하고 기사마다 표제를 붙여서 열람이 편리하도록 했다. 《일성록》에는 위민爲民 정치를 실천한 정조의 모습도 잘 나타나 있다. 격쟁(꽹과리를 두드려 억울함을 호소함), 상언(왕에게 아룀)에 관한 기록이 그것으로서 《일성록》에는 1,300여 건 이상의 격쟁 관련 기록이 실려 있다. 정조는 행차 때마다 백성들의 민원을 듣고 그 해결책을 신하들에게 지시함으로써 최대한 민심을 반영하려 했다.

정조는 방대한 개인 문집을 남긴 왕이기도 했다. 그의 호 홍재弘齋를 딴 문집 《홍재전서》 184권 100책은 정조가 얼마나 성실히 학문을 연구했는지 볼 수 있는 자료이다. 경연에서 신하와 토론할 때 막힘이 없었다는 정조, 그 비결은 철저한 공부였다. 정조는 세손 시절부터 독서광이었다. "내가 춘저(세자궁)에 있을 때 평소 책에 빠져 연경에서 고가故家 장서를 사왔다는 소식이 있으면 문득 가져와 보라고 해서 다시 사서 보았다. (중략) 경사자집經史子集을 갖추지 않는 것이 없는데, 이 책들은 내가 다 보았다"라는

《홍재전서》의 〈일득록〉에서도 정조의 독서 사랑이 잘 나타난다. 정조의 강론집 〈일득록〉은 정조의 사상과 개인적인 취향 등을 파악하는 데 있어서 주요 자료이다.

앞에서도 언급했듯이 《홍재전서》 중 〈군서표기〉는 정조 자신이 직접 지은 책과 신하들에게 명해 편찬한 책들에 대해 그 출판 경위와 주요 내용을 해설해놓은 저술로서, 총 151종 3,960권에 달하는 책의 목록이 실려 있다. 〈군서표기〉를 통해 정조 시대에 경학과 역사, 언어, 병법, 법률, 음악 등 여러 분야에 걸쳐 다양한 책들이 편찬되었음과 함께 왕성했던 출판 활동과 문화 운동을 확인할 수 있다.

정조는 선왕인 영조의 업적을 계승해서 대대적인 편찬 사업을 추진했다. 이러한 성과물들은 18세기 후반 조선 사회가 학문적으로나 문화적으로 상당히 높은 수준이었다는 지표가 된다. 학자 군주 정조가 지향한 노력과 성과가 적지 않았기에, 18세기 영조 · 정조 시대를 우리는 당당히 조선 후기 르네상스라고 칭할 수 있는 것이다.

정조가 화성을 건설한 까닭은?

18세기 후반 정조가 조성한 신도시 화성華城은 조선시대 성 중에서도 가장 복원이 잘되어 있는 건물로 손꼽힌다. 그리고 화성을 구성하는 각각의 건축물은 저마다의 특징을 지니면서 그 가치를 높인다. 화성은 역사성과 건축물로서의 가치를 인정받아 1997년 12월 유네스코에 의해 세계문화유산으로 지정되었다. 정조가 펼친 개혁정치의 상징으로 평가받고 있는 수원 화성, 정조는 화성 건설을 통해 무엇을 보이고자 한 것이었을까?

아버지의 무덤을 수원으로 옮기다

정조는 즉위 후 각 붕당의 정치적 명분인 의리론을 인정하는 대신에 탕평책을 폈다. 죄인의 아들이라는 명분상의 약점을 극복하고 왕권을 강화하려는 목적이었다. 그리고 사도세자의 복권과 추숭(죽은 사람을 기리며 숭상함) 작업을 적극 추진했다. 즉위 직후

사도세자의 위호를 장헌세자로 바꾸었으며, 창경궁 바로 옆에 사도세자를 모신 사당인 경모궁을 조성했다. 창경궁 안의 높은 언덕 위에는 어머니 혜경궁 홍씨(1735~1815)를 위해 자경전을 지어서 어머니가 늘 돌아가신 아버지를 모신 경모궁을 볼 수 있도록 했다. 경모궁의 연혁과 제사 절차를 기록한 《경모궁의궤》를 편찬한 것도 아버지에 대한 효를 다하기 위함이었다.

사도세자 추숭의 핵심 사업은 화성 건설이었다. 1789년 7월 정조는 박명원의 제안에 따라 사도세자의 무덤을 화산花山에서 화성으로 옮기기로 결정했다. 정조는 먼저 화산에 거주하던 주민들을 이주시켜 신도시 화성을 건설했다. 화성을 아버지에 대한 추숭의 단계를 넘어 군사도시, 자급자족 도시, 농업과 상업의 중심 도시로 만들고자 했다.

새로운 도시로 선정된 지역은 원래부터 명당으로 알려진 곳이었다. 화산 아래 기존의 수원 읍치(군아가 있던 곳)를 팔달산 아래 현재의 수원 자리로 옮겼다. 사도세자의 무덤은 원래 양주 배봉산 일대(현재의 서울시립대학교)에 있었는데 그 이름을 수은묘垂恩墓라 하다가, 정조 즉위 후에는 사도세자를 추숭하여 묘 대신에 원園의 칭호를 써서 영우원永祐園이라 했다. 다시 영우원을 수원으로 옮긴 후 정조는 새 무덤의 이름을 현릉원이라 했다.

1789년(정조 13) 10월 16일 현릉원의 공사가 완공되고 안원전安園奠이 거행되었다. 《정조실록》에는 정조가 "나는 원園을 옮기는 한 가지 일에 대해 오랫동안 경영하고 조처한 것이 있는데, 반드시 비용을 덜 들이고 백성들을 고달프게 하지 않으려고 했다" 라고 하면서 무엇보다 부친의 무덤을 옮기는 일에 백성들의 피해가 없도록 애를 쓴 점이 나타난다.

정조는 최대한의 성의를 다해 현륭원을 조성했다. 현재의 융릉隆陵(현륭원은 고종 때 융릉으로 추숭됨)이 전형적인 왕릉의 모습을 띠고 있는 것에서 이를 확인할 수 있다. 특히 이곳에 배치된 석물들은 진경 문화가 번성했던 시기의 걸작 조각품으로 평가받고 있다. 내탕고에서 1,000냥을 내어 현륭원 주변에 나무를 심게 한 기록도 보인다. 1790년에는 현륭원 동쪽 인근에 사도세자의 명복을 빌기 위한 왕실의 원찰인 용주사를 창건했다. 승하 직전 정조는 자신의 무덤을 아버지 무덤 곁에 조성하도록 할 것을 지시하기도 했다.

사도세자의 추숭과 관련해 1793년 6월 정조가 그와 좌의정 채제공(1720~1799)만이 알고 있던 비밀 서류인 '금등金縢'을 공개한 것이 눈길을 끈다. 원래 '금등'의 금은 '쇠'라는 뜻이며, 등은 '끈' 또는 '봉한다'는 뜻이다. 중국 무왕이 병이 들어 위독해지자 그의 아우 주공周公이 무왕 대신 자기를 죽게 해달라고 신에게 비는 글을 지었는데, 이것을 궤짝에 넣고 쇠줄로 봉해 놓았다는 고사에서 유래했다. 결국 금등은 '진심이 담겨있는 비밀 서류'를 뜻하는 용어로, 이때에는 영조가 사도세자의 처벌을 후회한다는 내용을 작성해 비장해둔 서류를 의미했다. 공개되어서는 안 될 서류를 정조가 공개한 것은 영조와 사도세자 두 사람 모두에게 허물이 없음을 알리기 위함이었다. 이처럼 금등의 공개는 사도세자의 복권 사업과 깊은 관련이 있다.

화성의 건설 과정

1794년, 정조는 수도권의 남쪽 요충지인 수원에 화성을 건설하기 시작했다. 정조는 사도세자가 비극적인 죽음을 당한 까닭에 무덤도 제대로 조성되지 않고 그 터가 좋지 않은 것을 늘 불편해했다. 그리고 재위 15년이 지난 시점에서 마침내 천하의 명당이라는 화산 아래로 무덤을 옮기는 천장遷葬 작업을 본격적으로 지휘하게 되었다.

1793년(정조 17)에 정조는 수원이란 이름을 화성으로 고치고, 이곳에 유수부를 설치하여 승격했다. 유수부란 지방 도시에 중앙의 고관을 파견해서 다스리게 한 것으로 오늘날의 직할시 개념에 해당한다. 조선시대에는 화성 이외에 개성, 강화, 광주에 유수부가 설치되었다. 서울을 중심부에 두고 이들 4개 도시로 둘러싸인 지역이 바로 조선 후기 수도권의 중심 지역이다. 이 날의 기록에는 정조가 사도세자를 위해 수원을 조성하였음이 분명히 나타나 있다.

> "수원부는 현륭원 자리를 마련한 뒤로부터 관방關防이 더욱 중요해졌다. 아름다운 이 자연의 요해처에 달마다 꺼내볼 사도세자의 의관衣冠들을 길이 봉안하리라. 미리 행궁을 세워 먼저 우

러르고 의지하는 생각을 붙였고, 영정을 그려 걸어서 모든 정성을 대신하니, 어린애처럼 어버이 사모하는 마음이 가슴에 북받쳐와 절제할 줄을 모르겠다. 매년 300일 동안을 하루도 빠짐없이 손꼽아 기다리고 바라던 것이 오로지 예를 행하는 하루 동안에 있었기에, 이미 배알을 마치고 환궁하는 길에 수원부의 경계가 다하는 고갯마루에 거가를 멈추고 우러러 바라보며 머뭇거리노라면 나도 모르게 발걸음이 더디어지곤 했다."[1]

위의 기록에서 정조가 부친을 그리워해 발걸음을 멈추던 고개는 '지지대遲遲臺' 고개로 명명되었고, 지금도 정조의 효심을 나타내는 공간으로 기억되고 있다.

1794년 화성 축성은 화성의 유수부 설치에 이어 나온 조처로, 집권 20년이 되어가는 정조의 안정된 왕권과 절정기에 이른 조선왕조의 역량을 총체적으로 과시하는 대공사였다. 화성 건설은 투입된 인원이 연 70여만 명, 공사비는 80만 냥에 이르는 거대한 공사였다. 원래 5년 정도로 공사 기간을 예상했지만 화성 건설은 기간이 대폭 단축된 공사로도 유명하다. 공사에 참여한 장인들에게는 품삯이 지불되었고 이것이 공사 기간을 단축시키는 데 큰 역할을 했다.

1 《정조실록》 1793년(정조 17) 1월 12일

화성의 공사 보고서, 《화성성역의궤》

1796년 《화성성역의궤》가 활자로 간행되었다. 《화성성역의궤》는 2년 4개월간 진행된 화성 건축의 시작과 끝을 완벽하게 정리한 공사 보고서다. 대부분의 의궤가 필사본으로 작성되는 것과는 달리 이 의궤는 활자본으로 제작되었다. 국가의 주요 사업에 대한 정조의 국정 홍보 의지를 읽을 수 있는 대목이다. 화성의 축조 공사는 1794년(정조 18) 1월에 시작해 1796년 9월까지 계속되었다. 공사가 끝난 1796년 9월부터 의궤가 편찬되기 시작했다. 국가의 주요 행사가 끝나면 의궤청을 설치하고 의궤를 편찬했던 기왕의 관례를 따랐다.

《화성성역의궤》는 80만 냥이란 거금을 투입한 대공사의 종합 보고서였으므로, 다른 의궤에 비해 분량이 많은 편이다. 또한 조선왕조의 문예 부흥기 중에서도 최전성기에 속하는 1790년대에 만들어진 책으로 내용이 상세하고 치밀하다. 《화성성역의궤》는 권수 1권, 본문 6권, 부록 3권을 합해 총 10권 10책으로 구성되어 있다. 권수에는 《화성성역의궤》의 체제를 설명한 범례, 화성을 건설하고 의궤를 편찬하며 인쇄하는 데 참여한 인원 명단, 그리고 도설 즉 그림이 들어 있다. 여기에는 화성의 전체 모습을 그린 〈화성전도〉, 정조가 수원 행차 때 머물렀던 행궁, 장안문, 팔달문, 창룡문, 화서문 등 화성의 4대문, 비밀 통로인 암문暗門, 횃불을 올려 신호를 주고받았던 봉돈烽墩 등 성벽에 설치된 모든 시설물들의 구체적인 내역과 그림이 들어있다. 또한 화성행궁, 사직

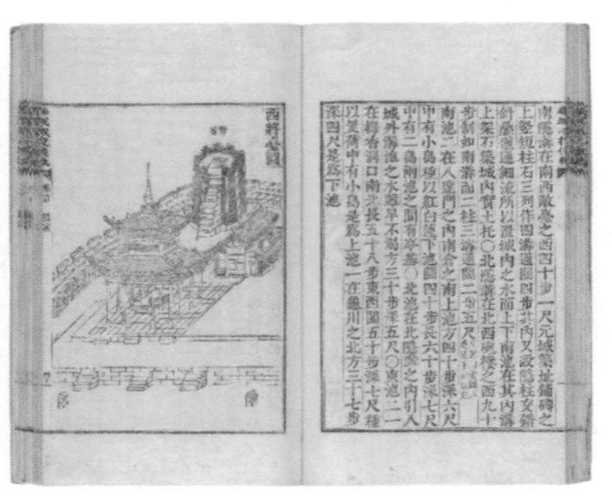

출처: 국립중앙박물관

《화성성역의궤》. 정조가 화성의 성곽을 축조한 뒤에 그 공사에 관한 일체의 내용을 기록하였다.

단, 문선왕묘文宣王廟(공자의 위패를 모신 사당), 영화역迎華驛 등 화성 주변 건물과 시설도 《화성성역의궤》의 권수에 함께 수록되어 있다. 1975년에 정부에서 화성 성곽의 복원 공사를 시작해 불과 3년 만에 원형에 가깝게 복원할 수 있었던 것도 이 그림들과 기록에 힘입은 바가 컸다.

화성의 공사에는 벽돌을 적극적으로 사용했다. 박지원, 박제가는 청나라의 발달된 문물을 적극적으로 수용하자는 북학론을 주장한 학자인데, 이들이 청나라에서 도입하자는 문물 중에는 벽돌이 포함되어 있었다. 벽돌은 견고해서 오래 견딜 뿐만 아니라 규격이 일정해 작업하기가 수월하다는 것이 그 이유였다. 따라서 화성의 4대문을 비롯한 주요 건축물은 벽돌을 사용해서 짓고, 성벽의 몸체는 종래와 같이 화강암을 사용했다. 또 화성의 건설에는 과학적 원리를 이용한 새로운 기계를 도입했다. 정약용이 《기

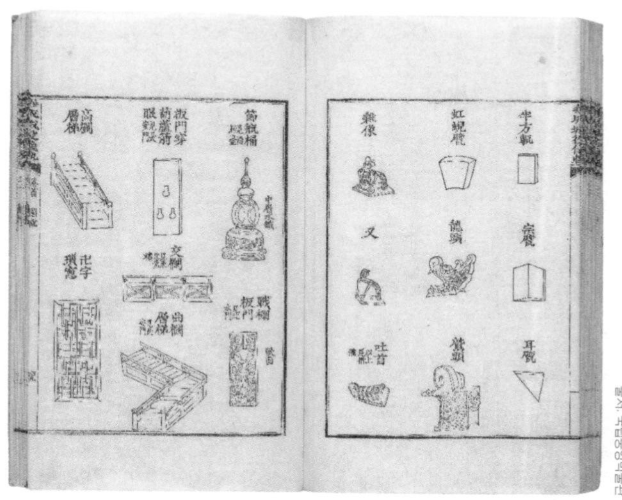

출처: 국립중앙박물관

《화성성역의궤》의 일부. 본문에는 행사와 관련된 국왕의 명령과 대화 내용, 성을 쌓는 데 참여한 관리와 장인들에게 준 상품, 각종 의식의 절차, 공사 기간 중 관련 기관 사이에 오간 공문서, 장인들의 명단, 소요 물품의 수량과 사용 내역, 가격 등이 수록되어 있다.

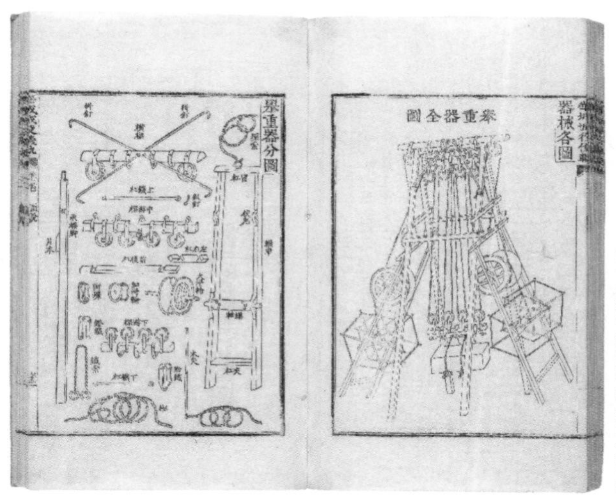

출처: 국립중앙박물관, 한국민족문화대백과사전

《화성성역의궤》에 실려 있는 거중기 모습. 역학적인 원리를 이용하여 무거운 물체를 들어올리는 데 사용하였다.

기도설》을 활용해 제작한 거중기는 도르래의 원리를 이용해 성곽 공사에 필요한 무거운 돌을 효율적으로 운반했다. 고정 도르래를 이용한 녹로轆轤와 유형차라는 수레도 긴요하게 활용되었다. 이처럼 화성 건설은 18세기 후반 이후 새롭게 들어온 과학을 수용하는 시험장이 되었다.

본문에는 석수, 목수, 니장泥匠(흙을 바르는 기술자), 와옹장瓦甕匠(기와나 벽돌을 만드는 기술자), 화공畵工 등 공사에 참여한 1,800여 명의 기술자 명단이 직종별로 정리되어 있다. 명단에는 최무응술, 안돌이, 유돌쇠, 강아지 등과 같이 일반 평민들의 실명이 많이 보인다. 조선시대에도 큰 놈, 돌쇠, 강아지처럼 친근한 우리식 이름이 사용되었다는 점이 흥미롭다. 그들의 이름 밑에는 근무한 일수를 하루의 반까지 계산해 임금을 지급한 내역이 나타난다. 국가의 공식 기록에 평민들의 이름까지 기록한 것은 백성이 책임감과 사명감을 가지고 일을 하게끔 유도한 것이다. 정조의 화성 건설은 역군에게 최대한의 동기를 부여하고 그 성과를 함께 이룬 사례로 주목받고 있다.

정조의 화성 건설에는 무엇보다 비명에 죽은 사도세자의 명예 회복을 바라는 마음이 간절히 담겨있다. 정조는 아버지의 무덤을 자신이 계획도시로 건설하고 싶었던 수원에 조성해 왕권을 강화하고자 했다. 또한 화성을 새로운 공법이 적용되는 도시, 군사와 농업 · 상업의 발전을 담고 있는 도시로 성장시키고자 했다. 정조의 이러한 바람과 노력은 화성 축성으로 구체화되었다.

현재의 수원은 정조를 기억하지 않고는 성립할 수 없는 역사와 문화의 도시가 되었다. 2016년은 정조의 화성 축성 220주년이 되는 해로서, 수원시는 2016년을 '수원 화성 방문의 해'로 삼고 대대적인 행사를 열었다. 수원 화성에 남아있는 정조의 흔적은 과거와 현재의 역사를 이어주는 가교이다.

1795년 정조, 화성 행차를 단행하다

재위 20년이 되던 시점인 1795년(정조 19) 윤2월 9일 새벽, 정조는 창덕궁을 출발해 화성으로 향했다. 정조의 화성 방문은 이때가 처음이 아니었다. 정조는 1789년에 자신의 생부 사도세자의 묘소를 수원부水原府가 있던 화산 아래에 모시고 현륭원이라 명명한 이후 매년 이곳을 방문한 바 있었다. 그러나 1795년은 정조에게 있어 특별한 의미가 있는 해였다. 어머니 혜경궁 홍씨가 회갑을 맞는 해였던 것이다. 사도세자와 혜경궁 홍씨는 동갑이었으니 사도세자가 살아있었더라면 함께 회갑 잔치를 올렸을 것이다.

화성 행차의 배경

1795년 정조가 화성에 행차한 가장 큰 목적은 어머니의 회갑연이다. 하지만 공사를 시작한 지 1년이 지나, 축성 상황을 점검하고 공사 참여자들을 독려하는 성격도 있었다. 왕위에 오른 지

20년이 다 되어 가는 시점에서, 정조는 화성에 행차하며 왕권을 대내외에 과시하고 군사력도 점검했다. 당시의 행렬과 행사의 광경은《원행을묘정리의궤》로 남았다. 그리고 당시의 주요 행사 장면은 김홍도가 주관하여 그린 8폭의 〈수원능행도〉 병풍에 고스란히 담겨져서 220여 년 전의 상황을 생동감 있고 입체적으로 전달한다.

정조는 사도세자의 무덤을 수원으로 옮긴 후 자주 이곳을 방문하여 아버지에 대한 효심을 표현했다. 이것은 정조가 죄인의 아들이라는 굴레에서 벗어나는 길이기도 했다. 정조의 능행길은 현륭원 참배로 끝나지 않았다. 그는 화성을 오가는 길을 백성의 민원을 살피고 해결하는 기회로 활용했으며, 지방에 숨겨진 인재를 발탁해서 관리로 등용하기도 했다. 또한 경기도 일대를 직접 방문해 수도권의 방위 체제를 점검하고, 수시로 군사들을 동원해서 단체 훈련을 시켰다. 1795년의 화성 행차는 정조가 그동안 이룩했던 자신의 위업을 과시하고, 신료와 백성들의 충성을 결집시켜 자신이 추진하는 개혁에 더욱 박차를 가하기 위한 조선 후기 최대의 정치적 행사였다.

가마 제작과 배다리 프로젝트

1795년 윤2월 9일, 창덕궁을 출발한 정조는 7박 8일간의 공식 행차 일정에 들어갔다. 행차의 출발을 윤2월로 한 것은 농번기를 피해 백성들의 부담을 최대한 줄이고자 한 취지였다. 화성 행차는 1794년 12월부터 준비가 시작되었다. 제일 먼저 행사를 주관할 정리소整理所를 설치하고, 행사 경비로 10만 냥을 마련했는데 모두 정부의 환곡[1]을 이용한 이자 수입이었다. 또 환갑을 맞이한 혜경궁 홍씨가 장거리 여행을 할 수 있도록 특별하게 설계된 가마 2개가 제작되었다. 가교駕轎와 유옥교有玉轎가 그것이다. 가교는 장거리 행차임을 고려해서 가마의 양끝을 말의 안장에 연결하고 두 마리의 말이 앞뒤에서 끌고 가도록 하고 있다. 유옥교는 혜경궁이 사도세자의 무덤인 현륭원에 오를 때 말을 이용할 수 없으므로 앞뒤로 줄을 매어 여러 사람이 어깨에 메고 가도록 제작했다. 정조는 어머니를 위한 가마 제작에 세심하게 신경 썼으나 자신은 가마 대신에 말을 타고 행차에 나섰다.

정조는 또한 대규모 행차임을 감안해 1,800여 명의 행렬이 이동할 수 있는 시흥로(오늘날의 1번 국도)를 새로 건설하고, 한강을 안전하면서도 적은 비용으로 건널 수 있도록 고안한 주교(배다리)를 건설했다. 정조의 화성 행차에서 특히 주목할 것은 정약용으로 하여금 배다리를 설계하도록 한 것이었다. 정조는 현륭원을 완공한 해인 1789년, 배다리 건설을 전담하는 주교사라는 기구를 설치했다. 뒤이어 1790년에는 《주교지남》이라는 책자를 만들었다. 《주교지남》의 제일 앞부분에는 정조가 직접 책을 편찬한 이유

1 국가가 춘궁기에 대여했다가 추수 후에 이자를 붙여 회수하던 국가 비축의 곡물. 또는 그 제도. 삼정의 하나이다. 빈한한 농민을 구제하고 농업의 재생산을 보장하기 위한 방편으로 마련된 제도이지만, 한편으로는 국가의 비축곡을 개색(물에 잠긴 쌀을 그 지방에서 대신 채워 넣던 일)하고 재정을 보충하는 목적을 겸했다.

를 밝히면서 배다리를 놓는 데 필요한 물품과 그 조달 방법 등에 관해서 적고 있다.

배다리가 놓인 지역은 현재의 한강대교가 지나가는 곳, 즉 용산에서 노량진을 잇는 곳이었다. 강의 폭이 좁고 물살이 빠르지 않은 곳을 선택한 것이다. 《주교사절목》에는 "물의 흐름이 완만한 곳으로는 노량露梁이 제일이다. 또 연輦의 거둥길도 평탄하고 곧아 우회됨이 없으므로, 물길은 노량 나루로 정한다"고 기록하고 있다. 배다리 건설에 필요한 배는 크기를 고려해, 강의 가운데에는 큰 배를 사용하고 점차 작은 배를 사용해 아치형으로 배다리를 쌓았다. 소요되는 배의 숫자는 대략 80~90척으로 보았다. 정조는 경영자적인 면모를 발휘했다. 경강선京江船의 주인들을 불러 모아 그들에게 이권을 주기로 약속하고 배를 동원했다.

배다리의 양편에는 난간선 240척을 잇대어 돌과 벽돌을 쌓고 배를 잇는 횡판의 규격을 정했다. 횡판에 쓰는 나무는 장산곶과 안면도에서 조달하도록 했다. 배 위에 깔 사초莎草는 징발되는 배의 주인이 각자 싣고 와서 자신의 배에 깔도록 했다. 또한 바닷물이 드나드는 한강 일대의 지리적 조건을 감안해 창교槍橋를 만들었고, 조수의 간만에도 안정성을 확보할 수 있었다. 배의 중간에는 홍살문을 설치하여 이곳이 신성한 지역임을 표시하기도 했다.

이처럼 정조의 배다리 설계는 매우 치밀하고 과학적이었으며, 비용을 적게 들이면서도 다리의 안정성과 아름다움을 추구했다. 배를 동원할 때 선주들에게 반대급부를 주어 자발적인 참여를 유도한 점도 돋보인다. 정조는 체계적인 배다리 제도를 완성하여 경제적인 부담도 줄이고, 화성을 자주 행차하여 백성들의 생생한 현장 목소리를 들었다. 정조의 효심과 과학 정신이 만들어낸 배다리는 또 다른 걸작으로 평가받고 있다.

정조의 화성 행차 그 8일간의 축제

정조의 화성 행차는 1795년 윤2월 9일에 시작되었다. 당시 지위와 임무에 따라 행렬한 모습을 담은 〈반차도〉가 《원행을묘정리의궤》에 기록되어 있다. 〈반차도〉에 그려진 인원은 1,779명이지만, 현지에 미리 가 있거나 도로변에 대기하면서 근무한 자를 포함하면 6,000여 명에 이르는 엄청난 인원이 화성 행차에 동원되었다. 새벽에 창덕궁을 출발한 일행은 노량진을 통해 배다리를 건너 노량행궁(용양봉저정)에서 점심을 먹었다. 저녁에는 시흥행궁에 도착해서 하룻밤을 묵었다. 《원행을묘정리의궤》에는 휴식 시간에 간식을 먹거나 정식 식사를 할 때에 음식의 그릇 수, 들어간 재료와 음식의 높이, 밥상을 장식한 꽃의 숫자까지 표시되어 있다.

둘째 날에는 시흥을 출발해 청천평(맑은내들)에서 휴식을 했고, 사근참 행궁에서 점심을 먹었다. 점심 무렵에 비가 내리기 시작했는데 정조는 길을 재촉했고, 이날 저녁 화성의 행궁에 도착했다. 행렬이 화성의 장안문을 들어갈 때에 정조는 갑옷으로 갈

아입고 군문軍門에 들어가는 절차를 취했다.

셋째 날에는 아침에 화성에 있는 향교의 대성전에 가서 참배를 했다. 오전에는 낙남헌으로 돌아와 수원과 인근의 거주자를 대상으로 한 문과와 무과 별시를 실시해 문과 5인, 무과 56인을 선발했다. 오후에는 봉수당에서 회갑 잔치를 예행 연습했다.

넷째 날에는 아침에 현륭원에서 참배를 했다. 혜경궁 홍씨는 남편의 사망 이후 현륭원을 처음 방문했다. 혜경궁 홍씨가 차마 슬픔을 억누르지 못하고 대성통곡을 했다는 기록이 전해진다. 오후에 행궁으로 돌아온 정조는 화성의 서장대에 올라 주간 및 야간 군사훈련을 직접 주관했다. 정조는 화성에 주둔시킨 5,000명의 친위부대를 동원하여 훈련을 진행했다. 이는 정조를 반대하는 정치 세력에게 보내는 엄청난 시위示威이기도 했다.

다섯째 날에는 행차의 하이라이트인 어머니 혜경궁 홍씨의 회갑연이 봉수당에서 거행되었다. 연회 장소의 좌석 배치와 가구들, 의식의 진행 절차, 잔치에 참가한 여자 손님 13명과 남자 손님 69명의 명단이 의궤에 기록되어 있다. 또 잔치에 사용되는 춤과 음악, 손님에게 제공되는 상의 숫자와 음식도 기록되었다. 혜경궁 홍씨에게 올렸던 70종의 음식과 재료는 궁중음식 연구에 유용한 자료로 활용이 되고 있다. 당시 공연되었던 선유락船遊樂에 참여했던 차애, 홍애 등 기생들의 실명도 찾아볼 수 있다.

여섯째 날에는 화성의 곤궁한 주민들에게 쌀을 나눠주고, 오전에 낙남헌에서 양로연을 베풀었다. 서울에서 정조와 같이 온

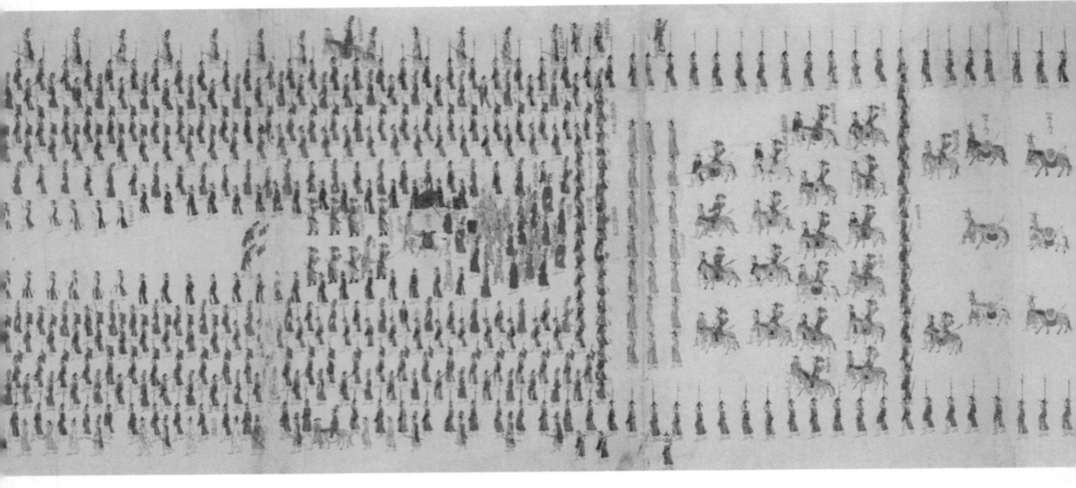

《원행을묘정리의궤》의 〈화성원행반차도〉 중 일부

출처: 국립중앙박물관

관료 15명과 화성의 노인 384명이 참가했는데 정조와 노인들의 밥상에 오른 음식이 모두 같았으니, 왕의 밥상을 노인들도 함께 받은 셈이다. 양로연을 끝으로 화성행차의 공식 행사는 끝났다. 이후 정조는 휴식에 들어갔는데, 한낮에는 화성의 축성 상황을 확인하기 위해 방화수류정을 시찰하고, 오후에는 득중정에서 활쏘기 시범을 보였다.

다음 날은 서울로 출발하는 일정이었다. 정조는 오던 길을 돌아서 시흥에 도착해서 하룻밤을 잤고, 마지막 날에는 노량을 거쳐 서울로 돌아왔다. 돌아오는 마지막에 아버지의 묘소가 보이는 고갯길에서 정조는 계속 걸음을 멈추며 부친과의 이별을 아쉬워했다. 이후 이 고개는 지지대遲遲臺(걸음이 더뎌지고 머뭇거리게 된다는 뜻) 고개라 불리면서 정조의 효심을 지금까지 기억하게 한다.

화성 행차에 담긴 뜻은?

정조의 화성 행차에는 여러 뜻이 담겨져 있다. 먼저 어머니와 아버지의 회갑이라는 의미가 있는 해를 맞이하여, 화성의 행궁에서 어머니의 회갑연을 성대히 열며 지극한 효성을 표현했다. 또 어머니를 모시고 아버지 사도세자의 무덤이 있는 화성의 현륭원을 참배했다. 1762년 남편인 사도세자의 비극적인 죽음 이후 이제껏 응어리진 삶을 살아온 어머니를 위한 대대적인 국가 행사를 준비한 것이다. 그러나 이 행차는 어머니와 아버지에 대한 효심의 표현에 그친 것이 아니었다.

정조는 이 행차를 통해 왕권을 대내외에 과시하고 자신의 친위 군대를 중심으로 군사훈련을 실시하고자 했다. 그리고 행차와 연계해 과거시험을 실시해서 인재를 뽑고 가난한 백성들에게 쌀을 나누어주었다. 또 직접 활쏘기 시범을 보이는가 하면 어머니와 같은 노인들을 위해서는 성대한 양로연 잔치를 베풀어주었다. 행차 도중에는 격쟁과 상언을 통해 백성들의 생생한 현장 목소리를 들으며 이것을 적극적으로 수용했다. 화성 행차를 민심을 수용하는 장으로 활용한 것이다. 특히 〈수원능행도〉의 그림을 자세히 살펴보면 왕의 행차 주위에 백성들이 몰려있는 모습을 볼 수 있으며, 행렬 곳곳에 떡장수와 엿장수가 등장하고 있어서 화성 행차가 왕과 백성이 함께하는 큰 축제였음을 확인할 수가 있다.

정조는 세손 시절 항시 불안감을 느끼며 갑옷 차림으로 잠자리에 들었을 정도로, 사도세자의 죽음에 깊이 관여한 노론 벽파

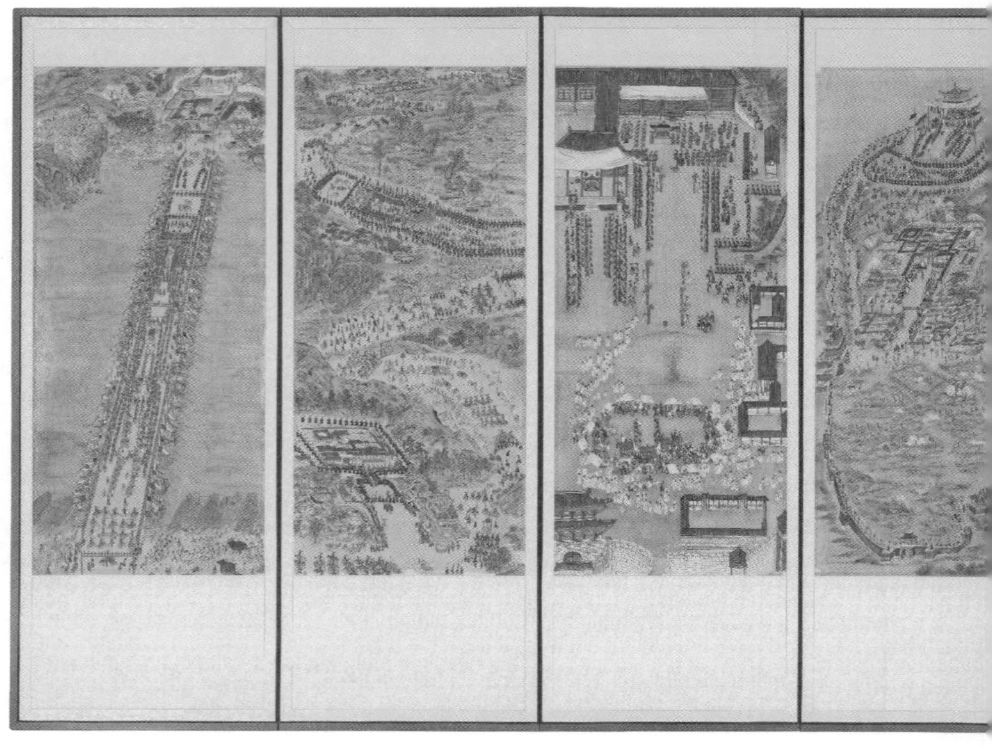

들에게 심한 압박을 받았다. 정조가 자신과 학문, 정치를 함께 할 인재를 양성하기 위해 규장각을 건립한 것이나 친위 부대인 장용영을 세운 것도 강력한 왕권을 갖추기 위함이었다. 그리고 정조는 마침내 화성 건설과 행차를 통해 자신의 정치적 의지를 실천했다. 정조는 1795년의 화성 행차를 통해 오래도록 짓눌러오던 '죄인의 아들'이라는 굴레를 던지고 개혁정치 군주의 위상을 한껏 과시하였다. 그리고 바로 그 속에는 신도시 화성을 정치, 군

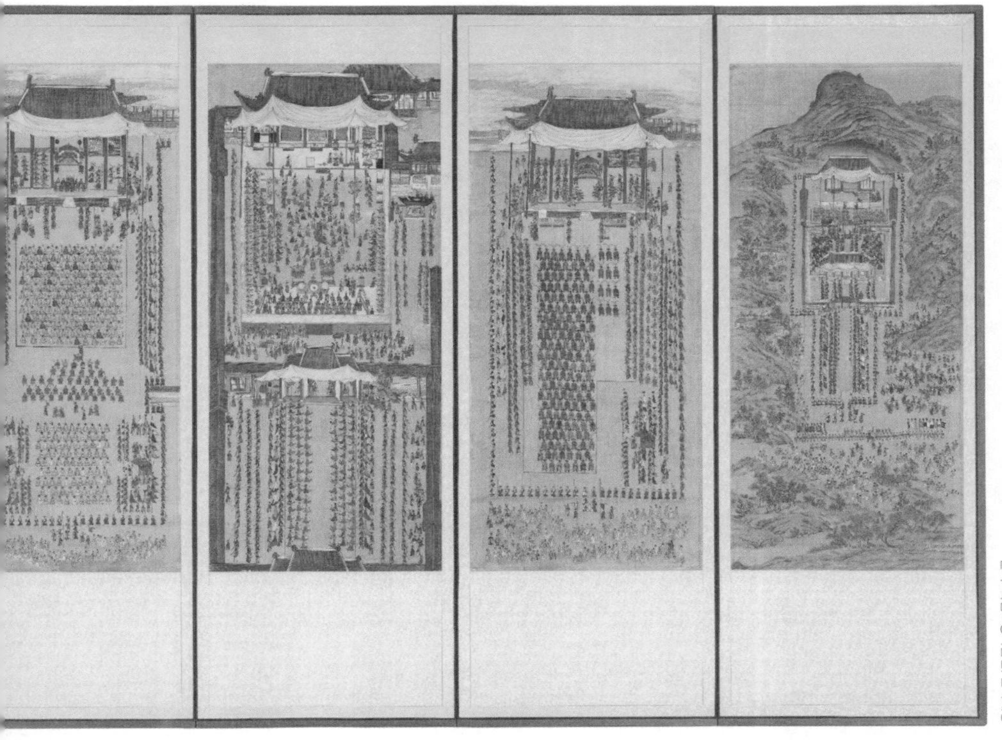

출처: 국립고궁박물관, 문화재청

〈화성능행도〉 병풍. 1795년(정조 19) 정조가 어머니 혜경궁 홍씨의 회갑을 기념하여 사도세자의 묘소 현륭원이 있는 경기도 화성에 참배한 후 개최한 행사 장면을 그린 8폭 병풍이다.

사, 경제의 중심 도시로 키워나가려는 정조의 꿈과 야망이 담겨 있었다.

2016년 10월 8일과 9일에는 서울시와 수원시가 협력해서 221년 전 정조의 화성 행차를 그대로 재현하는 큰 행사를 개최했다. 이 행사는 정조의 효심과 왕권의 장엄함을 재현하여, 과거의 뛰어난 전통 유산이 오늘날에도 큰 힘을 발휘할 수 있음을 확실히 보여주었다.

1791년의 신해통공, 경제 민주화의 초석을 다지다

정조는 정치 분야에서 뛰어난 역량을 발휘했지만, 경제 분야에서도 탁월한 업적을 남겼다. 그중에서 대표적인 것이 1791년에 단행한 신해통공辛亥通共이다. 1791년이 신해년이기 때문에 '신해', 함께 할 것을 통했다고 해서 '통공'이라고 이름이 붙었다. 신해통공의 핵심은 소상인이 상업권을 확보하게 했다는 점이다. 영세 상인들이 상업을 할 수 있는 권리를 국가가 보장함으로써, 조선 후기 상업의 융성에 비약적인 발전이 있었다. 정조 시대에 신해통공을 시행하게 된 배경과 과정, 그리고 그 역사적 의미를 살펴본다.

신해통공 단행의 배경

조선 전기에는 기본적으로 성리학의 영향과 농본억말農本抑末

정책으로 말미암아 상업이 말업[1]으로 인식되었고 크게 발전하지 못했다. 국가에서 관리하는 시전市廛이 상업과 유통의 중심을 이루었는데, 태종 때는 한양의 중심지인 종로와 남대문에 이르는 광통교 길가에 2,600여 칸에 이르는 시전을 조성하고 상인들에게 대여했다. 시전에 한 가지 물종만을 전문적으로 팔게 하는 독점 판매권을 부여하는 대신 국가에 세금을 납부하게 했다. 또한 왕실과 관청에 필요한 물품을 공급할 의무를 지니게 했다.

그런데 조선 후기에 이르면서 상업 분야에 큰 변화가 일어났다. 17세기 이래 농업 생산력이 증대되고 수공업 생산이 활발해지면서 상품의 유통이 활성화되었다. 세금을 쌀과 포로 납부하게 한 대동법의 실시와 상평통보의 전국적 유통으로 상품 화폐 경제의 발달이 촉진되었다. 또한 농촌에서 도시로 인구가 유입되어 상업 활동의 기폭제가 되었다. 대동법을 시행하면서 탄생한 공인貢人은 관청에서 공가貢價를 미리 받아 필요한 물품을 구입해서 납품했는데, 공인은 관청별 또는 품목별로 공동 출자를 해서 상권을 독점했다. 공인은 한양의 시전뿐만 아니라 지방의 장시를 중심으로 활동하면서 특정 물품을 대량으로 구입했다. 공인은 이를 활용해 독점적 도매상인인 도고都賈로 성장했고, 조선 후기 상업의 발달에 큰 몫을 담당했다.

조선 후기는 사상私商의 성장이 특히 두드러졌다. 이들은 한

1　상업을 가리키는 말로, 사·농·공·상 가운데 맨 끝의 업을 이른다.

양을 포함해 전국 각지에서 활발한 활동을 폈다. 사상은 인구가 밀집한 한양의 3대 시장인 종로, 동대문 부근의 이현梨峴, 남대문 밖의 칠패七牌를 거점으로 삼으려 했다. 하지만 이곳은 이전부터 조정의 비호를 받는 시전 상인들에 의해 금난전권禁亂廛權이 형성되고 있었다.

금난전권이란 육의전을 포함한 주요 시전들이 관청 물품을 공급하거나 중국에 보내는 공물을 부담하는 등의 국역을 지는 대신에, 도성 안과 성 밖 10리 안에서 자신들이 취급하는 상품을 독점적으로 판매할 수 있는 특권을 부여받은 것이다. 금난전권은 새로운 상업 세력으로 성장한 사상들을 가로막는 장벽이었다. 18세기 후반에는 금난전권을 획득하기 위해 거의 대부분의 상인들이 권세가나 각 관청과 결탁해 시전 체계에 들어갔다. 그 결과 시전의 수는 크게 증가해서 1630년대에 30여 개에 불과했던 시전이 18세기 말 총 120개로 늘어났다.

경제에도 해박했던 정조는 이러한 문제점을 미리부터 인식하고 있었다. 1781년(정조 5)에는 "도성 백성의 휴척休戚은 오로지 공시인貢市人에게 달려 있다는 것을 하교한 바가 있었다. 대개 이 시민들의 폐막은 난전亂廛이요, 중도회中都會요, 도고라고 한다"라고 해서 도거리 장사의 문제점을 지적하기도 했다.

도거리 장사를 일삼는 시전 중에서 가장 중심을 이룬 점포는 '육의전六矣廛'이었다. 비단 · 무명 · 명주 · 종이 · 모시 · 어물 등 6개의 물종을 다룬다 하여 육의전으로 불렸다. 그 밖에도 쌀을 판매하는 미곡전, 철물을 판매하는 철물전, 모자를 판매하는 모자전, 잡다한 물건을 파는 잡물전 등 다양한 물품을 판매하는 시전이 있었다. 시전은 금난전권이라는 든든한 보호막 속에서 조선 후기까지 시장을 독점했다. 그러나 금난전권의 강화는 도시의 경제 질서를 경화시키는 한편, 물가 상승을 초래해 영세 상인 및 도시 빈민층의 생계에 위협이 되었다. 정조가 특단의 조치를 취해야 할 시기가 다가오고 있었다.

채제공에게 힘을 실어주다

정조는 조선 후기 상업의 성장과 시장의 발달이라는 사회의 변화를 예의주시하고 있었다. 마침내 정조는 1791년 1월 신해통공을 단행해 육의전을 제외한 시전의 금난전권을 혁파했다. 시전 상인들은 집권 정치 세력인 노론 계열의 특권 가문과 연결되어 있어서 그 고리를 차단하는 것이 쉽지 않았다. 하지만 정조는 영세 상인의 보호를 위해 특단의 조처를 단행했다. 신해통공으로 시전 상인의 오랜 특권인 금난전권이 폐지됨으로써 소상인들의 입지가 커질 수 있었다. 그러나 육의전의 금난전권을 지속시킨 것은 국역을 시전 상인들에게 계속 부여할 수밖에 없는 국가의 재정 상황 때문이었다.

정조의 명을 받들어 신해통공을 추진한 중심인물은 채제공이다. 정조는 채제공의 건의를 반영해 입법한 내용을 한문과 한글로 써서 큰 길거리와 네 성문에 내걸었다. 항간의 백성들로 하여금 법을 몰라 죄를 짓는 근심을 면하도록 하는 한편 조정의 의지가 확고함을 보인 것이다. 채제공은 정조가 세손으로 있을 때부터 측근에서 보필해온 남인계 인물로, 노론 중심의 정국에서 소외되던 남인들에게는 큰 희망이었다. 정조는 개혁파 대신 채제공을 중용했고, 채제공은 좌의정으로 있으면서 노론 권력가와 시전 상인을 연결한 정경유착의 고리를 끊어나갔다.

《정조실록》의 1791년 1월 25일에는 채제공의 말을 인용해 신해통공이 추진된 배경을 자세히 기록하고 있다.

> "도성에 사는 백성의 고통으로 말한다면 도고가 가장 심합니다. 우리나라의 난전을 금하는 법은 오로지 육전이 위로 국역을 응하게 하고 그들로 하여금 이익을 독차지하게 하자는 것입니다. 그런데 요즈음 빈둥거리며 노는 무뢰배들이 삼삼오오 떼를 지어 스스로 가게 이름을 붙여놓고 사람들의 일용품에 관계되는 것들을 제각기 멋대로 전부 주관을 합니다. 크게는 말이나 배에 실은 물건부터 작게는 머리에 이고 손에 든 물건까지 길목에서 사람을 기다렸다가 싼값으로 억지로 사는데, 만약 물건 주인이 듣지를 않으면 곧 난전이라 부르면서 결박해서 형조와 한성부에 잡아넣습니다. 이 때문에 물건을 가진 사람들이 간혹 본전도 되지 않는 값에 어쩔 수 없이 눈물을 흘리며 팔아버리게 됩니다."

위의 기록에는 시전 상인들이 무뢰배와 결탁해 영세 상인들을 괴롭히는 상황이 묘사되어 있다.

시전 상인의 상권 독점은 물가가 오르는 한편 생필품마저 구하기 힘든 상황을 초래했다. "이 때문에 그 값이 나날이 올라 물건 값이 비싸기가 신이 젊었을 때에 비해 3배 또는 5배나 됩니다. 근래에 이르러서는 심지어 채소나 옹기까지도 가게 이름이 있어서 사사로이 서로 물건을 사고팔 수가 없으므로 백성들이 음식을 만들 때 소금이 없거나 곤궁한 선비가 조상의 제사를 지내지 못하는 일까지 자주 있습니다"라는 기록은 이러한 상황을 잘 보여주고 있다.

채제공은 시전 상인이 이익을 독점하고 백성이 곤궁해지는 현실의 문제점을 간파했다. 특히 육전이 '국역에 응하면서 이익을 독점한다'고 파악한 것은 마치 오늘날의 정경유착을 떠올리게 한다. '사람들의 일용품에 관계되는 것들을 제각기 멋대로 전부 주관을 한다'는 지적에서는 최근 대기업의 문어발식 상품 판매 확장이 연상되기도 한다. 채제공은 독점 상업 때문에 백성들이 소금을 구하지 못하는 일까지 발생하면서, 시전 상인의 금난전권을 반드시 개혁해야 할 과제로 인식하고 폐지했다. 채제공이 이처럼 강력한 개혁 정책을 추진할 수 있었던 것은 정조라는 든든한 지원자가 있었기 때문이다.

채제공은 "육전 이외에 난전이라 하며 잡혀오는 자들에게는 벌을 베풀지 말도록 할 뿐만이 아니라 반좌법(거짓으로 죄를 씌운 자에게 그 씌운 죄에 해당하는 벌을 줌)을 적용하게 하시면, 장사하는 사람들은 서로 매매하는 이익이 있을 것이고 백성들도 곤궁한 걱정이 없을 것입니다. 그 원망은 신이 스스로 감당하겠습니다"라고 하면서 금난전권의 폐지는 도성 백성들의 고통을 제거하고 장사하는 사람들의 매매 이익을 실현하는 길임을 특히 강조했다. 오늘날의 상업 자유화, 나아가 경제 민주화와도 비견할 수 있는 조처였다.

경제 민주화의 선구적 형태

1791년 2월 단행된 신해통공의 후속 조치들이 이어졌다. 시전이 호조에 물품을 공무(육의전에 없는 상품을 공물로 바치게 하던 일)하게 한 규례를 폐지했으며, 평시서(시전과 물가 등을 관장한 관청)를 혁파하고 그 기능을 호조와 한성부에 각각 분담시켰다. 또 1794년 정조는 갑인통공甲寅通共을 실시했다. 내어물전이 육의전에서 제외되면서, 훗날 한강을 무대로 하는 경강상인들이 어물 유통의 주도권을 장악하게 된다.

신해통공은 영조 이후 50년간 집권했던 노론의 기득권을 억제하기 위한 정책이기도 했다. 정조는 재위 기간 내내 노론 세력의 축소에 골몰했다. 규장각을 개혁정치의 중심 기관으로 삼은 것이나, 남인 출신인 채제공과 정약용을 측근에 배치한 것은 이러한 의지의 반영이었다. 채제공이 정승에 임명되었을 때, 노론들은 큰 위기의식에 사로잡혔다. 노론들은 신해통공 직전에 시전상인들을 이용해 의도적으로 도거리 장사를 조장해서 채제공의 구상을 흔들어놓으려 했다. 그러나 정조의 강력한 지원은 채제공

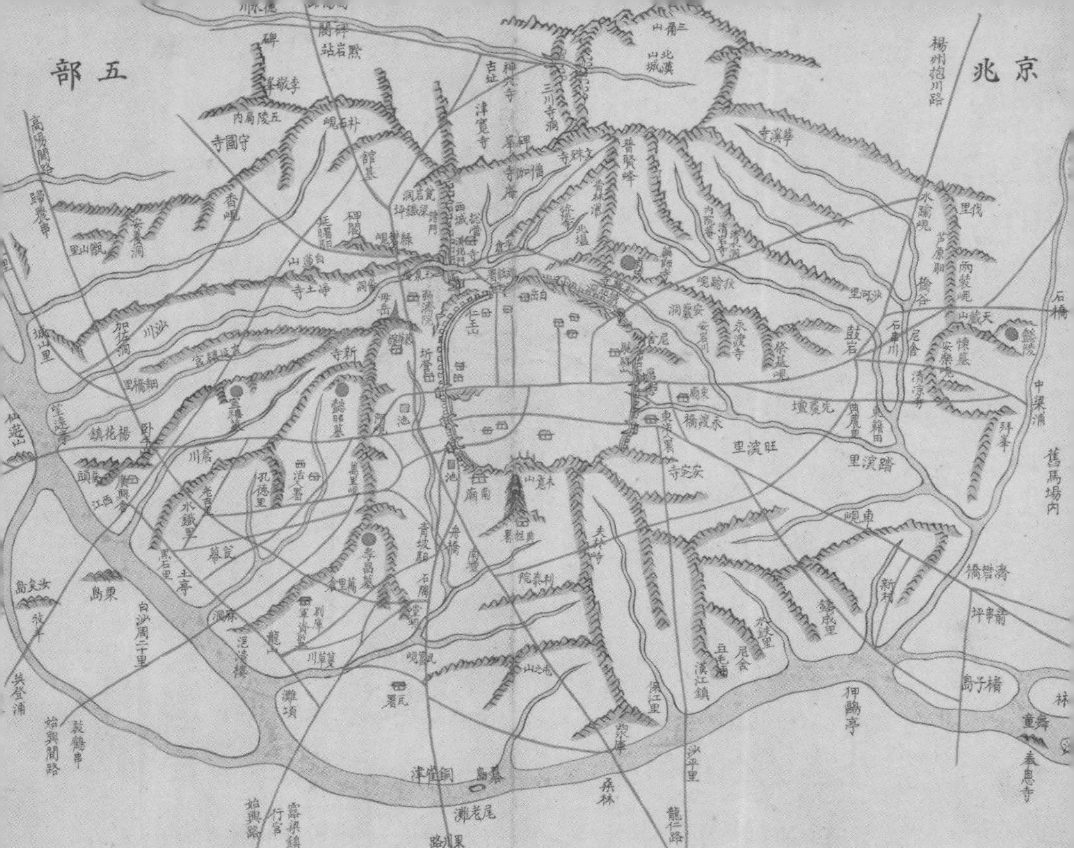

〈동여도〉. 조선시대 김정호가 그린 것으로, 한강을 중심으로 상업이 발달했던 한양의 분위기가 나타난다.

출처: 국립중앙박물관

에게 큰 힘이 되었다. 정조는 채제공의 건의를 수용하고 공개 석상에서 신하들에게 동의를 구하는 방식으로 신해통공을 추진했다. 때문에 노론들 역시 형식적으로는 신해통공에 동의할 수밖에 없었다. 정조가 노련한 정치력을 발휘하여, 신해통공의 시행은 획기적인 경제 정책치고 정치적 후유증이 크지 않았다.

신해통공의 시행은 상당한 효과를 거두었음이 실록에서 확인된다. “어물 등의 물가가 갑자기 전보다 싸졌으니 개혁에 실효가 있습니다"라는 보고나, "장작 값이 옛날의 수준으로 돌아갔다"라는 보고 등이 이어졌다. 신해통공은 시전에만 국한되지 않고 하역 · 운수업이나 얼음 판매업의 독점 혁파까지 이어졌다. 신해통공은 한강을 무대로 하는 각종 사업에서도 그 독점권을 폐지하고 민간업자들의 자유로운 참여를 허용했다.

신해통공과 이어진 후속 조처로 자유롭게 상업 활동을 하는 사상私商들이 성장하게 되었다. 사상들은 앉아서 판매하는 난전에만 종사한 것이 아니라, 전국의 지방 장시를 연결하면서 물자를 교역하기도 하고, 각지에 지점을 설치해서 판매를 확장하기도 했으며, 대외 무역에도 참여하는 등 다양한 상업 활동을 했다. 사상 중에서도 한강의 경강京江 상인을 비롯한 개성의 송상, 평양의 유상, 의주의 만상, 동래의 내상 등이 두각을 나타내면서 거상으로 성장했다. 사상의 성장과 함께 지방에는 장시場市들이 발달했다. 광주의 송파장, 은진恩津의 강경장, 덕원의 원산장, 창원의 마산포장 등이 유명했다.

1791년 금난전권이 폐지됨으로써, 조선 초기 이래 400년 가까이 기득권을 가지면서 막대한 혜택을 입었던 권세가와 시전 상인들은 큰 타격을 받았다. 반면에 조선 후기 상업 발달의 기운과 함께 새로이 성장하고 있던 다수의 소생산자나 영세 상인에게는 빛과 같은 조처였다. 특히 노론의 권세 가문이 시전을 장악해 정경유착을 꾀하는 고리를 차단했고, 소상인과 도시 빈민을 보호할 수 있었다. 오늘날의 관점에서 보면 정조는 정치 개혁뿐만 아니라 경제 민주화를 동시에 달성했다. 시대의 변화상을 파악하고, 확실한 경제 개혁 정책을 추진해 백성들의 일자리를 창출한 것이다. 정조의 이러한 리더십은 오늘날에도 시사하는 바가 크다.

●● 쉬어가는 페이지 ●●

조선 제18대 왕 **현종의 어필**

顯宗大王御筆

睆日催絃管春
風入綺羅杏花
如有意偏落舞
衫多

思歸樂

日管催絃管

저물녘에 음악을 재촉하니

春風入綺羅

봄바람이 비단장막에 들어오네

杏花如有意

살구 꽃잎 마치 정이 있는 듯

偏落舞衫多

춤추는 소매에 많이 지네

제7장

출처: 국립고궁박물관

시련, 나라가 기울고 백성이 신음하다

1800년,
개혁군주 정조의 승하

1800년 6월 초부터 앓기 시작한 악성 종기 때문에 정조는 몸조차 제대로 가누지 못했다. 내의원의 관리들이 온갖 처방을 써 보았지만 허사였다. 6월 28일 삼복더위 속에 거의 한 달간 투병하던 정조는 49세의 나이로 결국 창경궁 영춘헌에서 숨을 거두었다. 정조의 승하로 그가 추구했던 개혁정치는 미완성 상태에서 역사의 뒤안길로 사라졌다. 세도정치로 인해 개혁의 싹이 움트기도 전에 뿌리가 뽑혔다. 세도정치는 왕실의 외척이 권력을 독점하는 비정상적인 정치 형태이다. 이 암흑기의 도래를 알았다면 정조는 지하에서도 차마 눈을 감을 수 없었을 것이다.

'만천명월주인옹', 정조

정조는 1798년 '만천명월주인옹萬川明月主人翁'을 자처하면서 자신을 밝은 달과 같은 존재에 비유했다. 자신의 교화가 모든 신

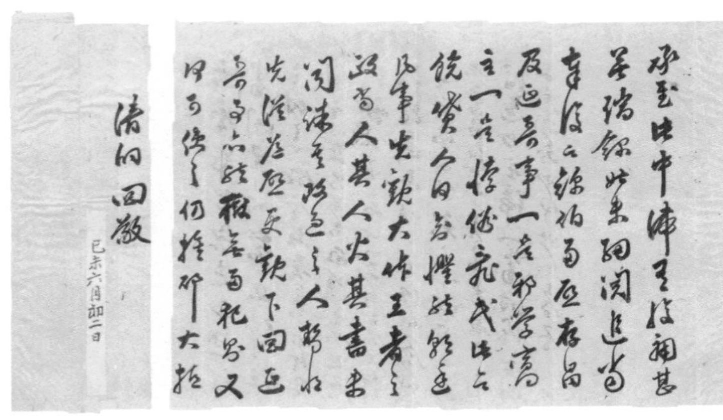

출처: 국립중앙박물관, 문화재청

《정조어찰첩》. 정조가 1796~1800년 사이에 좌의정 등 고위직을 역임한 심환지에게 보낸 6첩 어찰이다. 300통에 달하는 다양한 내용의 어찰이 장첩으로 되어있다. 이 어찰의 내용은 대부분 정사政事와 관련된 것들이어서 당시의 정치적 상황을 이해하는데 크게 기여하는 매우 귀중한 사료이다. 보물 제1923호.

하와 백성에게 미치게 하겠다는 의미를 지닌 것이었다. 정조는 '만천명월주인옹' 서문을 스스로 짓고, 이 글을 신하들로 하여금 각기 베껴 써오게 하여 궁중 곳곳에 내붙이도록 했다. 현재 창덕궁 후원의 존덕정에는 당시 내걸었던 현판이 아직도 걸려 있다. 정조는 자신이 쓰는 인장에까지 '만천명월주인옹'을 새길 만큼 애착이 컸다.

정조는 누구보다 왕성하게 활동한 왕이기도 했다. 정조는 재위 기간 동안 100책의 개인 문집 《홍재전서》를 비롯한 총 151종 3,960권에 달하는 책을 편찬했다. 2009년에 발견된 정조의 편지, 《정조어찰첩》을 보면 정조가 거의 매일 일 중독에 가까울 정도로 격무에 매달렸음을 알 수 있다. 1798년 10월 7일의 한 편지에는

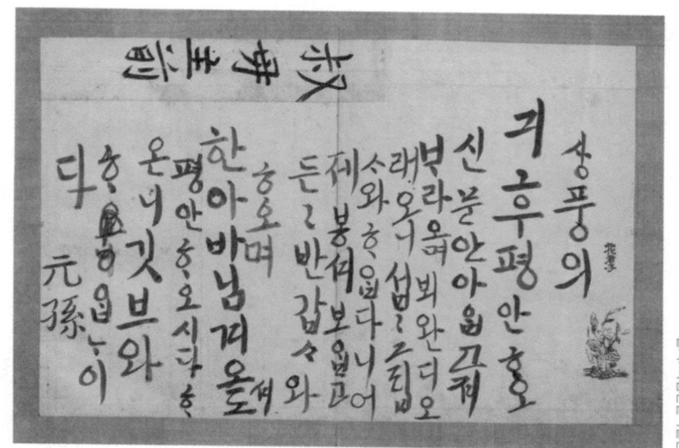

출처: 국립한글박물관

《정조어필한글편지첩》. 정조가 큰 외숙모인 여흥 민씨에게 보낸 편지를 모은 것이다. 정조가 4~5세 원손 시절부터 46세 재위기에 이르기까지 쓴 편지 총 16점이 묶여있다. 성장 과정에 따른 정조의 한글 필체 변화를 엿볼 수 있다.

"나는 일이 바빠 잠깐의 틈도 내기 어렵다. 닭 우는 소리를 들으며 잠들었다가 오시午時가 지나서야 비로소 밥을 먹으니, 피로하고 노둔해진 정력이 날이 갈수록 소모될 뿐이다"라는 내용이 있다. 정조는 밤잠을 자지 못하고 새벽까지 공무 처리에 집착했다. 시간을 쪼개 자신이 관리하는 인사들에게 편지를 보내기도 했고, 더러는 왕가의 친척들에게 편지를 보내 자신의 입장을 전했다.

정조는 강력한 왕권을 바탕으로 개혁정치의 완성을 보고자 했으나, 정치는 정조의 의도대로만 돌아가지 않았다. 정조는 왕세자 순조의 세자빈으로 김조순의 딸을 간택하고, 1804년 순조에게 왕위를 물려준 후 화성에서 노후를 보낼 계획이었다. 1800년 5월 사도세자의 추숭을 의식하면서 이시수 등 소론 위주의 인사들을 정국의 요직에 등용했지만, 노론뿐만 아니라 측근 관료들의 강한 반발을 샀다. 그렇지 않아도 건강이 좋지 않았던 왕을 더욱 힘들게 한 사건이었다.

1800년 5월 그믐날 정조는 조정의 신하들을 불러 모아 인사 방침을 천명하면서 신하들의 추종을 강하게 요구했다. 이를 '오회연교(오월 그믐날의 경연에서의 교시)'라고 한다. 오회연교에서 정조는 신하들의 태도를 습속이라 비판하면서 즉각 바로잡아 시정할 것을 지시했다. 그러나 정조의 강한 요구에도 불구하고 신하들은 무응답으로 일관했다. 정조의 정치적, 정신적 부담은 더욱 커져갔다.

정조를 괴롭힌 건강 문제

말년의 정조를 가장 괴롭힌 것은 건강 문제였다. 이것은 세종이 말년에 소갈증(당뇨병) 등 여러 질환으로 고생했던 상황과 유사하다. 정조는 편지 등에서도 스스로 고백했듯이 다혈질의 소유자였고, 정조 후반 정국 상황이 얽힐 때마다 이런 기질은 건강을 더욱 악화시켰을 것임에 틀림이 없다. 1798년 7월 8일 심환지에게 보낸 편지에서는 "나는 시사時事가 눈에 들어오지 않는다. 일마다 그저 마음속에 불길이 치솟게 만들 뿐이다. 불은 심장에 속하니, 이 때문에 안화眼花가 나을 기미가 없어 너무나도 답답하다"라고 했다. 1800년 윤4월 19일에는 "황인기와 김이수가 과연 어떤 놈들이기에 감히 주둥아리를 놀리는가?"라고 하면서 자신의 뜻을 따르지 않는 관리들을 과격하게 비판했다.

정조는 사망하기 7년 전부터 머리에 난 부스럼 때문에 속이 답답하고, 때로는 밤잠을 설치며 두통을 앓는 등 갖은 고생을 했다. 정조는 치료를 위해 부스럼에 약을 붙이거나 자신이 요구하여 침을 놓아 병증을 다스리기도 했다. 정조는 "머리에 난 부스럼과 얼굴에 생긴 종기가 어제부터 더욱 심해졌다. 씻거나 약을 붙이는 것도 해롭기만 하고 약물도 효험이 없어서 더욱 기가 막히고 쌓여서 화가 더 위로 치밀어 오른다"라고 하면서 스스로 처방법도 제시했다.

> "이는 모두 가슴속에 떠돌아다니는 화火이니, 이것이 내뿜어지면 피부에 뾰루지가 돋아나고 뭉쳐 있으면 곧 속이 답답해지는 것인데, 위에 오른 열이 없어지기도 전에 속의 냉기가 갑자기 일어나는 것을 의가醫家에서는 대단히 경계하는 것이다. 성질이 냉한 약재를 많이 쓸 수 없음이 이와 같으니 오직 화를 발산시키고 열어주는 처방을 써야 효과를 볼 수가 있을 것이다."[1]

건강에 대한 적신호는 정조 말년까지 계속되었다. 실록이나 《승정원일기》의 기록은 물론이고 정조의 편지에서도 건강 문제에 대해 고통을 토로하고 있는 장면이 자주 나온다. 1800년 4월 17일에는 "나는 갑자기 눈곱이 불어나고 머리와 얼굴이 부어오르며

1 《정조실록》 1793년(정조 17) 7월 4일

목과 폐가 메마른다. 눈곱이 짓무르지 않을 때 연달아 차가운 약을 먹으면 짓무를 기미가 일단 잦아든다. 대저 태양太陽의 잡다한 증세가 모두 소양少陽의 여러 경락으로 귀결되어 이근耳根과 치흔齒痕의 핵核이 번갈아 통증을 일으키니, 그 고통을 어찌 형언하겠는가?"라고 극심한 고통을 호소했다.

실록이나 어찰첩 등에서는 정조가 만년에 여러 질병으로 큰 고통을 겪고 있었음이 나타난다. 정조의 병증은 복합적이었고, 사망하기 수년 전부터 병마에 시달리고 있었다. 그 수년 동안에 정조의 병세는 호전과 악화가 반복되었다. 이런 기록을 종합해보면 정조가 갑작스럽게 사망했다고 보기는 어렵다. 정조는 병적일 정도로 일에 집착을 보이는 성격 및 격무와 과로, 다혈질의 성격, 잦은 병치레 등이 겹쳐서 승하한 것으로 보인다.

1800년 6월 28일 오전, 정조는 병세가 점차 악화되며 혼수상태에 빠졌다. 어머니인 혜경궁 홍씨와 세자, 대비인 정순왕후가 병문안을 다녀갔지만 끝내 의식을 회복하지 못했다. 정조는 대소 신료와 백성들의 애도 속에 오후 6시경 승하했다.

정조 독살설의 허와 실

최근 정조 독살설에 근거한 소설과 영화 등이 등장했다. 정조의 죽음 직후에도 독살에 대한 의혹이 없지 않았다. 독살설은 주로 남인들 사이에서 유포되었다. 정조의 총애를 받았던 남인의 핵심 인물 정약용은 《기고금도장씨여자사》와 같은 글에서 정조의 사인과 관련해 독살설을 언급했다.

독살설은 정조 사후 전개된 파행적인 정국 운영에 대한 아쉬움에서 시작됐다. 독살설이 남인 세력에게서 주로 유포된 것도 정조 승하 이후 노론 벽파 세력이 권력을 잡았기 때문이다. 남인들은 천주교 박해 사건 등과 연루되어 엄청난 정치적 탄압을 받았다.

그러나 정조는 오랫동안 지병이 있었고, 이것이 결국 사망으로 이어졌음을 실록이나 《승정원일기》와 같은 공식 기록, 그리고 정조가 직접 쓴 편지를 통해서 알 수 있다. 역의逆醫로 몰렸던 심인이 연훈방烟熏方을 써서 정조를 수은 중독에 이르게 했다는 설도 있다. 하지만 이 역시 정조가 직접 요구한 처방이었음을 고려하면 독살설은 더욱 설득력을 잃어간다. 더욱이 정조는 스스로 조제와 처방을 지시할 정도로 의학 지식이 풍부했던 왕이었다.

잠시라도 쉬지 않는 부지런함과 100권의 책을 저술할 만큼 학문 연구를 좋아했던 군주. 여기에 더해서 기존의 보수 세력 대신 남인이나 서얼까지 파격적으로 등용한 개혁 군주…. 여러 측면에서 정조는 세종처럼 군주가 지녀야 할 덕목을 대부분 갖췄다. 그리고 그 기대대로 정치, 경제, 문화의 중흥 사업들을 24년이라는 재위 기간 동안 적극 실천해나갔다. 초기에는 반대세력에 의해 암살 위협까지 받았지만, 점차 지원 세력을 확보하고 백성과 소통하는 정치력을 발휘하면서 난국을 헤쳐나갔다. 그러나 그를 위협하는 병마가 찾아오면서 정조는 허망하게 무너졌다.

아쉬움으로 남는 개혁군주의 죽음

정조가 사망하던 해인 1800년, 정조는 자신이 후원했던 측근 신하들의 지원도 받지 못하는 상황에 내몰렸다. 이러한 상황에서 정조는 왕세자인 순조의 세자빈 간택에 들어갔다. 정조가 선택한 인물은 시파의 중심이었던 안동 김씨 김조순의 딸이었다. 말년에 정조는 정치적으로 수세에 몰리자 왕권 강화를 위한 타계책을 외척과의 연결에서 찾으려 했던 것으로 보인다. 그러나 정조의 급사로 세자빈 간택은 무기한 연기되었고, 급기야는 교체되는 상황까지 벌어졌다. 그러나 순조 즉위 후에도 정조의 유지를 계승해야 한다는 여론이 우세하여, 김조순의 딸은 결국 왕비(순원왕후)의 자리에 올랐다. 순원왕후를 왕비로 간택한 것은 이후 안동 김씨 세도정치 60년으로 연결되었다. 그러므로 세도정치에 정조의 책임도 일정 부분 있었음을 부인할 수 없다.

정조는 조선 왕들의 평균 수명을 조금 넘겼으나, 적극적인 개혁정치를 수행했기에 늘 젊은 개혁군주의 이미지로 기억되고 있다. 정조 사후 권력이 특정 가문과 소수 세력에 집중되면서 18세기 영 · 정조 시대에 이룩한 정치, 경제, 사회, 문화의 성과들은 계승이 되지 못했다. 이는 정조의 죽음이 두고두고 아쉬움으로 남는 까닭이기도 하다.

순조의 즉위와 세도정치의 시작

1800년 6월 강력한 카리스마로 조선의 중흥을 이끌던 개혁 군주 정조의 죽음은 이후의 조선 정국에 큰 파란을 몰고 왔다. 정조 승하 후 왕위는 11세의 순조(1790~1834, 재위 1800~1834)가 이어받았다. 순조가 즉위하자마자, 조선에는 세도정치라는 검은 장막이 드리웠다.

19세기 세도정치 시대의 첫 왕

순조는 1790년 6월 창경궁 집복헌에서 태어났다. 순조는 정조와 수빈 박씨의 소생이며, 이름은 공이고 호는 순재純齋이다. 정조는 왕비인 효의왕후와의 사이에서 후사를 보지 못했고, 의빈 성씨와의 사이에서 문효세자(1782~1786)를 얻었으나, 문효세자는 5세의 나이로 요절했다. 순조는 1800년 1월 효의왕후의 양자로 들어가 세자로 책봉되었고, 그해 6월 정조가 승하하자 창덕궁 인

정문에서 즉위식을 올렸다.

조선 전기에는 단종 12세, 성종 13세, 명종 12세 등 어린 왕이 즉위한 사례가 많았다. 반면 조선 후기에는 어린 왕이 왕위에 오르는 경우가 드물었다. 순조는 숙종의 14세 즉위 이후 오랜만에 어린 나이에 즉위한 조선 후기 왕이다. 19세기 세도정치의 전개 원인을 어린 왕이 즉위한 것에서 찾기도 한다. 하지만 세도정치는 유독 19세기에만 극성했다. 성종이나 숙종과 같은 경우는 신하들의 보필을 충분히 받으며 왕으로서 뛰어난 역량을 발휘했기에 왕권이 외척의 힘에 결코 휘둘리지 않았다. 이런 점을 고려하면 어린 왕의 즉위 자체를 곧장 세도정치의 발생으로 연결시킬 수는 없다. 세도 정치의 가장 큰 원인은 17~18세기 붕당 간의 견제와 균형이 무너지고, 19세기에 세력 있는 외척 가문이 정치적으로 집단을 이룬 것이다. 특히 왕실과의 정략혼은 외척 세력에게 날개를 달아주었다.

순조가 어린 나이로 즉위하자 관례대로 당시 왕실의 최고 어른인 정순왕후가 수렴정청을 하게 되었다. 정순왕후는 1759년 15세에 영조의 계비로 들어와, 정조의 재위 기간 동안 큰 존재감이 없었다. 정순왕후는 증손자인 순조의 즉위를 통해 46세의 나이로 정치 일선에 등장했다. 정순왕후의 수렴청정 후 정조의 친위부대인 장용영이 혁파되고 개혁정치의 중심 기관인 규장각이 축소된 것에서 이러한 변화를 상징적으로 볼 수 있다. 노론 벽파의 입장에 있었던 정순왕후는 1801년 신유박해라 불리는 천주교 탄압을 주도했다. 천주교가 당시 사회에 미칠 악영향을 차단하는 목적도 있었겠지만, 천주교 신자 대부분이 남인인 것이 박해의 큰 원인이었다. 신유박해로 말미암아 이가환, 이승훈, 정약종, 권철신 등 300여 명의 신도와 청나라 신부가 처형되고, 정약용은 겨우 처형만을 면한 채 경상도 장기를 거쳐 전라도 강진으로 귀양을 갔다. 정약용은 외가 근처에서 귀양 생활을 하며, 실학자로서 큰 업적을 남기게 된다. 순조 초반에 전개된 정순왕후의 천주교 탄압이 위대한 실학자 정약용을 만든 것은 역사의 아이러니다.

안동 김씨, 세도정치의 서막을 열다

순조 즉위 초반에는 정순왕후로 대표되는 경주 김씨의 외척 세력이 권력의 중심에 섰다. 1804년 순조가 15세가 되자 정순왕후는 수렴을 거뒀다. 뒤이어 1805년 정순왕후가 승하하면서, 안동 김씨의 세가 커졌다. 안동 김씨는 순조의 왕비인 순원왕후를 배출한 집안으로 순조 초반 정국에 최대의 권력 실세가 되었다. 어리고 허약한 왕을 대신해 정치를 해준다는 명분으로 외척 세도정치의 전성기가 시작된 것이다. 순조는 정조를 도왔던 노론 시파 안동 김씨 김조순의 딸을 아내로 맞이하면서 안동 김씨 가문의 도움을 받게 되었다. 안동 김씨는 병자호란 때 순절한 김상용과 척화파의 대표자인 김상헌 이후 17~18세기 수많은 재상을 배출한 명문대가로 성장했다. 순조의 즉위는 안동 김씨의 권력에 날개를 달아주는 격이 되었다.

세도는 원래 '도를 회복한다'는 긍정적인 의미로, 한자를 '세도世道'로 썼다. 그러나 정조 즉위 후 홍국영이 정조의 측근으로 지나치게 권력을 행사하면서 점차 '세도勢道'로 바뀌어 쓰이기 시작했다. 19세기의 세도는 외척과 소수 가문에 의해 독점되는 부정적인 정치 형태를 뜻하는 용어로 정착했다. 안동 김씨 이외에도 남양 홍씨, 풍양 조씨, 여흥 민씨, 대구 서씨, 반남 박씨 등 명문 양반 가문이 혈연적으로 깊은 연결을 맺었다. 이들이 정권에 참여하여 서울 양반의 연합정권과 같은 성격을 띠게 되었다. 이 과정에서 국왕은 허수아비로 전락했다.

특히 순조 이후에도, 헌종(재위 1834~1849)과 '강화도령'으로 알려진 철종(재위 1849~1863) 등 어리거나 권력을 행사하지 못하는 왕이 연이어 등장했다. 안동 김씨, 풍양 조씨 등 외척 가문은 대왕대비나 왕대비를 권력의 기반으로 삼아 확고한 권력을 유지했다. 왕이 정상적으로 국정을 운영하지 못하고 정치가 소수의 외척 가문을 중심으로 형성되면서, 조선왕조는 점차 나락에 떨어진다.

순조의 공노비 해방

순조는 나약한 이미지의 왕이었지만 1801년(순조 1) 1월 28일 공노비를 혁파하는 조치를 단행했다. 순조는 "우리 숙종대왕께서는 많은 사람들을 위해 조정에 하문하신 다음 노공奴貢의 반과 비공婢貢의 3분의 1을 견감蠲減하셨고, 우리 영조대왕께서는 여러 사람의 괴로움을 안타깝게 여겨 비공을 면제하고 또 노공의 반을 견감하셨다"라고 하면서 숙종 · 영조 대에 노비의 부담을 덜어준 사례가 있음을 언급한 후 각 관청에서 노비추쇄(도망한 노비를 수색한 뒤 잡아서 본 주인에게 되돌려 주던 일)의 폐단이 여전함을 지적했다.

순조는 "허다한 사람들이 살 곳을 정하지 못해 지아비는 그 아내와 이별해야 하고, 그 어미는 자식과 이별해야만 하니 가슴을 두드리고 피눈물을 흘리며 서로 돌아보고 허둥지둥 어찌할 바를 모른 채 차마 이별하지 못했다. 가끔 불문에 몸을 투탁해서 스스로 인륜을 끊어버리고, 여자는 흰머리를 땋아 늘인 채 저자에서 떠돌며 걸식하는 자도 있었다"라면서 인간적인 측면에서도 노비 해방이 절실함을 선언했다.

순조는 "왕은 백성에게 임하여 귀천이 없고 내외가 없이 고루 균등하게 적자赤子로 여겨야 하는데, '노奴'라고 하고 '비婢'라고 해서 구분하는 것이 어찌 똑같이 사랑하는 동포로 여기는 뜻이겠는가?"라고 반문하면서, 내노비內奴婢 3만 6,974구와 시노비寺奴婢(관청 근무 노비) 2만 9,093구를 모두 양민으로 삼도록 허락했다. 비서실인 승정원에 명해서는 노비 장부인 노비안을 거두어 창덕궁 돈화문 밖에서 불태우게 했다.

순조의 공노비 해방 조치는 거의 2,000년간 존속되어 온 노비제도를 폐지했다는 점에서 큰 의미가 있다. 그리고 이 조치 후 90여 년 만에 1894년 갑오경장으로 사노비 해방이 이어지면서, 노비 제도는 이제 역사에서 완전히 사라지게 되었다. 노비 제도의 폐지는 단순히 노비 해방만을 의미하는 것이 아니라 신분제 자체의 폐지였으며, 한국 사회가 근대 국가로 성장하는 길이었다. 그만큼 순조의 공노비 해방은 역사적 의미가 크다.

홍경래의 난, 순조 정권을 저격하다

19세기 세도정치의 전개와 함께 가장 고통을 받게 된 계층은 가난한 농민들이었다. 세도정치는 권력의 독점을 가져왔고 수령직까지 매관매직의 대상이 되었다. 수령과 아전들은 백성의 세금 부담을 더욱 가혹하게 했다. 전정(토지에 대한 세금), 군정(군역), 환곡의 폐단은 극에 치달았다. 농민들은 고향을 버리고 유민流民이 되어 떠돌아다니거나, 산속에 숨어 살며 화전민이 되기도 했고 농한기에는 광산에 모여들어 임노동에 종사했다. 국경 밖으로 넘어가 간도나 연해주로 이주한 농민도 적지 않았다.

난세가 영웅을 만든다고 했던가? 1808년(순조 8) 북청 단천의 백성이 수령을 쫓아내는 등 심상치 않은 상황이 계속되다가 마침내 홍경래의 난이 일어났다. 1811년 12월 18일 홍경래는 우군칙, 김사용, 이희저, 김창시 등과 함께 봉기의 횃불을 높이 올렸다. 세도정치가 점차 기승을 부리면서 농민들의 삶은 곪을 대로 곪았다. 홍경래는 서북 지방의 대상인과 향임, 무사, 유랑 농민, 노비 등을 규합했다. 봉기의 명분으로 '서북 지방에 대한 지역 차별 타파'를 내세웠다. 또 나이 어린 임금 아래에서 권세가 있는 간신배들이 국권을 농단하니 백성의 삶이 거의 죽음에 임박했다는 점을

출처: 서울대학교 규장각한국학연구원

〈순무영진도〉. 홍경래군과 관군의 전투를 그렸다. 홍경래진도, 정주성공격도로도 불린다.

함께 강조했다. 실제 이 무렵 순조는 젊었지만 병으로 크게 고생하고 있었다. '땀이 나고 숨이 차며, 식욕도 없고 잠도 못 잔다'라고 자주 고통을 호소했다.

1811년 12월 18일 저녁, 홍경래는 평서대원수의 직함으로 가산의 다복동에서 하늘에 제사지내고 다음과 같은 격문을 낭독하면서 출정식을 올렸다.

> 무릇 관서 지방은 단군조선의 터전으로 예부터 문물이 빛나고 임진·병자의 전란을 극복하는 데 큰 공을 세운 인물이 난 자랑스러운 곳이다. 그런데도 조정에서는 이 땅을 천시하니 어찌 억울하고 원통하지 아니한가? 현재 왕의 나이가 어려 김조순, 박종경 등 권신의 무리가 국권을 농단하기에 정치는 어지럽고 백성은 도탄에 빠져서 헤어날 길을 모르고 있다. (중략) 관서 지방은 성인께서 나신 고향이므로 차마 밟아 무찌를 수가 없어 관서의 호걸들로 하여금 병사를 일으켜 가난한 백성들을 구하도록 했으니, 각 군현의 수령들은 동요하지 말고 성문을 활짝 열어 우리 군대를 맞으라. 만약 어리석게도 항거하는 자가 있으면 철기 5,000으로 밟아 무찔러 남기지 않으리라.[1]

10년간 준비 끝에 일으킨 거사인 만큼 초기 반란군의 위세는 대단했다. 홍경래군은 처음 다복동에서 1,000여 명의 병력으로 군사를 일으켰다. 평안도 백성들의 광범위한 호응을 얻어 순식간

1 《패림》 권10 〈순조기사〉 1811년(순조11) 12월 21일

에 청천강 이북의 9개 읍을 점령하는 전과를 올리기도 했다. 그러나 곧 전열을 정리한 관군의 반격이 시작되었다. 12월 29일 홍경래군은 박천의 송림 전투에서 관군과 처음으로 접전을 벌였으나, 강한 저항에 밀려 수백 명의 희생자를 남기고 정주성으로 퇴각할 수밖에 없었다. 이제 전황은 반군들에게 점차 불리해졌다.

반군의 수뇌부는 최후의 거점인 정주성에 들어갔고 2,000여 명의 농민군이 마지막 저항에 나섰다. 그러나 1812년 4월 19일 1,800근의 화약을 폭발시키며 진군한 관군에 의해 정주성은 결국 함락되고 말았다. 거병한 지 4개월 만의 일이었다. 홍경래는 남문 부근에서 전사하고, 홍총각은 체포되었으며, 우군칙은 도주 후 체포되어 처형당했다. 당시 관군에 체포된 자는 총 2,893명으로 이 중 10세 이하 어린이를 뺀 1,917명이 즉결 처형당했다. 장장 4개월간 평안도 일대를 휩쓸었던 농민 봉기의 열풍은 정주성 위로 타오르는 시체들이 내뿜는 검은 연기와 함께 하늘 속으로 사라졌다.

홍경래는 세도정치 척결과 지역 차별 철폐를 주요 명분으로 반란을 일으켰다. 하지만 결국 세도정권의 장벽을 넘어서지 못했다. 장기간에 걸쳐 준비한 반란이었지만 충분한 물자가 준비되어 있지 않았다. 그리고 무엇보다 지방 차별 타파라는 명분이 전국적인 호소력을 갖지 못하면서 평안도 지역에 한정된 농민 전쟁으로 끝나고 말았다. 그러나 홍경래의 난은 19세기 조선 사회를 저항의 시대로 열어나가는 원동력을 제공해주었다는 점에서 역사적 의미가 크다.

반란은 진압되었지만, 홍경래의 난이 남긴 후유증은 컸다. 순조는 세도정치에서 파생되는 정치 · 사회 · 경제적 모순을 해결할 수 있는 역량이 없었다. 순조의 건강이 악화되어 정치에 관심이 적어진 것도 한 몫을 했다. “경연을 여는 날이 적어서 책 한 권도 끝을 맺은 적이 없다”라는 영의정 김재찬의 지적은 이러한 상황을 잘 보여주고 있다. 왕은 정치에 의욕을 잃고, 전정 · 군정 · 환곡의 폐단으로 농민들의 부담은 더욱 가속화되어 19세기 조선 사회는 더욱 위기로 빠진다.

순조, 효명세자의 대리청정을 명하다

순조는 외척이 주도하는 세도정치의 흐름 속에서 어려운 시절을 보냈다. 1811년 홍경래의 난이 일어난 것은 순조를 더욱 곤경에 빠트렸다. 그러나 1815년 이후 20대 중반이 된 순조는 국정을 직접 챙기고 전국에 암행어사를 파견하는 등 왕의 주도권 확립을 위해 노력했다.

그러나 안동 김씨를 중심으로 한 외척 세력은 여전히 강했다. 지방의 수령에 이르기까지 자파의 인물들을 포진시켰고, 왕권은 점차 허약해져갔다. 이러한 정치적 위기 속에서 순조는 개혁 성향을 지녔던 세자인 효명세자(1809~1830, 후에 익종으로 추존됨)에게 대리청정을 명했다. 효명세자에게 실권을 부여하여 세도정치를 극복하는 한편 왕실의 권위 회복을 꾀했다.

효명세자는 누구인가?

효명세자는 1809년 8월 9일 창덕궁 대조전에서 순조와 순원왕후 김씨 사이의 장자로 태어났다. 효명세자는 2016년 KBS2 화제의 드라마 〈구르미 그린 달빛〉을 통해 대중에게 소개된 바 있다. 효명세자가 태어나기 전에는 이런 일이 있었다.

> "순원왕후의 꿈에 용이 나타났으며 그가 태어날 즈음에는 오색의 무지개가 궁정에 드리우고 소나기와 우레가 치더니 그가 태어나자마자 하늘이 개이고 궁전의 기와에 오색의 기운이 머물렀다가 권초일(왕비의 산실에 깔았던 자리를 걷어치우는 날)에 이르러서야 흩어졌다."[1]

효명세자는 1812년 4세에 왕세자로 책봉되었고, 1819년 11세의 나이로 풍양 조씨 조만명의 딸을 세자빈으로 맞았다. 이 세자빈이 바로 신정왕후이다.

세자가 장성하자 순조는 각종 행사에 세자를 동행시켰으며, 1827년(순조 27) 효명세자가 19세가 되었을 때 대리청정을 지시했다. 건강상의 문제가 있긴 했지만 순조는 여전히 38세의 젊은 군주였다. 신하들의 반대가 거셌으나 순조의 의지는 단호했다. 순조가 세자에게 대리청정을 맡긴 것은 세도정치의 벽을 뚫기에 자신이 역부족이라고 판단했기 때문이다. 개혁 성향이 있는 젊은

1 《순조실록》 1830년(순조 30) 7월 15일

왕세자에게 정치를 맡겨 정국의 흐름을 바꿔보고자 했다.

1827년 2월 9일 효명세자는 대리청정을 명 받고 2월 18일 인정전에서 하례식賀禮式을 마친 후 정무를 시작했다. 그리고 1827년 2월 18일부터 1830년 5월 6일 급서하기까지 약 3년 3개월 동안 대리청정을 했다. 순조는 영민하고 학문을 좋아하는 세자의 혁신 정치를 크게 기대했다. 《순조실록》을 보면 '왕세자께서는 뛰어난 덕망이 날로 성취되고 아름다운 소문이 더욱 드러나게 되니, 목을 길게 늘이고 사랑해서 추대하려는 정성은 팔도가 동일합니다. 지금 내린 성상의 명을 삼가 받들되, (중략) 신 등은 기뻐서 발을 구르며 춤출 뿐입니다'라는 기록이 있다. 세자의 부인 신정왕후가 풍양 조씨 집안사람인 것이 또 하나의 주안점이었다. 그녀의 존재는 안동 김씨 세도를 견제할 수 있는 하나의 대안이었다.

효명세자의 정치적 감각은 탁월했다. 대리청정 시절, 효명세자는 안동 김씨 세력의 핵심 인사들을 정계에서 축출하거나 그 권한을 약화시키는 데 주력했다. 이들을 견제하기 위해 남인, 소론 등 반 외척 세력을 정계로 복귀시켰다. 그리고 대리청정 초반 그를 길들이려는 조정의 대간들과 삼사에 맞서 강인한 군주의 위엄을 보여주었다.

효명세자는 정조와 마찬가지로 경기 일원에 위치한 역대 왕들의 능을 자주 참배했으며 이를 민심 파악과 군사훈련의 기회로 삼았다. 효명세자는 능행 시에 군복을 입고 행차했으며 야간 훈

창덕궁 연경당 안채 전경

출처: 문화재청

련도 실시하며 군권을 강화하고자 하는 노력을 기울였다. 그리고 백성들이 국왕에게 청원하는 방식이던 상언과 격쟁 등의 소원 제도를 적극 활용했다. 대리청정 기간에 473건이나 되는 상언을 접수했는데, 그중 절반 이상이 대리청정 첫 해에 이루어졌다. 그만큼 백성들도 효명세자의 대리청정에 거는 기대가 컸다.

효명세자는 대리청정 기간 동안 크고 작은 연회를 총 11회에 걸쳐 열었다. 대부분 부왕 순조와 어머니 순원왕후를 위한 잔치였다. 잔치 후에는 당시의 상황을 의궤의 기록으로 정리해서 왕실의 권위를 대내외에 과시했다. 또한 세자는 궁중 행사를 직접 관장하면서 상당수의 악장과 가사를 만들고, 궁중 무용인 정재무呈才舞를 다수 창작했다. '춘앵무'를 비롯해 연경당 진작進爵에 공연된 '망선문', '경풍도', '만수무', '헌천화', '춘대옥촉' 등이 대표적이다. 효명세자는 예악禮樂 정치의 일환으로 궁중연향을 선택했다. 그에게 있어 궁중 연회는 단순한 잔치가 아니라 왕 중심의 지배 질서와 왕의 위상을 높이는 정치적 액션이었다.

그러나 효명세자의 생은 너무 짧았다. 세자는 1830년 윤4월 22일 '약원藥院에서 왕세자의 진찰을 청했는데, 예후가 각혈이 있고 불편했기 때문이었다'라는 기록에서 보듯이 이 무렵부터 각혈하기 시작하여 계속 병환이 악화되었다. 그리고 5월 6일 22세의 나이로 창덕궁 희정당에서 생을 마감했다. 5월 5일, 의학에 일가견이 있었던 정약용을 불러들였지만 도착하기도 전에 세자는 사망했다. 1834년 효명세자의 아들 헌종이 즉위한 후에 익종翼宗으로 추존되었으며, 고종 대인 1899년에는 문조文祖로 추존되었다.

효명세자가 순조를 위해 지은 연경당

현재 창덕궁 안에 있는 궁궐 전각 중에는 효명세자와 관련된 유적지가 많다. 창덕궁 후원 규장각 인근에는 사대부 집의 형태를 띠고 있는 건물이 눈에 들어온다. 이 건물이 바로 효명세자가 부친인 순조를 위해 지었다는 연경당이다. 헌종 때에 편찬한 《창덕궁지》에는 연경당에 대해 '개금재의 서쪽에 있고, 남쪽이 장락문인데 바로 진장각의 옛 터이다. 1828년(순조 28) 익종이 춘저(세자)로 있을 때에 개건해서 지금은 익종의 영진(초상)을 모시고 있다'고 기록하고 있다. 고종 대에 편찬된 《동국여지비고》의 경도京都 항목에는 '연경당은 어수당 서북쪽에 있다. 1827년(순조 27) 익종이 동궁에 있을 때에 진장각 옛터에 창건했는데, 그때 대조大朝(순조)에게 존호를 올리는 경사스런 예禮를 만났고 마침 연경당을 낙성했으므로 그렇게 이름했다'고 해서 연경당의 이름이 순조에게 존호를 올리는 경사에서 나왔음을 기록하고 있다. 위의 두 기록에서 연대는 1827년과 1828년으로 1년 차가 있으나, 효명세자가 대리청정하던 시기가 1827년부터 1830년인 점을 고려하면 연경당이 부친의 권위를 세우기 위해 지은 건물임을 알 수가 있다.

연경당은 이 집 전체를 지칭하기도 하지만, 사랑채의 당호이기도 하다. 연경당은 단청을 생략하고 남녀의 공간을 나누어 사랑채와 안채로 구분했다. 연경당이 일반 사대부집과 다른 점

창덕궁 애련지 출처: 문화재청

은 가묘家廟가 없는 것이다. 연경당 앞으로 흐르는 명당수를 건너면 제일 먼저 정문인 장락문이 있다. 장락문은 장락궁에서 빌려온 이름으로, 신선처럼 아무 걱정과 근심 없는 세상에서 살고 싶다는 염원을 담았다. 현재의 연경당 모습은 《동궐도》에 기록된 창건 당시의 모습과는 많이 다르다. 1827년경에 창건한 연경당에는 축화관, 개금재, 운회헌 등의 건물이 있었다. 현재의 건물은 고종대에 새로 지은 것으로 추정되는데, 선향재와 농수정 등의 부속 건물이 있다. 선향재는 서재 겸 응접실 역할을 한 건물로 벽돌을 쌓아 지은 것이 특징이다. 선향재는 한가운데에 넓은 대청을 두고 양쪽에 온돌방을 앉혔으며, 지붕 위로 햇볕을 막는 차양을 설치했다. 선향재는 서향이므로 오후에 햇볕이 내부로 깊숙이 들어와 책을 상하게 하는 것을 막은 지혜가 엿보인다.

연경당은 고종과 순종 대에는 연회 공간으로 자주 활용되었으나, 뜻하지 않게 피신 장소가 되는 일이 왕왕 있었다. 1895년 5월 고종은 연경당의 넓은 앞뜰에서 내외 귀빈들에게 원유회園遊會를 베풀었으며, 1908년 순종은 연경당에서 이토 히로부미를 비롯해 일본 측 주요 인사들을 접견하고 연회를 베풀었다. 1884년(고종 21) 갑신정변 때는 청나라 군대에 쫓긴 김옥균 · 박영효 · 홍영식 등의 개화파 수뇌들이 고종을 모시고 잠시 연경당으로 피신한 일이 있었다. 1917년 창덕궁의 내전인 대조전이 화재를 당했을 때 순종 황제와 순정황후가 잠시 연경당으로 피신하기도 했다.

효명세자를 기억하는 공간들

창덕궁에는 연경당 이외에도 효명세자가 떠오르는 공간이 많이 있다. 세자가 주로 활동했던 곳은 성정각 일원이었다. 이곳은 궁궐의 동쪽에 위치해 동궁으로 불렸다. 성정각 일원의 가장 중심 공간은 중희당이다. 중희당은 원래 정조가 세자인 문효세자를 위해 1782년에 세운 건물이었으나 실질적으로 활용한 인물은 세자 시절의 순조와 효명세자였다.

후원의 중심인 규장각 주합루의 북쪽 언덕 아래 애련지 옆에는 의두합 일대가 자리하는데 이곳은 효명세자의 독서 공간이었다. 《창덕궁지》에 '의두합은 영화당의 북쪽에 있는데 옛날 글을 읽던 자리이다. 1827년 정해에 익종이 춘궁에 있을 때 고쳐 지었

창덕궁 기오헌과 의두합 출처: 문화재청

다' 라고 기록하고 효명세자가 쓴 상량문을 모두 싣고 있다. 《동국여지비고》에는 '순조 때 익종이 세자궁에 있을 때 지었는데, 매양 북두성을 의지해 경화京華(서울)를 바라본다' 라고 기록하고 있다.

현재 '기오헌'이라는 현판이 걸려 있는 의두합은 단청을 하지 않고 매우 소박한 모습을 하고 있다. 기오헌은 도연명의 《귀거래사》 '남쪽 창에 기대어 멋대로 오만을 부려보니倚南窓以寄傲, 무릎이 겨우 들어갈 만한 작은 집이라도 평안하기만 하네審容膝之易安' 라는 구절에서 따온 것이다. 의두합의 바로 옆에 있는 운경거는 1칸 반짜리 건물로 궁궐 안에서 가장 규모가 작다. 의두합과 운경거는 규장각 언덕 아래에 북향을 하고 있는데, 정조를 닮으려는 효명세자의 자취가 남아 있다. 세자는 북향의 차가운 건물에서 정국 구상을 하며 세도정치의 벽을 뚫고자 했을 것이다.

'어리석음을 일깨우는 공간'이라는 의미가 담긴 폄우사도 효명세자가 자주 머물던 곳이었다. 폄우사는 존덕정 서쪽에 있는 'ㄱ' 자형의 정자다. 폄우사에는 정조가 지은 《폄우사사영》을 차운해서 쓴 봄, 여름, 가을, 겨울의 시시가 전하고 있다. 이 중에서 '추월秋月'이라는 제목의 가을을 배경으로 한 시를 읽어보자.

맑은 이슬 뜰에 내리고
하늘 아래 온 땅이 온통 맑구나
영롱한 온 누리에 온화한 기운 감돌아
늦은 밤 글 읽기에 밤공기가 알맞도다

가을날 달 밝은 밤에 독서를 즐기는 세자의 모습이 잘 표현되어 있다.

그러나 세도정치의 벽을 뚫고 정치와 문화 측면에서 왕권의 강화를 꾀하던 효명세자가 22세의 나이로 요절하게 된다. 순조의 슬픔은 세자의 죽음으로 끝나지 않았다. 2년 뒤 5월에는 복온공주가 죽고, 6월에는 다시 명온공주가 죽었다. 거듭된 자식의 죽음에 순조는 더욱 쇠약해졌고, 1834년 11월 경희궁 회상전에서 45세의 나이로 생을 마감했다. 순조 사후 왕위는 효명세자의 아들인 8세의 헌종에게 이어졌다. 최연소 왕의 즉위는 잠시 주춤했던 세도정치에 더욱 날개를 달아주었고, 왕실의 권위는 더없이 추락했다.

창덕궁 후원에 아름답게 자리를 잡은 연경당과 의두합, 그리고 폄우사 일대는 22세라는 짧은 생을 살았지만, 세도정치를 극복하고 조선 왕실의 부흥을 위해 분투한 효명세자를 기억하는 공간들이다. 이들 공간을 찾아 효명세자를 기렸으면 한다.

헌종과 낙선재, 그리고 경빈 김씨

1834년 헌종(1827~1849, 재위 1834~1849)이 조선의 24대 왕으로 즉위했다. 헌종은 8세의 나이로 왕위에 오르면서 조선 역사상 최연소 즉위의 기록을 세우게 된 왕이다. 나이도 어렸거니와, 당시 정국의 실세는 대비인 순원왕후 김씨와 그의 인척인 안동 김씨들이었다. 19세기 세도정치가 절정을 이루는 시점에서 어린 왕이 할 일은 그리 많지 않았다. 20세까지 수렴청정을 받아야 하는 기간만도 12년이었다.

헌종은 15년이나 재위했지만 별다른 존재감이 없었다. 그나마 그가 남긴 유산이라면 후궁인 경빈 김씨를 위해 지어준 낙선재였고, 낙선재는 훗날 조선 왕실의 마지막을 기억하는 공간이 되었다.

창덕궁 낙선재 꽃담

출처: 문화재청

8세 왕이 즉위하다

아버지 순조를 대신해서 대리청정하던 효명세자가 1830년 22세의 젊은 나이로 승하하고, 순조 역시 세자 사후 4년 만인 1834년에 승하하였다. 순조가 승하하자, 왕위는 세손으로 지명되어 있던 헌종이 계승하게 되었다. 헌종은 조선 역사를 통틀어 최연소인 8세로 왕위에 오르게 되었다.

헌종은 효명세자와 신정왕후의 장자로, 이름은 환奐, 호는 원헌元軒이다. 헌종은 1827년 7월 18일 창경궁 경춘전에서 태어났다. 경춘전은 헌종의 증조할아버지인 정조가 태어난 곳이기도 하다. 헌종 즉위 후 대비 순원왕후의 수렴청정이 시작되었다. 정치는 안동 김씨의 주도 하에 반남 박씨 등 몇몇 가문이 주도했고, 비변사가 최고 권력 기구의 기능을 했다. 안동 김씨의 위상이 절정에 달했음은 1837년 11세의 헌종이 안동 김씨 김조근의 딸(효현왕후, 1828~1843)을 왕비로 맞이한 것에서 드러난다.

헌종 재위 기간인 1839년(기해년)에는 대규모 천주교 탄압이 이루어졌다. 이때의 천주교 박해를 '기해박해'라 한다. 1791년의 신해박해, 1801년의 신유박해에도 불구하고 천주교를 신봉하는 사람들은 점차 늘어났다. 자생적인 천주교 신자들의 활동과 더불어 서양인 선교사의 입국이 시작되었다. 1835년 모방 신부가 입국을 했고, 모방 신부는 김대건 등을 마카오로 유학을 보냈다. 1837년에는 프랑스 신부 샤스탕에 이어 앙베르도 입국했다. 서양인 선교사의 입국과 천주교의 확산은 조정에 검거 선풍을 불게 했다. 1839년 3월 우의정 이지연이 사학邪學(천주교)의 진상 조사를 청하고, 5월 25일 헌종 5년에 백성에게 척사윤음[1] 을 교지로 내리면서 본격적인 천주교 탄압을 지시했다. 6월 10일 신도 8명의 처형을 시작으로 8월에는 정하상과 서양인 신부 3명이 처형되었다. 이때 정하상은 척사윤음에 대해 《상재상서》를 올려 천주교 교리의 정당성을 알리며 이를 적극 변호했다. 《헌종실록》에 의하면 배교하여 석방된 자가 48명, 옥사한 자가 1명, 사형된 자가 118명 등이었다.

1841년 15세 헌종의 친정이 시작되었다. 원칙은 20세 성인이 될 때까지 수렴청정을 하는 것이지만, 기간이 너무 길어서 5년을 단축한 것이다. 헌종의 친정 이후에도 안동 김씨 세력은 비변사를 중심으로 계속 권력을 행사해나갔다. 그러나 헌종의 어머니 신정왕후의 가문인 풍양 조씨의 세력이 강화되면서 이전처럼 안동 김씨가 일방적 독주를 할 수는 없었다.

1846년 20세가 된 헌종은 서서히 자신의 목소리를 내게 된다. 안동 김씨에 의해 쫓겨나서 제주도 대정현에 유배된 김정희의 석방을 명하기도 했고, 총융사, 훈련대장, 병조판서까지 국방과 군사의 요직은 모두 안동 김씨나 외척이 아닌 인물로 채워나갔다. 그러나 헌종에게 주어진 삶은 너무나 짧았다. 조금씩 진행되던 병세가 갑자기 악화되어 1849년 6월 창덕궁 중희당에서 숨

1 조선시대에 천주교를 배척하기 위하여 전국의 백성에게 내린 윤음. 서교의 폐해를 적어 그 배척해야 할 뜻을 적고, 끝에 한글로 주석을 달았다.

을 거두었다. 재위 15년이었지만 여전히 23세의 젊은 왕이었다. 《헌종실록》의 행장에는 다음과 같이 젊은 왕의 죽음을 애석해하고 있다.

> 왕이 봄부터 병환이 들어 점점 시일이 갈수록 피곤함을 보이셨으나 오히려 만기萬機를 수작해 조금도 게을리하지 않으셨다. 태묘太廟에 전성展機하는 일과 기예技藝를 시험하고 선비를 시험하는 일 같은 데에 이르러서도 편찮다 해서 행하지 않음이 없었으니, 대개 절제해서 고요히 조섭하시는 방도를 또한 잃은 바가 많았다. 5월에 대왕대비의 탄신을 경축하는 축하 의례를 여러 신하들이 힘껏 간청하자 대내에서 행례行禮하시고, 관물헌에서 시임·원임의 대신들을 소견하고 말하기를, '오늘 경들을 불러 만나는 것은 경사를 같이하려는 것이다'라고 하셨다. 성심聖心이 기쁘고 얼굴빛이 화창하신 것을 뵈니 병환이 나으시는 경사가 있을 것을 바랐는데, 6월 6일에 병환이 더욱 위독해져 마침내 오시午時에 창덕궁의 중희당에서 뭇 신하를 버리시니, 춘추는 23세이고 재위는 15년이다.

헌종의 무덤은 동구릉 경역 내에 조성되었으며 경릉景陵이라 했다. 현재의 경릉은 헌종의 곁에 효현왕후와 효정황후의 무덤 3개가 나란히 묻혀 있는 삼연릉三連陵 형식을 취하고 있는데, 정비와 계비가 왕 옆에 나란히 묻힌 경우는 조선의 왕 중 헌종이 유일하다.

정조를 이어받고자 한 헌종

헌종의 재위 9년인 1843년 8월 25일 효현왕후가 창덕궁 대조전에서 16세의 나이로 승하했다. 헌종의 나이도 이제 17세, 새로운 왕비를 맞이해야 했고, 왕비 승하 후 1년여 만인 1844년 10월 18일 남양 홍씨 홍재룡의 딸(효정왕후)을 계비로 맞이했다. 그런데 효정왕후가 계비로 간택된 지 3년 만인 1847년 11월에 대왕대비인 순원왕후는 언문 교지를 내려, 중전에 병이 있다는 이유로 헌종의 후궁을 간택하게 하는 이례적인 조치를 내린다. "국조의 전례를 따라 사족士族 가운데에서 처자를 가려 빈어(후궁)에 둔다면 후사를 널리 구하는 도리가 오직 여기에 있을 것이다"라고 해서 후궁의 간택이 왕의 후계를 잇게 하는 차원임을 표방했다. 14세부터 19세까지 처녀에 대한 금혼령이 내려졌고, 같은 해 10월 20일 주부 김재청의 딸을 간택해 경빈으로 책봉했다. 경빈 김씨의 본관은 광산光山으로, 광산 김씨는 조선 후기 송시열의 스승인 김장생과 숙종의 정비인 인경왕후를 배출한 명문가였다.

헌종은 후궁인 경빈 김씨를 총애했으며, 그녀를 위해 석복헌을 지어주기도 했다. 현재 창덕궁과 창경궁의 경계에 위치하고 있는 낙선재는 실제 낙선재와 석복헌 · 수강재의 3개 건물로 구성되어 있다. 낙선재 일대는 왕실의 권위를 확립하고 개혁 의지를 실천하고자 하는 헌종의 의지가 나타나 있는 공간이기도 한데, 특히 후궁인 경빈 김씨와 대왕대비인 순원왕후와도 관련이 깊은 곳이다.

낙선재는 헌종이 20대 이후 친정을 하며 한창 왕권 강화를 시도하던 시기인 1847년(헌종 13)에 건립되었다. 이 건물은 〈동궐도〉 등을 살펴보면 창경궁 영역에 속해 있었는데, 지금은 창덕궁에서 관리를 맡고 있어 창덕궁으로 입장해야 볼 수 있다. 헌종의 문집인 《원헌고》에 수록된 〈낙선재 상량문〉에는 낙선재 이름의 유래와 함께, 일반 사대부가의 건물처럼 단청을 칠하지 않은 이유가 잘 나타나 있다. "듣건대, 순舜임금은 선善을 보면 기뻐해 황하가 쏟아지는 듯했다. (중략) 붉은 흙을 바르지 않음은 규모가 과도하지 않게 하기 위함이고, 화려한 서까래를 놓지 않음은 소박함을 앞세우는 뜻을 보인 것이다"라고 한 것이다.

위의 기록을 통해 낙선재란 이름은 중국의 태평성대를 이루었던 순임금의 고사에서 유래했으며, '선을 즐거워한다'라는 뜻을 담고 있음을 알 수 있다. 또한 헌종이 화려함을 쫓지 않고 소박함을 내세우고자 이곳의 단청을 칠하지 않았음을 파악할 수 있다.

헌종이 증조부인 정조의 뜻을 이어받고자 낙선재를 세웠다는 점도 흥미롭다. 정조는 1776년 즉위 직후 개혁의 공간으로 규장각을 건립했는데, 이때 규장각의 2층은 수많은 책과 선왕의 어진을 보관하는 주합루였다. 정조는 1782년에 세자의 공간으로 중희당을 건립하며, 바로 연접하는 곳에 주합루를 모방한 소주합루小宙合樓(헌종 대 승화루로 개칭)를 세워주었다. 헌종은 낙선재를 바로 이 소주합루에 기대어 그 옆쪽에 건립했다.

헌종은 낙선재 영역인 승화루에 많은 서책을 보관했다. 《원헌고》에 수록된 〈낙선재 상량문〉에서, "동벽東壁에는 온갖 진귀한 서책들이 빛나고, 서청西淸에는 묵은 나무가 휘날려 창이 영롱하다. 잘 꾸며진 서적은 유양酉陽(중국 호남에 있는 산)의 장서보다 많고 아름다운 비단 두루마리는 성상이 을야乙夜(밤 9~11시)에 볼 자료로다"라고 한 것에서 정조를 이어 많은 서책을 연구하려 한 헌종의 의지를 엿볼 수가 있다. 또한 승화루에 보관한 서책 목록을 정리한 《승화루서목》을 보면, 책이 총 3,742책이며 서화가 총 665점에 이른다. 이처럼 헌종은 승화루 옆에 낙선재를 건립하고 훙서하기 전까지 낙선재를 주요 활동 공간으로 이용함으로써, 규장각을 건립한 정조를 본받아 정치 개혁의 의지를 보이고자 했다.

경빈 김씨를 위한 공간, 석복헌

낙선재 건립 이듬해인 1848년(헌종 14) 8월 11일, 헌종은 낙선재 동쪽에 석복헌을 지었다. 석복헌은 '복을 내리는 집'이라는 의미를 담고 있는데, 여기에서 말하는 복은 왕세자를 얻는 것이라 추측된다. 석복헌은 헌종이 후궁인 경빈 김씨를 위해 지은 공간이다. 정조를 닮고 싶어 했던 헌종은 후궁을 들일 때도 그 전례를 따랐다. 정조가 정미년인 1787년(정조 11)에 후궁 수빈 박씨를 들인 것처럼, 헌종은 그로부터 꼭 60년 만인 1847년(헌종 13) 정미년에 경빈 김씨를 선발했다. 그리고 정조가 수빈 박씨를 맞아들인 예에 따라 헌종은 경빈 김씨와 가례를 거행했다. 이는 장차 후궁을 통해 태어날 원자의 권위 및 정통성 확보와 관련이 있었다.

창덕궁 낙선재 석복헌

이후 경빈 김씨는 순화궁順和宮이라는 궁호를 받았다.

헌종은 석복헌을 새로 지으면서 그 옆의 수강재도 함께 중수(헌 것을 손질하며 고침)했다. 헌종은 수강재를 육순을 맞이한 대왕대비의 처소로 사용하기 위해 중수하였고, 이를 수강재 중수 상량문에 밝혔다. 수강재는 《서경》에서 말하는 다섯 가지 복 중에 장수와 강녕을 기원하는 곳이며, 대왕대비인 순원왕후가 머물렀다. 수강재를 중수하면서 헌종은 정비가 아닌 후궁 경빈 김씨의 건물과 순원왕후의 건물을 나란히 배치했다. 헌종은 경빈 김씨의 위상을 높이고 그 후사의 권위와 정통성을 높이려 했다. 정조는 창경궁에 혜경궁 홍씨를 위해 자경전을 짓고 인근의 집복헌에서 결국 수빈 박씨가 낳은 순조를 얻었다. 헌종은 바로 이러한 전대의 좋은 기운을 이어받기 위해 석복헌과 수강재를 나란히 조성했던 것으로 보인다.

그러나 헌종의 기대와 달리 경빈 김씨는 후사를 낳지 못했다. 낙선재를 지은 지 불과 1년 만인 1849년 6월에 헌종이 세상을 떠난 것도 한몫을 했을 것이다. 경빈 김씨는 헌종이 승하하자 궁에서 나와 현재의 안국동 근처에서 살다가 1907년(광무 11) 6월에 76세의 생을 마쳤다. 고종은 경빈 김씨가 서거하자 장례비를 예비금 중에서 하사하는 등 극진한 예우를 했다고 한다. 고종은 특히 경빈 김씨가 입궁한 지 60주년이 되는 해에 사망한 것을 기억했다. 그녀의 묘는 처음 양주의 휘경원(순조의 생모인 수빈 박씨의 묘소)을 옮겨온 곳에 조성되었는데, 현재에는 서삼릉 경내에 마련된 후궁 묘역에 옮겨져 있다.

현대에 들어와 낙선재 영역에는 마지막 황비 순정효황후, 마지막 황태자비 이방자 여사, 마지막 옹주 덕혜옹주 등이 거처했다. 때문에 낙선재는 국권을 빼앗긴 조선 황실의 마지막 모습을 보여주는 공간으로 여겨졌다. 그러나 사실 낙선재는 헌종과 경빈 김씨의 이야기가 얽힌 곳이다. 낙선재가 세워진 과정에는 정조를 닮고자 했던 헌종의 의지와 더불어 경빈 김씨에게 후사를 기대했던 사랑이 있었다.

창덕궁 낙선재 후원 화계
출처: 문화재청

강화도령 철종, 왕이 되다

1849년 6월 헌종이 23세의 짧은 생을 마감했다. 헌종은 두 명의 왕비와 두 명의 후궁을 두었지만 소생을 두지 못했다. 왕의 사후에 후계자가 결정되지 못하여 왕위 계승 문제는 미궁 속으로 빠졌다.

당시 왕실의 최고 어른은 헌종 때부터 수렴청정을 하면서 세도정치의 중심인물이 된 안동 김씨 출신의 순원왕후 김씨였다. 대비 순원왕후를 중심으로 후계자 선정 작업을 거쳐, 결국 원범元範이 헌종의 후계자로 지명되었다. 원범은 선대부터 강화도에 귀양을 가 있어서 '강화도령'으로 불렸고, 왕명을 받은 신하들에 의해 궁궐로 들어왔다. 원범은 6월 17일 창덕궁 인정문에서 즉위식을 올리고 조선의 25대 왕 철종(1831~1863, 재위 1849~1863)이 된다.

강화도령, 왕이 되다

철종은 전계대원군 이광과 염씨의 3남으로 1831년 한양의 경행방에서 태어났다. 초명은 원범이며, 후에 변昪으로 고쳤다. 왕실의 후손이긴 했으나 철종의 유년은 불우했다. 선대가 역모에 연루되어 강화도에 유배되었기 때문이다. 불운은 조부인 은언군 이인에게서 비롯되었다.

은언군은 사도세자의 아들로 정조의 이복동생이다. 홍국영이 정조의 총애를 받던 시절, 홍국영은 그의 누이 원빈의 양자를 은언군의 아들 상계군 이담으로 삼았다. 그러나 상계군을 내세운 역모 사건이 일어나면서 은언군도 상당히 위험한 상황에 빠졌다. 은언군에 대한 처벌이 거듭 이어졌지만 정조가 끝내 그를 보호하면서 목숨은 유지할 수 있었다. 그러나 순조 즉위 후 정순왕후가 수렴청정하던 시절 은언군의 처 송씨와 며느리인 신씨가 천주교 신자라는 사실이 밝혀졌고, 결국 은언군은 처, 며느리와 함께 처형되었다.

불행은 여기서 그치지 않았다. 은언군에게는 상계군과 전계군이라는 아들이 있었고, 전계군은 세 아들 원경, 경응, 원범을 두었다. 그런데 형인 원경(화평군)이 1844년(헌종 10) 민진용의 역모 사건에 연루되어 죽으면서, 경응과 원범을 포함한 집안 모두가 교동을 거쳐 강화도로 유배되었다. 현재에도 강화읍에는 철종의 잠저인 용흥궁이 남아 있어서 강화도령 시절 철종의 흔적을 느낄 수 있다. 헌종 사후 그나마 다행스러운 것은 전계군의 두 아

출처: 국립고궁박물관, 문화재청

〈철종어진〉과 이를 확대한 모습. 오른쪽 1/3이 소실되었지만 임금이 구군복具軍服을 입고 있는 초상화로는 유일한 자료이다.

들 경응과 원범이 강화도에서 생존해 있던 것이었다.

순원왕후는 헌종의 후계 문제로 깊은 고심을 했다. 헌종에게 자식이 없었고, 가까운 왕실의 인물도 대부분 역모에 연루되어 있었기 때문이다. 경종 이후 지속된 당쟁과 19세기 세도정치로 헌종의 6촌 이내에 드는 왕족이 단 1명도 없는 상황이었다. 순원왕후는 고심 끝에 영조의 핏줄을 이은 인물은 원범뿐이라면서 원범을 후계자로 지명했다. 《철종실록》에서 "1849년 6월 6일에 헌종이 승하하자, 순원왕후의 명으로 심도沁都(강화도)에서 맞아들여 헌종의 대통을 잇게 했다"라고 한 것은 이러한 상황을 잘 보여주고 있다. 경응도 생존해 있었지만 20세 이전의 왕이 더 적임자라고 판단했을 것이다. 철종의 즉위로 전계군은 선조의 생부인 덕흥대원군과 인조의 생부인 정원대원군에 이어 조선 역사상 세 번째의 대원군이 되었다.

철종은 선대부터 역모 사건에 여러 차례 연루되었던 상처로 그나마 목숨을 유지한 채 농사꾼으로 살아가는 삶에 만족하고 있었다. 그러나 그는 항상 신변에 불안을 느끼고 있었고, 1849년 6월 조정에서 그를 찾는 행렬이 오자 무척이나 당황했다. 더구나 그를 왕으로 모시러 왔다는 영의정 정원용의 말을 신뢰하지 못했다. 철종은 얼떨결에 궁궐로 향했고 왕위에 오르게 되었다.《철종실록》에는 "가마를 호위하며 갑곶진을 건널 적에는 오색 무지개가 큰 강에 다리처럼 가로질러 있었고 양화진에 이르렀을 적에는 양떼가 꿇어앉아 맞이하는 것 같은, 문후問候하는 형상을 했습니다"라고 하면서 철종의 한양 입성을 축하하고 있다.

불안한 왕의 자리

1849년 철종 즉위 후 순원왕후는 아직 19세인 철종을 대신해서 수렴청정을 하게 되었다. 순원왕후가 헌종 대에 이어 2대 연속으로 수렴청정을 하며, 안동 김씨의 세도가 더욱 커졌다.

조정은 고민이 컸다. 철종은 시골인 강화에서 오랜 기간 거주했기에 제대로 된 왕세자 교육을 조금도 받은 바가 없었기 때문이다. 철종을 모시고 온 정원용이 그동안 어떤 책을 읽었냐는 질문했다. 철종은 "《통감》 2권에 《소학》 1, 2권을 읽었는데, 그나마 읽은 것도 지금은 잊어버렸다"라고 대답해서 많은 사람을 당황하게 했다. 철종 즉위 후 1849년 6월 9일 대비가 대신들에게 내린 첫 하교도 왕이 학업에 성취가 있도록 보필할 것을 당부한 내용이었다. "군덕君德의 성취는 오직 강학講學이 있는 바 왕이 배우지 아니하면 어떻게 정사를 하겠소? 군신 상하가 한마음으로 힘써 기어코 덕성德性을 보도輔導해야겠는데, 이 일을 깊이 여러 대신들에게 기대하는 바이오"라면서 순원왕후는 우려 섞인 지시를 했다.

그러나 한편으로는 "주상은 영조의 현손으로 지난날에 어려움도 많았고, 오랫동안 시골에서 살아왔소. 그러나 옛날 제왕 중에도 민간에서 생장한 이가 있었는데, 백성의 괴로움을 알아 빠짐없이 정사를 하면서 매양 애민愛民을 위주로 해서 끝내는 뛰어난 군주가 되었소"라고 하면서, 백성들과 함께 생활한 철종의 경험이 긍정적으로 작용할 수 있다는 점도 짚었다. 철종은 학문적으로나 정치적으로나 능력을 제대로 갖추지 못했으나, 개인적으로는 검소했다. 실제 철종이 검소한 생활을 했음은 행장의 "법장法章 이외에는 항상 명주와 면포를 입었고 두세 번씩이나 세탁해서 입었고, 궁실이나 원포苑圃는 수리만 할 뿐이었으며, 진기한 찬선饌膳을 물리치고 기이한 완구玩具는 끊어버렸기 때문에 담박淡泊하여 기호嗜好가 마음에 접촉하는 일이 없었습니다"라는 기록에서도 잘 확인할 수 있다.

철종은 강화도에서는 노총각으로 살다가 1851년 안동 김씨 김문근의 딸을 왕비(철인왕후)로 맞았다. 안동 김씨 출신이 순조, 헌종, 철종 3대 연속으로 왕비가 된 것이다. 그만큼 안동 김씨의 위상은 강했고, 헌종 대에 안동 김씨에 맞섰던 인물들은 대거 숙청되었다. 권돈인이 대표적인 인물로서, 권돈인과 깊은 관계에 있었던 김정희 또한 함경도 북청으로 유배길에 올랐다. 김정희는 이미 헌종 대에 제주도 대정현에 유배되어 〈세한도歲寒圖〉를 남기기도 했다. 김정희는 추사체로 유명한 조선 후기 최고의 예술가였으면서도, 헌종과 철종 대 한반도의 남쪽 끝과 북쪽 끝을 밟은 불운한 인물이기도 했다.

철종 대 안동 김씨는 김좌근과 김흥근을 중심으로 왕의 장인인 김문근, 그리고 이들의 아들들인 김병기, 김병학, 김병국, 김병교 등이 정치의 요직을 차지하면서 전성기를 맞았다. 세도 정치가 주위엔 벼슬을 청탁하는 사람이 들끓었고 매관매직이 성행했다. 뇌물을 주고 수령이 된 관리들은 상납한 자신의 몫을 뽑기 위해서 백성을 심하게 착취했다. 세도정치가 계속되면서 부패의 먹이사슬이 악순환 되었다.

한편으로는 허수아비 왕을 세우는 것이 세도 유지에 유리하다고 판단한 순원왕후와 안동 김씨의 입장과 상황이 맞아떨어진 점도 있다. 이러한 세도에서 파생된 정치 기강의 문란과 부정부패의 피해는 고스란히 힘없는 백성들의 몫으로 떨어지고 말았다. 백성의 삶은 더욱 곤궁해져, 진주 등 삼남 지방을 중심으로 대규모 농민 항쟁이 일어났다.

《일성록》에 칼로 잘린 흔적이 있는 까닭은?

역모에 연루되어 강화에 유배되었던 철종 집안의 경력은 왕실에도 큰 부담으로 작용했다. 그래서인지 왕실에서는 철종의 선대가 역모에 연루된 때의 기록을 삭제하고자 했고, 이것이 현재 서울대학교 규장각한국학연구원에 보관되어 있는 《일성록》 원본에 그대로 남아 있다. 《일성록》은 1760년(영조 36) 1월부터 1910년(융희 4) 8월까지 151년간의 국정에 관한 제반 사항을 기록한 일기이다. 이는 정조가 세손 시절 자신의 언행과 학문을 기록한 《존현각일기》에서 비롯되었다. 1783년(정조 7)부터 《일성록》은 국왕의 개인 일기를 규장각 관원들이 시정施政에 관한 내용을 작성한 후에 왕이 재가하여 공식적인 국정 일기로 전환하였다. 《일성록》은 국가의 주요 정책이나 전례의 고증이 필요한 경우 열람을 허용하기도 했다. '왕실의 비사秘史'로 인식하여 보관에 주력한 《조선왕조실록》과는 달리 《일성록》은 국정 참고용 기록물의 성격을 띠고 있었다.

그러나 철종의 즉위 후 《일성록》이 훼손되는 일이 발생한다. 현재 《일성록》에서 칼로 오려진 곳은 정조 10년 12월 1일부터 정조 23년 11월 5일까지 총 635곳에 달한다. 이것을 지시한 인물은 순원왕후였다. 철종에게는 역모에 연루되어 강화에 귀양을 간 은언군의 후손이라는 꼬리표가 따라다니고 있었다. 이것은 결국

《일성록》의 관련 기록 삭제로 이어졌다. 즉 정조 대 기록 중 철종의 선대인 은언군과 관련된 주요 기록을 칼로 삭제함으로써, 철종에 불리한 기록을 완전히 세탁하려 한 것이었다. 실제 도려낸 날짜의 기록을 《철종실록》과 비교하면 대부분 은언군이나 은언군의 아들인 상계군과 관련된 기록으로, 모두 철종의 선대에 관해 불리한 내용들이다. 《일성록》의 기록 제거는 19세기 후반 점차 권위가 추락하고 있는 조선왕조의 단면을 보여준 우울한 사건이다.

1862년 진주 민란, 전국을 휩쓸다

19세기 순조의 즉위부터 본격화된 외척 중심의 세도정치는 철종 대에 그 절정을 맞이하고 있었다. 권력은 안동 김씨, 풍양 조씨, 반남 박씨 등 소수의 가문에 집중되었다. 농민은 세도 가문, 탐학한 수령, 아전으로 이어지는 먹이사슬의 구도의 최하위층으로 피해가 점점 커졌다.

왕이 제대로 민생을 해결해주지 못하자 농민들이 폭발했다. 1862년(철종 13)이 임술년이고, 진주가 민란의 중심지였기에 '임술 민란' 또는 '진주 민란'이라고 일컫는 전국 최대 규모의 농민 반란이 일어났다. 진주 민란은 19세기 중반의 철종 시대가 얼마나 살아가기에 힘들었는지 잘 증명해주고 있다.

농민들, 다시금 폭발하다

1811년 홍경래가 평안도를 중심으로 농민 봉기를 일으켜 한

때는 정주성을 점령하는 등 조정을 긴장시켰음에도, 세도정치에서 파생하는 봉건 제도의 문제점은 여전히 개선되지 않았다. 무엇보다 농민들을 가장 고통스럽게 했던 세금 제도와 신분 제도의 모순은 해결될 기미가 보이지 않았다. 농민들은 처지가 개선되기는커녕 날이 갈수록 악화되자 불만이 최고조에 이르렀다.

1862년 2월 29일 철종은 경상도 관찰사 이돈영의 급보를 받았다. "진주의 난민들이 병사를 협박하고 인명을 불태워 죽였다"라는 내용이었다. 이에 철종은 하교를 내려, "난민들의 패려한 습관이 예로부터 어찌 한정이 있었겠는가마는, 이토록 극도에 이른 경우는 없었으니 세변世變이 참으로 없는 것이 없는 지경에 이르렀다"라면서 사태의 심각성을 크게 우려했다. 이어서 "수령들이 평일에 잘 백성들을 살폈다면 이런 일이 일어나지 않았을 것"이라면서 조정의 평소 대책에도 문제가 있음을 시인했다. 1862년 진주를 중심으로 타오른 농민 봉기의 횃불은 이전의 민란과 많은 차이가 있었다. 홍경래의 난은 평안도에 국한되었으나, 이번 민란은 전국으로 확산되었다. 삼남 지방은 물론이고 나아가 조선의 전역을 뒤흔드는 민란이 된 것이었다.

진주의 농민 봉기를 촉발시킨 직접적인 원인은 경상우도 병마절도사 백낙신의 탐학이다. 그렇지 않아도 생계가 막막한데 부당한 세금을 걷으려 하자 이에 반발한 농민들이 조직적으로 저항하기 시작했다. 백낙신은 무기 구입 예산 3,800냥을 전용해서 구입한 쌀 1,200여 가마를 농민들에게 강제로 대출해주어 이자

7,000냥을 챙기고, 아전들과 결탁해 재산을 증식시키는 등 전형적인 부정부패 관리의 모습을 보였다.

분노한 농민들은 '탐관오리들이 훔쳐 먹은 환곡을 백성들에게 거두지 말라'라고 외치면서 대규모 항거에 나섰다. 진주 관아로 몰려가 관리들에게 사죄할 것을 요구하고 탐관오리의 처벌을 주장했다. 농민들의 위세에 눌린 진주목사와 백낙신은 이들의 요구를 들어주겠다고 하여 겨우 목숨만은 보전했다. 기세가 등등해진 농민들은 평소 세금을 부당하게 징수하며 농민들을 괴롭히던 아전들을 잡아다 죽이는가 하면 악질 양반의 집을 방화했다. 이렇게 농민 시위는 폭동의 양상으로 발전했다. 진주를 중심으로 시작된 농민 봉기는 뒤를 이어 경상도 20개 군현, 전라도 37개, 충청도 12개 군현 등 삼남 지방 전체로 확산되었다. 이어서 경기도, 황해도, 함경도 일부 지역의 농민까지 참여함으로써 전국적인 농민 반란의 양상을 띠게 되었다. 1862년 한 해에만 무려 37건의 민란이 일어났다. 이제 더 이상 농민은 중앙정부의 수탈에 말없이 복종하는 순한 백성이 아니었다.

농민 봉기의 과정과 경과

진주 민란은 처음부터 무장봉기로 시작된 것이 아니었다. 처음에는 법의 테두리 안에서 농민의 어려움을 호소하는 소극적인 방법을 썼다. 하지만 조정에서 환곡의 물량을 확보하기 위해 토지에도 세금 부담을 지우는 도결都結을 징수하고, 가구별로 환곡을 부담하게 하는 통환通還을 실시하자 이들의 분노는 폭발하게 되었다.

농민 봉기의 가장 큰 원인은 삼정이라 불리는 전정 · 군정 · 환곡의 문란이었다. 철종 시대에는 특히 세금이 과다 징수되고, 군역의 대상이 아닌 사람들에게 군역이 부과되었다. 환곡은 고리대로 전락해서 농민의 불만을 가중시켰다. 당시 군역의 문제가 얼마나 심각했는가는 《다산시문집》에 수록된 정약용의 시 〈애절양哀絶陽〉에도 잘 나타나 있다.

> 시아버지 죽어 상복 이미 입었고 갓난아기 배냇물도 마르지 않았지만 삼대의 이름이 군적에 실렸다. (중략) 남편 문득 칼을 갈아 방안으로 뛰어들더니 붉은 피 자리에 낭자하구나. 스스로 한탄하네. 아이 낳은 죄로다.

죽은 사람, 어린아이 할 것 없이 군역이 부과되고 백성은 이를 감당할 수 없어 자신의 성기까지 끊는 당시의 비참한 사회상이 적나라하게 그려져 있다.

한번 폭발한 민심은 쉽게 가라앉지 않았다. 진주 민란의 주동자는 향임 출신인 유계춘이었다. 그는 전직 관원인 이명윤 등과 상의해서 도결과 통환을 철회하는 집회를 준비했다. 그러나 이명윤이 불법 시위를 강하게 반대하자, 결국 자신이 주도해서 철시를 요구하는 한글 통문을 진주 읍내에 붙이고 초군(나무꾼) 패의 두목인 이계열과 합세해 초군을 봉기에 적극 끌어들이는 독자적인 행동에 나섰다. 초군은 건장한 체력과 탄탄한 조직력을 갖추고 있었다. 초군들은 대개 빈농 출신으로 지주나 부농들 아래서 머슴을 살았고, 20~30명 단위로 활동하면서 산을 다니며 나무를 날랐다. 또한 협동심과 조직력이 강했다. 이들은 흰 두건을 머리에 매고 몽둥이로 무장하여 봉기의 선두에 나서면서 진주 민란의 또 다른 주역으로 활약했다.

진주 읍내 각 면의 농민들은 2월 6일 유계춘 등이 돌린 통문을 보고 수곡 장날 남강 주변에 서서히 모여들었다. 농민들은 과도한 세금 수탈에 분노를 터트리며 관아에 진정서를 제출하는 건을 놓고 격론을 벌였다. 이날의 시위로 유계춘은 체포되었으나, 초군을 중심으로 한 무장 봉기가 시작되었다. 2월 14일 이후 농민군은 집단행동에 들어갔다. 농민군은 초군을 선두로 덕산장에 진출하고 이어 인근의 마동, 원당, 백곡 등을 접수했다. 또 덕산장에서 탐관오리의 죄상을 폭로하는 대규모 집회를 열었다. 농민군들은 관아로 들어가 자신들의 요구를 말했고 겁에 질린 관리들은 일단 농민군의 요구에 응했다. 분노에 찬 농민군들은 가는 길목마다 조세를 징수했던 탐학한 아전들의 집을 부수고 방화했다. 2월 19일에는 민가에 숨어있던 이방 김윤두가 몽둥이에 맞아 죽는 사건도 발생했다. 이후에도 농민들은 진주 외곽 지역을 돌며 그동안 관리들과 결탁해 농민들을 괴롭히던 지주와 부농들의 집을 습격하고 재물을 약탈했다. 민란은 폭동의 양상을 띠면서 건잡을 수 없는 기세로 퍼져나갔다.

1862년의 진주 민란은 처음에는 세금 수탈에 불만을 품은 가난한 농민과 몰락 양반, 지방의 토호土豪들이 가세해 자치적 회의 기구인 향회를 조직함으로 합법적인 소통 운동을 폈다. 그러나 조정에서 별다른 대책을 제시하지 못하자 죽창 등의 무기를 들고 수령이나 이서배, 지주, 고리대금업자 등을 공격하는 농민 반란으로 발전하면서 진주 전역을 휩쓸고 지나갔다. 이후 농민들의 봉기는 진주가 위치한 경상도에서 시작해 전라도, 충청도로 들불처럼 번져나갔다.

동학 농민 운동의 전조가 되다

농민들의 반란이 예상 밖으로 빨리 수습되지 않고 오히려 확산되자, 조정은 위기감을 느꼈다. 조정은 '탐관오리만 처벌하면 난이 가라앉을 것'이라는 기존의 입장을 바꿨다. 안핵사와 암행어사를 파견해서 사태의 파악과 수습에 나서는가 하면, 주동자를 처형하고 가담자를 처벌하는 강경책을 쓰기도 했다. 그러나 반란의 횃불은 여전히 꺼지지 않았다.

당시 안핵사로 파견되었던 인물 박규수(1807~1876)는 박지원의 손자이자, 효명세자의 개혁 정책에도 영향을 준 인물이었다. 진주 민란 이후에도 박규수는 김옥균, 박영효, 홍영식 등의 멘토가 되면서 근대 시기 개화사상의 형성에 주요한 역할을 하게 된다. 안핵사 박규수는 자신이 민란의 원인과 피해 상황을 조사하기 위해 조정에서 파견되었고, 봉기 농민을 처벌하러 온 것이 아님을 강조하며 농민 반란의 분위기를 진정시키는 데 역점을 두었다. 1862년 5월 철종이 박규수의 건의를 받아들여 삼정이정청을 설치한 것도 이반된 민심을 진정시키기 위해서였다.

19세기 농민들을 가장 괴롭혔던 전정 · 군정 · 환곡 등 삼정의 잘못을 바로잡는다는 명목으로 삼정이정청이 설치되었다. 농민 봉기는 잠시 진정되는 듯 했으나, 삼정이정청은 단지 농민의 부담을 완화하는 데 그쳤지 당시 농민들이 안고 있는 근본적인 사회문제를 해결하지 못했다. 삼정이정청 설치는 반란을 진정시키기 위한 미봉책에 그치고 말았던 것이다. 6월 12일에 철종은 인정전에 나아가 삼정의 대책을 묻고 삼정이정청의 신하들을 인견引見하는 등 왕 스스로도 삼정의 문제점을 깊이 인식했다.

정부의 정책은 갈팡질팡했다. 1862년 윤8월에《삼정이정절목》을 발표해 삼정 중에서도 농민의 원성이 가장 컸던 환곡 제도를 철폐한다고 발표했으나 이 조치는 2개월 후에 폐지되었다. 미온적인 대처는 결국 제2, 제3의 진주 민란을 불러오게 되었다. 허약한 왕실과 이미 부정부패가 관습화된 관리들에게 더 이상 문제 해결을 기대하기는 어려웠다. 이미 조선 사회의 행정력은 지방 통제에 한계를 보이고 있었다.

1862년의 임술민란 이후에도 농민 반란이 계속 일어났다. 국가가 근본적으로 농민 문제를 해결하지 못했음을 여실히 보여준 것이다. 흥선대원군 집권 시기인 1869년의 농민 반란을 위시해 1871년 제주도에서 일어난 이필제의 난은 모두 1862년 진주 민란의 연장선상에 있었다. 1894년에 일어나 전통 시대 해체에 중요한 전기를 마련한 동학 농민 운동 또한 진주 민란이라는 전국 규모 반란의 경험이 이어진 것이었다.

철종의 승하와 예릉

진주 민란의 후유증이 너무 컸던 탓일까? 철종은 민란이 어느 정도 수습된 1863년 12월 두 달 넘게 이어진 병세가 급격히 악화된 가운데 12월 8일 창덕궁 대조전에서 승하했다. 철종의 국장은 관례에 따라 5개월 장으로 진행되었고, 고종 때인 1864년 4월 6일 발인하여 4월 7일 예릉睿陵에 안장되었다. 1878년(고종 15) 철인왕후는 승하한 후 철종 곁으로 와서 묻혔다. 현재 경기도 고양시에 있는 예릉 곁에는 중종의 계비인 장경왕후의 희릉과 인종의 효릉이 함께 조성되어 있다. 현재는 '서삼릉'이라고 불리고 있다.

철종은 왕비인 철인왕후와의 사이에서 후사를 두지 못했다. 철종의 유일한 자녀는 후궁 숙의 범씨가 낳은 영혜옹주 한 명뿐이었다. 영혜옹주의 남편은 개화파로 익히 알려진 박영효다. 헌종과 철종이 연이어 후사 없이 승하하면서 조선 왕실은 다시금 후계자 문제를 둘러싸고 치열한 정치적 대결을 벌이게 되었다. 철종 시대부터는 서양 세력의 침략까지 노골화되면서 조선은 안과 밖으로 격동의 시기를 맞이한다.

조선 제19대 왕 **숙종의 어필**

肅宗大王御筆

使人長智莫如學若玉求文
必待琢經書奧旨于誰問師
傳宜親不厭數
時乙未至月四日也

왕의글귀
일곱

使人長智莫如學

지혜를 기름은 배움만 한 것이 없고

若玉求文必待琢

구슬의 문체는 다듬기를 기다리는 법

經書奧旨于誰問

경서의 깊은 뜻을 누구에게 물으랴?

師傅宜親不厭數

스승을 친히 하여 자주 물어야 한다네

제8장

출처: 국립중앙박물관

개항과 근대

홍선대원군의 아들,
왕이 되다

1863년 12월 철종이 후사 없이 사망하면서, 왕위는 홍선대원군 이하응(1820~1898)의 차남 재황(고종)에게로 계승되었다. 60여 년간 세도를 누렸던 안동 김씨 실권자들은 경악했다. 그러나 이미 엎질러진 물이었다. 홍선대원군은 영조의 증손자인 남연군의 넷째 아들로, 왕족이긴 했지만 안동 김씨 세도의 위세에 눌려 제대로 대접을 받지 못했다. 이런 인물의 아들이 어떻게 왕이 될 수 있었을까?

홍선대원군과 신정왕후의 연합

고종(1852~1919, 재위 1863~1907)이 왕위에 오르는 데 있어서 결정적인 역할을 한 인물은 아버지 홍선대원군이었다. 조선의 역사상 왕이 아니면서 이처럼 적극적으로 아들의 왕위 계승을 주도한 인물은 없었다. 홍선대원군은 철종에게 후사가 없는 상황에

출처: 문화재청

흥선대원군 영정

서, 왕위 계승 지명권을 가진 신정왕후(조대비)에게 신임을 얻는 것이 아들을 왕위에 올리는 길임을 직감했다. 그리고 신정왕후가 60년간 세도정치의 중심이 된 안동 김씨 가문의 세력 약화에 힘을 기울이고 있는 점을 주목했다.

신정왕후 조씨는 효명세자의 세자빈으로 궁궐에 들어왔지만 세자의 요절로 실제 왕비에는 오르지 못했던 인물이었다. 또한 순종의 왕비인 안동 김씨 시어머니 순원왕후가 철종 대까지 수렴청정을 했으므로, 신정왕후는 왕실 여성의 최고 지위를 누리지 못하고 있었다. 1857년 순원왕후의 사망으로 신정왕후는 왕실 여성 서열 1위의 자리를 찾았다. 신정황후는 풍양 조씨 명문가의 딸이자 헌종의 어머니였지만 시어머니 순원왕후와 안동 김씨의 그늘에 가려 있었다. 신정왕후는 철종 대 후반부터 서서히 그 존재감을 드러냈고, 철종이 승하하자 권력의 최정점에 서게 되었다. 왕이 후사 없이 사망하면 후대 왕 결정의 책임은 대왕대비에게 있었다. 이전부터 이러한 분위기를 감지한 흥선대원군은 신정왕후와 잦은 접축을 가졌다.

안동 김씨 측에서도 철종의 후사에 신경 썼다. 그들은 왕실 종친들에게 압박을 행사했는데, 1862년에는 왕실 종친 중 총명한 자로 소문나있던 이하전을 역모 혐의가 있다 모함하여 제주도로 유배를 보내기까지 했다. 이후 이하전은 사약을 받아 죽었고, 현명한 왕이 후계자가 될 기회가 원천적으로 사라지게 되었다. 그러나 흥선대원군은 처음부터 신정왕후의 신임 확보에 모든 것을 걸었고, 결국 그의 두 번째 아들 명복을 왕으로 지명하는 결정을 신정왕후로부터 이끌어냈다.

1863년 12월 신정왕후는 흥선대원군 이하응의 아들 재황을 철종의 후계자로 지명했다. 신정왕후는 흥선대원군에게 큰아들 재면이 있음에도 불구하고, 12살 소년 재황을 선택했다. 고종이 성년이 될 때까지 수렴청정을 하겠다는 정치적 계산도 있었던 것으로 추측된다. 그러나 의외로 신정왕후는 수렴청정을 포기하고 흥선대원군에게 거의 모든 권력을 위임했다. 안동 김씨 세도정치를 종식시키는 데는 흥선대원군이 적임자라고 판단했기 때문이었다.

고종의 즉위로 조선의 역사에서는 최초로 살아있는 대원군이 조정의 최고 실권자가 된 상황이 발생했다. 원래 대원군은 왕이 되지 못한 왕의 아버지를 일컫는 보통명사다. 선조의 부친 덕흥대원군, 인조의 부친 정원대원군, 철종의 부친 전계대원군 등 이미 세 명의 대원군이 있었지만 모두 아들이 왕위에 오르기 전

사망하면서 대원군으로 추증된 경우였다. 흥선대원군은 생존한 상태에서 아들이 왕위에 올랐고, 실질적으로 아들을 왕으로 만든 주역이라는 후광을 업고 10여 년간 권력의 중심에 있었다. 고종의 즉위 이후 주요한 정치 현장에서 왕의 이름은 사라지고, 흥선대원군만 언급되는 것은 그만큼 그의 비중이 절대적이었음을 증명해주고 있다.

흥선대원군, 개혁의 전면에 서다

흥선대원군은 신정왕후와의 밀약 속에 고종이 나이가 어리다는 이유를 내세워 바로 섭정 체제에 들어갔고, 온갖 굴욕을 견디면서까지 안동 김씨에 대한 공격에 나섰다.

먼저 19세기 60년 안동 김씨 세도정치의 본산이라 할 수 있는 비변사를 폐지했다. 또한 의정부를 부활시키고, 삼군부를 설치하여 왕권이 정상적으로 행사되도록 했다. 안동 김씨의 좌장 영의정 김좌근을 해임하고 호조판서 김병기는 광주 유수로 좌천시켰으며, 전 영의정 김흥근에게는 정계 은퇴를 강요했다. 현재 인왕산 기슭에 자리를 잡고 있는 김흥근의 별장 석파정을 강제적으로 빼앗은 것도 이 무렵이었다. 흥선대원군의 집권으로 안동 김씨 권력은 뒨서리를 맞았다. 흥선대원군은 영조의 후손답게 영조가 실시했던 탕평정치를 시행하여 인재를 고르게 등용했다. 남인과 북인이 등용되었고, 서얼과 서북인들에 대한 차별도 완화되었다. 노론 중심의 소수 세도 가문 사람에서 다수의 능력 있는 인재로 관리 임용의 폭이 넓어진 것이다.

젊은 시절 이하응이 화양동 서원을 찾았을 때의 일이다. 화양동 서원은 당시 노론의 정신적 영수로 추앙받던 송시열을 추숭(고인을 기리며 숭상함)하는 노론 양반들로 넘쳐났고 추도의 물결이 넘실거렸다. 왕족이라지만 초라한 행색을 한 흥선대원군은 서원에 들어가보지도 못하고 그곳 관리인들에 의해 쫓겨나는 수모를 당했다. 흥선대원군이 집권 후 곧 서원의 대대적인 정리 사업에 나선 것도 이러한 경험과 무관하지가 않다. 서원 철폐의 주요 대상은 노론, 그중에서도 송시열이었다. 흥선대원군은 송시열을 배향한 화양동 서원과 명나라 신종과 의종에게 제사지내기 위해 화양동에 세운 만동묘를 철폐하는 한편, 전국에 있는 600여 개소의 서원과 사당을 철폐했다. 흥선대원군은 특히 서원과 사당이 당쟁의 온상이라는 점을 부각했다. 결국 사액서원 47곳만이 서원 철폐령의 폭풍에서 겨우 살아남았다.

조선 후기 유림들의 저항이 심했지만 흥선대원군의 서원 철폐 의지는 강력했다. 철폐된 서원의 토지와 재산을 국가에서 관리하고 일체의 서원 증설을 허용하지 않았다. 서원 철폐령이라는 청천벽력과 같은 조치에 맞서 전국의 유생들은 한양으로 올라와 서원 철폐를 반대하는 시위를 벌였다. 경상도 유생 1,460명은 흥선대원군을 '동방의 진시황'이라 비난하면서 대궐문 앞에서 상소를 올렸다. 하지만 흥선대원군은 한 발도 물러서지 않았다. "백성을 해치는 자는 공자가 다시 살아난다 해도 내가 용서하지 못한다. 서원은 지금 도적떼의 소굴이 되어 버렸다"라는 흥선대원군의 확신에 찬 목소리에 유생들은 완전히 기가 꺾여 버렸다. 그러나 흥선대원군의 서원 철폐령은 훗날 최익현(1833~1906)을 비롯한 유림들에 의해 흥선대원군이 실각하게 되는 주요 원인이 된다.

이외에도 흥선대원군은 백성들을 위한 적극적인 개혁 정책을 실시하게 된다. 먼저 호포법을 실시하여 양인들에게만 부담하던 군포를 호포로 개칭하고, 백성의 부담은 줄이는 대신 양반들의 부담을 증가시켰다. 군역의 평준화는 현재에도 국민 여론을 움직이는 중요한 변수이다. 1997년 대통령 선거에서 후보 아들의 병역 면제가 대선주자의 발목을 잡는 주요 변수가 되고, 유명 가수가 병역을 기피하기 위해 미국 시민권을 획득했다는 이유로 국내에 발을 들여놓지도 못했음을 보면 알 수 있다. 조선시대 군역 면제는 상류층인 양반의 특권이자 상징이었고, 일반 백성들에게는 불만의 주된 대상이었다. 흥선대원군이 양반층에게도 군역의 의무를 부담하게 하는 호포제를 실시했으니 농민층은 절대적인 지지를 보냈다.

또한 고리대로 변질된 환곡제를 상당 부분 폐지하고 백성들의 공동 출자에 의해 운영되는 사창제社倉制를 실시하여 탐관오리와 토호의 중간 수탈을 방지했다. 19세기 농민을 가장 괴롭혔던 환곡의 문제점이 개선되고 농민들은 보다 안정적으로 곡식을 얻을 수 있게 되었다. 흥선대원군의 명으로 제작된 1872년 지방 지도에 사창이 강조되어 표시된 것에서도 당시의 상황을 확인할 수가 있다. 경제 분야의 개혁 정책으로 자신감을 얻은 흥선대원군은《동문휘고》(1864년),《대전회통》(1865년),《육전조례》(1867년) 등을 편찬해 통치 규범을 재정비하면서, 그의 선조인 영조가 18세기 추진했던 문화 사업의 중흥을 다시 한 번 이룰 수 있게 되었다.

경복궁 중건 사업의 허와 실

흥선대원군의 업적 중에서 빼놓을 수 없는 것이 바로 경복궁 중건 사업이다. 조선의 정궁이었으면서도 임진왜란으로 불탄 후 폐허로 남아있었던 경복궁. 흥선대원군은 경복궁의 중건이야말로 잃어버린 왕실의 권위 회복을 위한 국가적 사업이라 판단했다. 조선 후기 어느 국왕도 시도하지 못한 대대적인 경복궁 중건 사업이 흥선대원군의 지휘하에 시작되었다.

먼저 재원 확보를 위해 원납전願納錢이라는 기부금을 징수했다. 원납전 1만 냥을 내면 평민에게도 벼슬을 주고 액수가 10만 냥을 넘으면 수령을 시켜줄 정도로 기부금은 정치적 헌금으로 변질되었고 강제적 징수가 일반화되었다. 이를 빗대어 백성들은 원해서 납부하는 원납전이 아닌 '백성들의 원성을 사는 돈'이란 뜻으로 원납전怨納錢이라 했다. 이외에 당백전當百錢이라는 고액 화폐를 발행해 물가의 폭등을 초래하고, 1결당 1두씩의 특별세를 거두어 백성들의 원성을 샀다.

경복궁 중건은 큰 토목공사였던 만큼 많은 백성들이 노역자로 동원되었고, 그만큼 불만이 커졌다. 착공 20여 일 동안 공사에 참여한 인원만 3만 5,000여 명에 이를 정도로 도성 인근의 백성 대부분이 경복궁 중건 공사에 동원되었다. 1866년 3월에는 대화재가 발생해 800여 칸 건물이 잿더미가 되었다. 이러한 우여곡절 속에서도 흥선대원군은 사업을 밀어붙였고, 마침내 1867년 중건 사업이 완료되었다. 전각 7,225칸 반, 궁성 담장 길이 1,765칸의 규모였다. 정도전이 처음 경복궁을 조성했을 때의 칸 수가 755칸인 것과 비교하면 경복궁의 중건 규모가 엄청났음을 알 수가 있다. 그리고 마침내 1868년 7월 2일 고종이 경복궁으로 다시 돌아오면서 그 대미를 장식한다.

흥선대원군의 경복궁 중건 사업은 단시일 내에 궁궐을 완성하기 위해 원납전의 징수, 당백전의 발행, 백성들의 노동력 동원 등 많은 무리가 따랐고 백성들의 불만도 만만치 않았다. 그러나 흥선대원군처럼 강력한 개혁 의지를 가진 지도자가 있었기 때문에 조선 후기 내내 폐허로 남아 있었던 조선의 정궁 경복궁은 본 모습을 찾고 확장도 할 수 있었다. 흥선대원군이 없었다면 경복궁은 완전히 사라졌을지도 모른다.

아들 고종의 반격

1873년 10월 동부승지를 사직하는 최익현의 상소문이 올라왔다. 그 내용은 충격적이었다. 당시 누구도 거론할 수 없는 집권자 흥선대원군의 정책을 강하게 비판한 것이었다. "한정 없이 받아내는 세금 때문에 백성들은 도탄에 빠지고 있으며, 떳떳한 의리와 윤리는 파괴되고 관리들의 기강은 무너지고 있습니다. 나라를 위해 일하는 사람은 괴벽스럽다 하고, 개인을 섬기는 사람은 처신을 잘하고 있습니다"라는 내용에서, '개인'이란 바로 흥선대원군을 지칭하는 것이었다.

상소문이 올라왔던 1873년은 고종이 22세가 되던 해였다. 수렴청정을 하더라도 왕이 20세가 되면 친정을 시작하는 것이 관례였는데, 흥선대원군은 고종에게 권력을 물려줄 생각이 전혀 없었다. 흥선대원군 집권 당시, 청나라의 동치 황제 역시 어머니 서태후의 섭정을 받고 있었지만 1873년 18세의 나이로 친정을 시작했다. 이 사실을 알았던 고종은 아버지에게 큰 불만을 품고 있었는데, 최익현이 가뭄의 단비처럼 흥선대원군의 하야를 촉구하는 상소를 올린 것이다. 흥선대원군 쪽에서는 최익현에 대해 아버지와 아들을 이간질하는 흉악한 인물로 규정했지만, 고종은 최익현의 상소문을 정직하다고 평가하면서 "그의 상소문을 가상하게 여기는 이유는 언로를 넓히기 위해서이다"라고 하며 최익현을 적극 지지했다. 이제 고종은 아버지의 그늘 속에 있는 나약한 소년이 아니었다.

다급해진 흥선대원군이 고종을 직접 찾아가 10년간 섭정 기간에 자신이 한 업적들을 언급했지만, 고종은 별다른 대응을 하지 않았다. 아버지가 스스로 물러나기를 재촉한 것이다. 결국 흥선대원군은 10년 권력을 접고 1874년 봄 운현궁을 떠나 양주의 직동으로 낙향했다. 고종의 나이 23세 때였고, 1년 후 그렇게 기다리던 아들(후의 순종)도 태어났다. 이제 고종의 친정이 본격적으로 시작되는 듯했지만, 고종에게는 아버지만큼이나 강력한 부인 명성황후가 있었다.

고종과 명성황후, 동반자인가 경쟁자인가?

권불십년權不十年이라 했던가? 아무리 막강한 권력도 10년을 못 간다는 뜻인데, 강한 권력은 오래가지 못해 결국은 무너진다는 의미이다. 흥선대원군은 1873년 최익현의 탄핵 상소가 중요한 계기가 되어, 10년 권력을 잃고 일선에서 물러났다. 본격적으로 고종의 친정이 시작되는 국면이었지만 고종에게는 정치적 감각으로 무장한 만만치 않은 부인이 있었다. 훗날 명성황후로 추존된 왕비 민씨는 고종의 동반자이기도 했지만, 자신의 친정 가문을 정치에 끌어들여 왕의 권력을 무력화시키는 일에도 일조를 했다. 고종과 명성황후 두 사람을 통해 근대 격변기 정치사의 흐름을 조명해본다.

흥선대원군이 선택한 며느리

고종은 1863년 12세에 왕이 되었으나, 아직 혼례식을 올리지 않은 상태였다. 왕이 된 직후에는 가례를 올릴 수 없었다. 철종의 삼년상이 아직 끝나지 않은 상중이었기 때문이다. 그래서 철종의 신주를 종묘에 부묘한 직후인 1866년(고종 3년) 3월에 여흥 민씨 민치록의 딸과 가례를 올렸다. 훗날 명성황후가 되는 민치록의 딸은 1851년 경기도 여주에서 태어났으며, 지금도 여주에는 이 생가가 복원이 되어 있다.

민치록은 숙종의 계비인 인현왕후의 아버지 민유중의 5대손으로, 조선 후기 최고의 명문가 사람이었다. 그러나 민씨 집안의 위상은 군수를 지낸 민치록 대에 이르면 상당히 낮아지게 된다. 더욱이 민치록은 명성황후가 8세 때 사망했다. 왕비는 7년간 홀어머니 밑에서 자랐다. 왕비의 가문이 너무 좋아서 외척이 권력을 행사하는 세도정치의 폐해를 직접 경험한 흥선대원군은 가능한 한미한 집안의 딸을 원했다. 그러면서도 자신의 영향력이 미칠 수 있는 인척이길 바랐는데, 이러한 조건에 맞았던 인물이 바로 민치록의 딸이었다. 흥선대원군의 부인이 여흥 민씨였던 만큼 명성황후는 인척이기도 했던 것이다.

1866년의 혼례 때 고종의 나이 15세, 왕비의 나이는 16세로 왕비가 연상이었다. 혼례의 주도권은 관례에 따라 수렴청정하던 대왕대비 조씨가 쥐고 있었으나 흥선대원군의 의중이 크게 작용했다. 혼례식의 장소가 대원군의 사저인 운현궁으로 결정된 것은 이를 단적으로 반영한다. 1866년 1월 1일부터 12세에서 17세에 이르는 전국의 사족 처자들에게 금혼령이 내려졌다. 창덕궁 중희

출처: 국립고궁박물관
고종과 황실가족

당에서 2월 25일 초간택이, 2월 29일에는 재간택이 거행되었다.

처음부터 거의 내정 상태였던 민치록의 딸은 재간택을 받은 후 운현궁으로 가서 왕비 수업을 받기 시작했다. 그동안 별궁은 어의궁(봉림대군의 옛 사저)을 사용해왔으나, 이번에는 운현궁으로 정했다. 1866년 3월 21일 진시(오전 8시경)에 고종은 운현궁으로 가서 정식으로 왕비를 맞아들이는 친영親迎 의식을 행했다. 왕비를 모시고 운현궁에서 창덕궁으로 오는 행차의 모습을 그린 〈친영반차도〉에는 총 2,433명이 행차에 참여하고 있다. 특히 다른 〈친영반차도〉와 달리 흥선대원군의 교자轎子와 흥선대원군 부인의 가마가 등장하는 것이 흥미롭다.

흥선대원군이 민치록의 딸을 왕비로 맞아들인 것에는 몇 가지 이유가 있었다. 명문가 집안의 후예로서 안동 김씨의 위세를 누를 수는 있지만 집안이 단출해 횡포를 부릴 국구(임금의 장인)가 없다는 점, 홍선대원군의 부인이 민치구의 딸로서 왕비와는 자매가 되는 관계였다는 점이 크게 작용했다. 명성황후가 외동딸이었으므로 민치록은 친척인 민치구의 아들 민승호(1840~1874)를 양자로 들였다. 민승호는 명성황후보다 21세가 많았다. 그래서 비록 민승호와 왕비는 남매 관계였으나, 명성황후는 민승호를 일찍 돌아가신 아버지 민치록을 대신하는 아버지처럼 모셨다. 그러나 이렇게 선택한 며느리는 뒷날 시아버지 홍선대원군을 정면으로 겨냥하는 당찬 며느리가 된다.

고종 친정의 후원자

1873년 홍선대원군의 하야로 고종의 친정이 시작되었다. 황현의 《매천야록》에는 고종의 친정 과정이 결코 순탄하지 않았음을 아래와 같이 기록하고 있다.

> 고종 11년인 갑술년(1874년) 초에 왕이 비로소 친정을 하게 되었는데 안에서는 왕비가 주관하고 밖에서는 민승호가 힘을 썼다. 왕비는 총명하고 책략이 많아 항상 왕의 곁에 있으면서 왕이 미치지 못하는 곳을 보좌했다. 처음에는 왕에게 기대어 자신이 좋아하고 미워하는 것을 표출했지만 이윽고 마음대로 하는 것이 날로 심해져 왕이 도리어 제재를 받게 되었다.

위의 기록은 명성황후(이하 왕비)가 민승호 등 친인척을 활용해 정치의 전면에 나섰음을 증언하고 있다. 그러나 1874년 민승호는 집에 배달된 물건의 함을 열어보다가 폭사하는 비운을 맞이했다. 왕비는 대원군 쪽의 소행으로 파악하고 분노했다. 민승호에게 아들이 없자 왕비는 민태호의 아들 민영익(1860~1914)을 민승호의 양자로 들였는데 민영익은 왕비의 핵심 정치 세력으로 성장하게 된다. "왕과 왕후가 몹시 총애했기에 그의 말이라면 들어주지 않은 적이 없었고, 하루에도 세 번 입궐했다. 집으로 돌아오면 손님이 몰려들어 나중에 온 자는 종일 기다려도 그를 만날 수 없었다"라는 《매천야록》의 기록은 민영익의 당시 위상을 단적으로 보여준다.

민씨 척족이 권력을 잡으면서 정책은 급선회했다. 흥선대원군이 추진한 쇄국에서 개항으로 그 흐름이 바뀐 것이다. 1876년의 강화도 조약으로 일본에 개항장을 내준 것이 대표적이다. 일본 세력의 침투 과정에서 신식 군대인 별기군이 창설되었고, 이에 구식 군인들의 여건은 갈수록 열악해졌다. 선혜청 관리들이 밀린 봉급 대신 지급된 쌀마저 착복하자, 음력 1882년 6월 구식 군인들은 결국 폭동을 일으켰다. 임오군란이 일어난 것이다.

구식 군인들은 일본 공사관을 습격해 불태우고 선혜청 당상 민겸호를 처단했다. 신변에 위협을 느낀 왕비는 장호원으로 피신했고, 왕비의 반대편에 있었던 흥선대원군이 다시 권력을 잡게 되었다. 흥선대원군은 왕비의 생사가 불분명한 상황에서 왕비의 국장을 선포하는 등 왕비의 존재를 없애려고 했다. 이때 명성황후는 고종에게 자신이 건재함을 알리고 청나라에 지원을 요청하도록 했다. 청나라 역시 홍선대원군이 청나라에 고분고분하지 않는 인물임을 파악하고 톈진으로 납치하는 강수를 두었다.

고종의 친정 체제가 회복되고, 왕비도 피난지에서 돌아옴으로써 고종과 왕비는 일본을 견제할 수 있는 청나라와 우호적인 관계를 유지했다. 그러나 이러한 상황도 오래가지 못했다. 1884년 일본의 재정, 군사적 지원을 바탕으로 일본식 근대 국가를 지향하는 급진개화파가 주도한 갑신정변이 일어났다.

김옥균, 박영효, 홍영식 등 개화파의 주도 세력 대부분은 서울 북촌을 기반으로 하는 명문가의 자제들로서 박지원의 손자인 박규수의 사랑방(현재 헌법 재판소 자리)에서 거사를 계획했다. 음력 1884년 10월 17일 홍영식이 책임자로 있던 우정국의 개국 축하연을 기회로 일으킨 정변은 일단 성공했다. 민태호, 조영하, 민영목 등이 개화파의 손에 희생되었으며, 민영익은 큰 부상을 입었으나 알렌의 헌신적인 치료로 목숨만은 구할 수 있었다. 개화파는 고종과 왕비를 경우궁(정조의 후궁인 수빈 박씨를 모신 사당)으로 납치해 근대 시민 국가를 지향하는 혁신 정강 14개조를 발표했다. 그러나 반격에 나선 청나라 군대의 개입과 지원을 약속한 일본의 소극적인 태도로 3일 만에 진압을 당했다. 갑신정변을 '3일 천하'라 부르는 것은 이러한 까닭이다. 10월 19일 김옥균, 박영효, 서재필 등은 일본으로 망명했으며, 고종은 창덕궁으로 돌아왔다.

갑신정변을 전후하여 고종은 서양의 여러 나라들과 통상했고, 왕비는 고종의 통상을 적극 후원했다. 당시 서양 사람들의 눈에 비친 왕비는 매우 총명하고 지략이 많은 모습이었다. 조선을 방문해 왕비를 직접 본 영국의 여행가 버나드 비숍 여사는 "왕후는 가냘프고 미인이었다. 눈은 차고 날카로워서 훌륭한 지성의 소유자라는 것을 알 수 있었다. 명석하고 야심적이며 책략에도 능할 뿐 아니라 매우 매혹적이고 여러 가지 면에서 매우 사랑스러운 여인이었다"라고 왕비를 묘사하고 있다.

1882년 미국을 시작으로 1883년 영국과 독일, 1884년 러시아와 이탈리아, 1886년 프랑스와 수교가 이루어졌다. 서양과의 통상은 조선에 대한 우월권을 독점하려는 청과 일본의 야욕을 견제하는 조처이기도 했다. 그러나 조선에 대한 청나라와 일본의 경쟁은 심화되었고, 1885년 청과 일본 양국은 톈진 조약을 맺어 두 나라 군대를 철수하고 향후 조선에 군대를 파병할 경우에는 사전에 서로 통보할 것을 협약했다. 이후에도 두 나라의 정치적, 경제적 경쟁과 조선 침략은 가속화되었으며 양국의 경쟁은 1894년의 청일전쟁으로 다시 점화되었다. 청일전쟁은 일본의 승리로 끝나고 시모노세키 조약이 맺어졌다. 청나라는 일본에 타이완과 요동 반도를 할양하는 굴욕을 당했고, 조선에서 일본의 우위는 더욱 확고해졌다.

아! 명성황후

1894년 청일전쟁에서 승리한 일본은 갑오개혁을 통해 친일적인 개혁을 본격적으로 추진했다. 이 과정에서 친일 내각의 입지가 커지고 고종과 왕비는 제대로 권력을 행사할 수 없는 위치에 놓이게 되었다. 이러한 상황에서 왕비는 일본을 견제할 수 있는 세력으로 러시아와 손을 잡고자 했다. 1895년 4월 일본의 중국 진출을 우려한 러시아, 프랑스, 독일이 함께 일본에 압력을 가해 요동 반도를 다시 반환하게 한 삼국간섭도 고종과 왕비에게는 호재였다. 고종과 왕비는 1895년 8월 이범진, 박정양, 이완용 등 러시아와 가까운 인물을 기용하며 본격적인 반일 정책을 추진했다. 이러한 움직임에 일본은 무력 행동으로 대응했다. 조선의 친러적인 움직임의 핵심에 왕비가 있음을 파악한 일본은 왕비 살해라는 전대미문의 만행을 계획하고 실천한 것이다.

음력 1895년 8월 20일 일본 공사 미우라와 전임 공사 이노우에는 일본인 수비대와 경찰, 기자 등을 규합하여, 암호명을 '여우사냥'으로 정하고 건청궁 곤녕합에 기거하던 왕비를 살해했다. 일본 낭인의 기습에 피신했던 왕비는 옥호루에서 피습되었고, 시신은 불살라져 인근의 녹산과 향원정 연못에 버려졌다. '을미사변'이라 불리는 이 사건은 근대 조선의 비극적인 운명을 상징적으로 보여주었다.

일본은 왕비의 라이벌인 흥선대원군까지 경복궁으로 데려와 조선 내부의 갈등에 의한 왕비 살해로 사건을 꾸미려 했으나, 이

장면을 목격한 러시아 건축가 사바틴 등에 의해 일본의 만행임이 만천하에 드러났다. 일본은 국제 여론에 밀려 미우라 등을 재판했다. 결국 이들은 모두 증거 불충분으로 풀려났다. 왕비의 피습 소식도 충격적이었거니와, 을미사변 이후 일본이 단행한 단발령 실시로 온 백성들은 분노했다. 국모 시해와 단발령 시행에 항거하는 을미의병이 결성된 것도 이때였다.

건청궁에 거처했다가 왕비를 잃는 참극을 경험한 고종은 자신에게도 위해가 가해질 것을 염려해 경복궁 탈출을 시도했다. 일본의 감시 속에 탈출이 여의치 않았으나 1896년 2월 11일 새벽, 궁녀가 타는 가마에 비밀리에 몸을 싣고 경복궁을 빠져나와 정동의 러시아 공사관으로 피신했다. 러시아를 '아라사俄羅斯'라 했기에, 이 사건을 '아관파천俄館播遷'이라 한다. 당시 정동에는 미국, 영국, 러시아 등 서양의 공관이 많았기에 고종은 이곳을 피신처로 선택한 것이었다. 한 나라의 왕이 외국의 공사관에 체류할 수밖에 없었던 현실…. 120년 전 병신년에는 이처럼 아슬아슬한 역사가 전개되고 있었다.

고종, 1897년 10월 대한제국을 선포하다

1895년 10월의 을미사변과 이 사건의 여파가 이어진 1896년 2월의 아관파천. 이 두 사건은 일제와 서양 열강의 각축장이 된 조선의 현실을 적나라하게 보여주었다. 그러나 아관파천에서의 생활이 1년이 되어갈 무렵 고종은 스스로의 지위와 위엄을 대내외에 과시하는 결단을 한다. 1897년 10월의 대한제국 선포가 그것이다. 이제 조선은 왕의 나라가 아니라 중국과도 대등한 격을 갖춘 황제국의 지위에 올라섰다. 고종이 대한제국을 선포한 배경과 현장, 그리고 그 역사적 의미는 무엇일까?

왕의 나라에서 황제의 나라로

1896년 2월 고종은 경복궁을 몰래 빠져나와 러시아 공사관에 머무는 아관파천을 단행했다. 오늘날 러시아 공사관 건물 전체가 사라졌지만, 정동에는 공사관의 전망탑이 현재까지 그 원형

출처: 정성길 계명대 명예박물관장

고종과 내각 대신

을 유지하고 있다. 고종이 러시아 공사관을 택한 또 다른 이유는 근처의 경운궁을 새로운 왕궁으로 삼을 수 있었기 때문이었다. 고종은 경운궁으로의 환어還御를 염두에 두고, 경운궁의 중축을 지시했다. 기존의 석어당과 즉조당에 더해서 함녕전과 준명당 등이 새로 건축되면서 경운궁은 점차 궁궐의 위상을 갖추어나갔다.

1년간의 파천 기간 동안 고종은 러시아와 긴밀한 관계를 유지했다. 러시아 황제 니콜라이 2세 대관식에 민영환을 특명전권대사로 임명해서 파견했고, 러시아의 군사 및 재정 고문을 받았다. 한편으로는 조선의 자주성을 회복하고 '민국民國'을 건설한다는 구상을 해나갔다. 1897년 1월 20일에는 태의원 도제조 정범조에게 "경장更張 후에 옛 규정과 새 규례가 상호 충돌해 곤란한 점이 많은데 옛 규례를 기본으로 하고 새 규례를 참조한다면 이런 폐단이 줄어들 것이다. 전장典章과 법도는 각국이 다른데 본국의 법을 버리고 한결같이 다른 나라의 제도를 따르니 법이 쉽게 행해지겠는가?"라고 언급한 내용이 《고종실록》의 기록에 나온다. 대한제국의 기본 지침인 옛 것을 근본으로 새것을 참작한다는 뜻의 '구본신참'의 논리가 이미 구상되었음을 알 수 있다.

고종은 러시아 공사관에서의 불편한 생활을 1년여 동안 지속하다가 1897년(광무 1) 2월 20일 거처를 경운궁으로 옮겼다. 경운궁에 임진왜란 이후 선조와 광해군이 잠시 머물렀던 때가 있으나, 1623년 인조반정 이후에는 거의 활용되지 않아 궁궐로서의 격은 제대로 갖추지 못했다. 그러나 일제의 감시가 심한 경복궁이나 창덕궁보다는 러시아 등 서양 세력의 지원을 받을 수 있는 경운궁이 고종에게 새로운 뜻을 펼치기 유리한 공간이었다.

경운궁으로 돌아온 고종은 '구본신참'에 입각해 근대국가 수립에 필요한 기구들을 설치해나갔다. 1897년 8월 16일 고종은 연호를 광무光武라 하고 고유제를 지내며 자주국의 면모를 과시했다. 같은 해 10월 12일에는 문무백관을 거느리고 이미 건설해 놓은 환구단에서 대한제국의 황제 즉위식을 거행했다.

왕과 황제의 위상에서 큰 차이점은, 왕은 토지와 곡식의 신인 사직단에 제사를 지내지만 황제는 직접 하늘에 제사를 지낼 수 있다는 것이다. 하늘은 둥글고 땅은 평평하다는 '천원지방'의 원리에 따라, 황제가 하늘에 직접 제사를 지내는 제단인 환구단을 둥글게 조성했다. 환구단 건물은 지금의 웨스턴조선 호텔 자리에 위치했었으나 사라지고, 현재는 그 부속 건물인 황궁우가 남아 있다. 팔각의 황궁우는 신위를 봉안하던 건물로 원구단의 북쪽 모퉁이에 해당하며, 그 앞에 있는 석고는 1902년 고종 즉위 40년을 기념해 세운 석조물이다. 《고종실록》에는 당시의 모습을 다음과 같이 기록하고 있다.

> 천지에 고하는 제사를 지냈다. 왕태자가 배참陪參했다. 예를 끝내자 의정부 심순택이 백관을 거느리고 아뢰기를, "고유제를 지냈으니 황제의 자리에 오르소서"라고 했다. 신하들의 부축을 받으며 단에 올라 금으로 장식한 의자에 앉았다. 심순택이 나아가 12장문의 곤면을 성상께 입혀드리고 씌워드렸다. 이어 옥새를 올리니 상이 두세 번 사양하다가 마지못해 황제의 자리에 올랐다. 왕후 민씨를 황후로 책봉하고 왕태자를 황태자로 책봉했다. 심순택이 백관을 거느리고 국궁鞠躬, 삼무도三舞蹈, 삼고두三叩頭, 산호만세山呼萬世, 산호만세山呼萬世, 재산호만세再山呼萬世를 창했다.

국호를 '대한제국'으로 정한 것은 삼한의 옛 영토와 역사를 계승하는 황제국의 의미를 지닌 것이었다. "짐은 생각건대, 단군과 기자 이후로 강토가 분리되어 각각 한 지역을 차지하고는 서로 패권을 다투어 오다가 고려 때에 이르러서 마한, 진한, 변한을 통합했으니 이것이 '삼한'을 통합한 것이다"라고 한 고종의 발언이 이것을 잘 보여주고 있다.

광무개혁의 빛과 그늘

황제국을 선포한 고종은 본격적인 개혁 작업에 착수했다. 1899년 8월 17일 고종은 대한제국의 헌법이라 할 수 있는 '대한국 국제' 9개 조항을 발표했다. 대한제국은 고종의 조칙과 봉지奉旨에 따라 제정 반포되었다.

> 제1조, 대한국은 세계 만국에 공인되어온 바 자주 독립한 제국이니라.
> 제2조, 대한제국의 정치는 이전부터 500년간 전래하시고 이후부터는 항만세恒萬歲 불변하오실 전제 정치이니라.
> 제3조, 대한국 대황제께옵서는 무한하온 군권을 향유하옵시느니 공법公法에 이르는 바 자립 정체이니라.

위의 조항에서 보듯이 대한국 국제의 핵심 내용은 육해군의 통수권, 입법권, 행정권, 관리 임명권, 조약 체결권 등의 주요 권한을 모두 황제에게 집중시킨 것이었다. 이때의 개혁은 고종 황제 때의 연호가 광무인 점을 고려해 '광무개혁'이라고도 한다.

1899년 7월 고종은 원수부를 설치하고 황제가 대원수를 겸임하며 황제를 호위하는 부대인 시위대와 지방의 진위대를 증강하여 배치했다. 우리가 흔히 보는 고종 황제의 군복 입은 모습은 대원수의 복장으로 프러시아식 군복을 착용한 것이었다. 그만큼 대내외에 황제이자 군사 통수권자로서의 권위를 과시하고자 했다.

종래 탁지부에서 관리하던 재정을 황제 직속의 궁내부 내장원에서 관리하게 한 것은 황제가 직접 경제력을 확보하겠다는 의미였다. 경제 개혁을 위해서 미국인 측량사를 초청해 근대적인 토지 조사 사업을 실시하고, 근대적인 토지 소유 증서인 지계地契를 발급했다. 식산흥업殖産興業이라는 이름으로 추진된 상공업 진흥 정책도 광무개혁의 큰 성과였다. 근대적인 기예학교 · 상공학교 · 외국어학교 등이 설립되고, 황실 스스로 방직 · 제지 · 유리 공장 등을 설립해 산업 발전의 기반을 조성했다. 철도와 전차, 전화 가설 등 교통과 통신 시설의 발전을 추진했으며, 1900년 파리에서 열린 만국박람회에도 참여하는 등 대한제국은 국제사회와 긴밀히 교류하는 데도 힘을 기울였다. 1902년에는 국가國歌를 만들고 지금의 태극기인 '어기御旗'를 제작했다. 태극 문양은 대한제국의 깃발과 훈장으로 널리 사용되었는데, 이것은 지금의 대한민국으로 계승되고 있다.

대한제국은 강력한 황제권을 바탕으로 국방, 경제, 산업, 교육 등 많은 분야에서 독자적인 근대화의 길을 개척해나갔다. 일제 강점기 식민사관은 조선왕조는 스스로 근대화의 길을 걷지 못하고 정체가 되었다고 하는 소위 '정체성론'을 주장하고 있다. 그런데 대한제국의 성장과 발전 과정을 보면 일제의 침략이 없었더라도 대한제국은 자생력을 가지고 근대산업국가로 발전할 가능성이 있었다. 한편으로는 대한제국의 개혁은 황제의 권력이 지나치게 강한 상황에서 하향식으로 이루어져, 개화파와 같은 지식인 그룹이나 일반 국민의 의견 등을 제대로 수렴하지 못한 한계가 있다.

대한제국과 황실 상징의 변화

고종이 대한제국을 선포할 때 거처했던 궁궐인 경운궁도 정궁으로 그 위상이 강화되었다. 1902년에는 중화전을 건설해 법전法殿으로 삼았다. 현재의 중화전에 새겨져 있는 천장의 용 문양이나 기단부 계단 중앙의 답도에 새긴 용 문양, 황색으로 칠한 창호 등에서 대한제국의 위상이 잘 나타난다. 경운궁의 본래 정문인 '인화문'은 중화전의 남쪽에 있으나, 대한제국 출범 후 환구단이 건설되고 동쪽이 궁궐의 새로운 중심이 되면서 동문인 대한문大韓門이 정문의 기능을 하게 되었다.

대한제국의 선포는 조선 왕실의 주요 행사를 기록과 그림으로 정리하는 의궤의 편찬에도 반영되었다. 이제 조선은 엄연히 황제국이 되었고, 의궤의 표지에 황제만이 사용하는 황색 비단을 사용할 수 있었다. 이전까지 의궤의 표지에는 초록색 비단이 사용되었다. 대한제국 선포 이후에 제작된 의궤의 반차도에 나타난 가마 등은 대부분 황색을 사용하고 있는 것이 눈에 띈다. 고종 황제의 즉위식을 기록한 《대례의궤》의 반차도에 그려진 가마는 모두가 황색으로 표현되어 있다. 황제로의 격상과 함께 왕세자의 지위도 황태자로 격상되었다. 황태자에게 올리는 의궤의 표지는

덕수궁 중화전 보개천정

붉은 색으로 만들었다. 예를 들어 1900년에 제작된 《의왕영왕책봉의궤》의 표지를 보면, 황제에게 올리고 규장각에 보관한 의궤의 표지는 황색 비단, 황태자에게 올리고 시강원에 보관한 의궤의 표지는 붉은 비단이다.

대한제국 선포 이후 제작된 의궤 중에 특히 주목할 것은 《명성황후국장도감의궤》이다. 고종은 1897년부터 2년 전 을미사변으로 희생된 명성황후의 장례식을 황후의 격에 맞게 하고 황후의 무덤 홍릉도 다시 조성하는 작업을 추진했다. 그리고 이를 《명성황후국장도감의궤》로 남겼다. 《명성황후국장도감의궤》는 국장도감의궤 중에서 가장 분량이 많은데, 〈발인반차도〉는 78면에 걸쳐 그려져 있다. 이것은 장례 기간이 길었을 뿐만 아니라 의례를 황후의 격으로 치렀기 때문이다. 《명성황후국장도감의궤》는 규장각, 시강원, 비서감, 예식원, 의정부, 정족산, 오대산 등 7곳에 보관했는데 시강원, 비서감, 장례원은 대한제국 시기 이후 새롭게 보관처가 되었다. 이외에 대한제국 시기에 제작된 의궤로는 《진연의궤》와 《어진도사도감의궤》, 《중화전영건도감의궤》 등이 있다. 《진연의궤》는 1902년 고종 황제가 51세에 연로한 문신들의 친목 기구인 기로소에 입소한 것과 더불어 즉위한 지 40주년이 되었음을 기념한 진영 행사를 기록하였다. 《어진도사도감의궤》는 같은 해에 황제와 황태자의 어진을 직접 제작한 과정을 기록하였다. 《중화전영건도감의궤》는 대한제국의 법전인 중화전을 영건한 공사 전말을 기록한 것이다. 이들 의궤에는 황제와 황실의 위상을 강화하려는 고종의 의지가 잘 기록되어 있다.

서울시에서는 '정동, 그리고 대한제국 13' 프로젝트를 통해 정동 일대에 현재까지도 남아 있는 대한제국 역사의 현장을 탐방하고, 그 의미들을 찾아가는 행사들을 추진했다. 대한민국의 뿌리가 되는 대한제국의 역사 현장을 찾아 120년 전 고종 황제의 고뇌와 근대화의 의지를 체험해볼 것을 권한다.

고종,
강제 퇴위를 당하다

1897년 대한제국이 황제국임을 선포한 고종은 강력한 황제권을 바탕으로 근대적 개혁을 추진해나갔다. 그러나 이 시기 대한제국은 일본을 비롯한 제국주의 열강이 호시탐탐 이권을 노리는 지역이었다. 누구보다 제국주의 야욕을 드러낸 나라는 바로 이웃나라 일본이었다.

1894년 시작된 청일전쟁의 승리로 조선에 대한 우위권을 확보한 일본은 조선을 식민지로 만들려는 전략을 본격적으로 전개해나갔다. 고종은 개혁을 통해 맞섰지만 개혁을 추진할 세력들이 광범위하게 형성되지 못한 상황에서 이를 막기에는 역부족이었다.

일본, 러일전쟁에서 승리하다

대한제국 성립 후 근대화를 추진하는 과정에서 일본과 서구

열강은 광산, 철도, 산림 등 조선에서 많은 이권을 확보하기 위해 서로 경쟁했다. 특히 일본은 청일전쟁 승리를 기반으로 군대 파견 등의 협박을 통해 많은 이권을 확보해나갔다. 1898년 경부철도, 1899년 경의철도 부설권을 확보하고 여러 지역의 금광 채굴권을 확보한 것이 대표적이다. 무역 분야에서 일본은 대한제국 수출의 80~90%, 수입은 60~70%를 차지하는 구도를 만들어 사실상 대한제국을 경제적으로 예속시켰다. 일본은 목포, 군산 등 개항장 일대에 은행을 설치했고 금융 자본을 거의 독식했다.

일본이 대한제국에 대한 경제적 지배권을 확보해나가는 과정에서 가장 걸림돌이 된 나라는 러시아였다. 청나라는 청일전쟁 패배 이후 완전히 조선에 대한 지배권을 상실한 상태였다. 러시아가 일본에 맞설 수 있는 강국으로 떠올랐다. 일본이 1895년 4월 청과 시모노세키조약을 맺어 요동 반도와 대만을 차지하자, 러시아는 프랑스, 독일과 연합해서(삼국간섭) 일본이 요동 반도를 청나라에 반환하게 하는 데 주도적인 역할을 했다.

일본은 영국과 1902년 영일동맹을 맺었다. 영국은 러시아를 견제하기 위해 만주에 대한 지배권을 차지하려고 했다. 영일동맹은 영국이 청에 대한 지배권을 보장받는 대신 일본은 대한제국에 대한 지배권을 보장받는 협정이었다. 러시아는 일본의 대한제국에 대한 군사·경제적인 침투가 심해지면서, 경부철도 부설이 러시아 침략에 대한 위협이 될 것이라고 인식했다. 일본의 경부철도 부설권을 둘러싸고 양국이 팽팽하게 대립했다. 일본은 북위 39

도 이북의 땅을 중립 지대로 만들 것을 제안하기도 했다. 하지만 일본은 1904년 2월 인천의 월미도에 정박해 있던 러시아 군함에 포격을 가하고, 요동 반도의 뤼순항을 기습 공격했다. 러일전쟁의 시작이었다.

대한제국은 러일전쟁이 일어나자 국외 중립을 선언했다. 그러나 전쟁의 파고에서 벗어날 수는 없었다. 일본의 기습 공격으로 시작된 러일전쟁은 예상을 깨고 일본의 대승으로 끝이 났다. 1905년 5월 일본은 러시아의 발틱 함대를 대한해협에서 격침했다. 당시 일본 해군을 지휘했던 도고 헤이하치로 제독은 '동양의 넬슨'으로 불리게 되었다.

여기에 더해 러시아에서는 1905년 6월 1차 러시아혁명이 일어나 전쟁을 더 이상 수행하기가 어려워졌다. 미국이 중재에 나섰다. 미국은 러시아와 일본의 대사를 미국의 포츠머스Portsmouth로 불러 양국의 협상을 이끌었다. 이것이 1905년 9월 5일 15개조의 강화조약으로 체결된 포츠머스조약이다. 그 주요 내용은 '첫째, 한국에 있어서의 일본의 우월권을 승인할 것. 둘째, 청국 정부의 승인을 전제로 요동반도의 조차권과 장춘, 여순旅順 간의 철도를 일본에 위양할 것. 셋째, 북위 50도 이남의 사할린樺太島을 일본에 할양할 것' 등으로 일본에 절대 유리한 내용이었다.

아! 1905년 을사늑약

러일전쟁에서 승리하면서 한반도에서 일본의 우위는 더욱 확고해졌다. 특히 포츠머스조약 2개월 전에 미국과 일본은 가쓰라·태프트 밀약을 맺었다. 이 밀약은 일본 수상 가쓰라와 미국 육군 장관 태프트가 맺었는데, 미국은 필리핀에 대한 지배권을 얻고 그 대신에 일본은 미국으로부터 대한제국 지배를 승인받는다는 내용이다.

일본은 외교적 걸림돌이 사라지자 경제 침략을 가속화했다. 1892년부터 1904년까지 유통되던 백동화의 유통을 금지하고 일본 화폐를 사용하게 했다. 이 과정에서 한성은행(조흥은행) 등 민족 금융기관이 몰락하고 제일은행과 같은 일본 은행이 금융을 장악하게 되었다. 일본은 교통과 통신 분야에서도 침략을 멈추지 않았으며, 이것은 1905년 11월에 체결된 을사늑약을 기점으로 절정에 이르게 된다.

일본은 일본 공사 하야시를 앞세워 군대를 이끌고 고종 황제가 거처하는 경운궁 중명전으로 들어갔다. 일본은 황제와 대신을 협박하면서 보호조약에 서명할 것을 요구했다. 고종은 끝까지 서명에 반대했으나, 일본은 대신들만이 참여한 회의를 소집했다. 이 회의에서도 수상 한규설이 끝까지 반대하자 일본군은 외무대신 박제순의 직인을 가져다가 날인하는 만행을 저질렀다. 황제의 서명이 없으므로 당연히 무효였지만 일본은 강압적으로 이 조약이 유효하며, 일본이 대한제국에 대한 보호국이라고 주장했다.

1905년 중명전에서 체결된 이 조약을 을사늑약이라고 한다. 그리고 이 조약 체결에 찬성한 5명의 대신, 즉 내무대신 이지용, 군부대신 이근택, 외무대신 박제순, 학부대신 이완용, 농상부대신 권중현을 '을사오적'이라 한다.

을사늑약의 핵심 내용은 대한제국의 외교권을 박탈하는 것으로, 일본의 승인 없이 대한제국은 외국 어느 나라와도 외교를 맺지 못한다는 것이었다. 한 나라의 주권을 빼앗기 위한 전 단계 조치였다. 일본은 통치기구 통감부를 설치했다. 초대 통감으로 부임한 인물이 이토 히로부미였다. 통감부는 1906년 2월 설치되어, 1910년 8월 주권의 상실과 더불어 총독부가 들어설 때까지 4년 6개월 동안 대한제국의 국정 전반을 장악했다.

을사늑약의 체결은 온 국민들의 분노와 저항을 불러일으켰다. 시종무관 민영환, 좌의정 조병세, 전 참판 홍만식, 전라도의 재야 선비이자 《매천야록》의 저자인 황현이 울분을 이기지 못하고 자결의 길을 선택했다. 죽음으로 경술국치의 부당함에 맞섰던 것이었다. 의병을 조직해 무력으로 일본과 친일파에 저항하는 소위 '을사의병'이 전국적으로 확산됐다. 민종식, 최익현, 신돌석, 임병찬 등이 대표적인 의병장이었다. 최익현은 73세의 고령임에도 의병을 일으켜 전라도의 태인, 순창 등지에서 일본군에 타격을 가했다. 평민 출신 의병장 신돌석은 경상도 영해에서 봉기해 주로 경상도와 강원도의 해안 지역을 무대로 활약했다.

을사오적에 대해 적극적인 응징을 한 인물도 있었다. 나인영

(나철)과 오기호 등은 오적암살단을 조직해서 을사오적 응징에 나섰다. 이재명은 1909년 12월 명동성당에서 이완용을 단검으로 찌르고 현장에서 체포되었다. 해외에서도 저항이 일어났다. 미국인 스티븐스는 외교 고문으로 대한제국에 온 후 본국인 미국으로 돌아가 일본의 통감 정치를 홍보하다가 재미 동포인 전명운과 장인환에 의해 피살되었다.

헤이그 특사 사건, 강제 퇴위로 이어지다

을사늑약의 체결로 전 국민적 저항이 이어지는 가운데 고종도 이 조약의 불법성을 알리는 데 적극 나섰다. 〈대한매일신보〉에는 친서를 발표해 황제가 이 조약에 서명하지 않았음을 선언했다. 그리고 1907년 6월 네덜란드 헤이그에서 열리는 만국평화회의에 대한제국의 사절을 보내 세계에 을사늑약의 부당성을 알리고자 했다. 황제의 신임장을 받든 이상설은 이준, 이위종을 부사로 대동하고 장도에 올라 러시아의 수도 상트페테르부르크를 경유해 헤이그에 갔다. 사절을 보내는 비용 대부분은 황실의 개인 자금인 내탕금에서 나왔다. 그만큼 황제의 전폭적인 지원 속에서 특사가 파견된 것이었다. 그러나 이들은 회의장 출입부터 좌절을 맛보았다. 일본의 연락을 미리 받은 주최 측은 '대한제국은 일본의 보호국이므로 외교권이 없다'는 이유로 대표단의 참석을 거부했다. 이 과정에서 이준 열사는 울분으로 순국했다.

헤이그 특사 사건으로 고종은 강제 퇴위 당했다. 일본은 고종이 황제로 존속하는 한 대한제국을 식민지로 만들기 힘들겠다고 판단했다. 일본은 고종에게 압박을 가해 1907년 7월 강제로 황제의 자리에서 물러나게 했다. 일본은 한 나라의 왕비를 살해한 데 이어 왕마저 바꾸는 만행을 저지를 만큼 야만적이었고, 대한제국은 힘이 없었다.

고종은 퇴위를 거부하고 황태자의 대리청정을 선언했지만 역부족이었다. 7월 18일 고종은 "짐이 가만히 생각하건대 황위를 물려주는 것은 원래 역대로 시행해오는 규례였고, 또한 우리 선대 임금들의 훌륭한 예의를 옳게 계승해야 할 것이다. 짐은 지금 군국軍國의 대사를 황태자로 하여금 대리하게 하노니, 의식 절차는 궁내부와 장례원에게 마련하여 거행하도록 하라"라고 하면서 끝까지 황제권을 지키려고 했다. 그러나 일본의 압박 속에 고종은 황제의 자리에서 물러날 수밖에 없었다. 황태자인 순종이 7월 19일 황제의 자리를 이어받았으나, 대한제국에 단지 산소 호흡기만을 단 격이었다. 대한제국은 3년 후 완전히 주권을 빼앗긴다.

고종은 근대의 격랑을 온몸으로 겪었다. 대한제국을 선포하며 난파를 헤쳐가기도 했지만 일본 제국주의의 기세는 너무나 큰 파고였다. 고종은 씁쓸하게 황제의 자리에서 물러나 자신이 그동안 거처했던 경운궁에 머물렀다. 황제가 된 순종은 창덕궁에 거처를 잡았다. 경운궁이라는 명칭은 퇴위한 고종 황제의 장수를 빈다는 의미에서 그 이름이 덕수궁德壽宮으로 바뀌었다.

고종을 기억하는 공간들

고종은 즉위 후 10년간 아버지 흥선대원군이 섭정하여 존재감이 별로 없었지만, 44년간 조선의 왕으로 살았다. 이 기록은 52년간 재위한 영조와 46년간 재위한 숙종에 이어 27명의 조선 왕 중 3위에 해당한다. 고종은 왕위에서 물러난 후에도 12년간을 더 살았다. 이 역시 인조반정으로 물러난 후 18년간 유배 생활을 한 광해군에 이어 두 번째 기록이다. 고종이 재위한 기간과 퇴위 후 상왕으로 산 기간을 합하면 56년으로 조선의 왕 중 최고 기록이다. 긴 세월만큼 고종과 인연이 있는 역사적 공간들이 현재에도 많이 남아 있다. 이 공간들에는 근대 격동의 역사가 담겨져 있다.

고종의 잠저, 운현궁

고종이 태어난 곳은 흥선대원군의 사저였던 운현궁이다. 고종은 이곳에서 태어나서 즉위 직전인 12세까지 살았다. 운현은 구름재라는 뜻으로 조선시대 천문과 기상을 관측하던 기관인 서운관(후에 관상감으로 개칭) 앞에 있던 고개에서 따온 것이다. 고종이 즉위하면서 왕의 잠저라는 이유로 '궁'의 명칭을 받아 운현궁이라 불리게 되었다. 영조의 잠저를 창의궁, 철종의 잠저를 후에 용흥궁이라 칭한 것도 비슷한 이치이다. 고종의 잠저가 된 후 운현궁은 확장, 증축되기 시작했다. 고종이 즉위한 이듬해인 1864년에 노락당과 노안당이 준공되었고, 1870년에 이로당이 완공되었다. 노락당은 1866년 3월 고종과 명성황후가 혼례식을 올리기도 했던 곳이다.

이 해 2월 왕비로 간택된 후 명성황후는 운현궁에서 왕비 수업을 받기 시작했다. 이제까지 왕비가 궁궐에 들어가기 전 예비 준비를 하는 별궁은 주로 어의궁於義宮을 사용했으나, 이번에는 대왕대비가 운현궁으로 정했다. 흥선대원군의 사저인 운현궁이 별궁으로 지정된 것은 고종의 혼례에 흥선대원군의 영향력이 있었음을 보여주고 있다.

이후에도 운현궁에는 '내가 있는 곳'이란 뜻의 아재당我在堂, 흥선대원군의 할아버지 은신군과 아버지 남연군을 모시는 사당이 설치되었고, 건물을 두르는 담장 둘레가 몇 리에 이를 정도로 공간이 확대되었다. 흥선대원군은 창덕궁과 운현궁의 편리한 왕래를 위해 왕 전용의 경근문과 흥선대원군 전용문인 공근문을 세우기도 했다. 운현궁은 한때 아들 고종을 등에 업은 흥선대원군의 위세가 절정을 이루었으나, 흥선대원군이 실각하며 그 위세는 크게 기울어갔다.

경복궁 내 독립 공간, 건청궁

홍선대원군의 그늘에 있던 고종은 성인이 되면서 스스로 왕의 입지를 확보해가는 노력을 전개했다. 재위 10년으로 접어든 1873년, 고종은 마침내 흥선대원군을 하야시키고 친정을 선언했다. 이 무렵 고종이 사비를 들여 새로이 건물을 하나 완성했으니, 이곳이 바로 궁궐 속의 궁궐인 '건청궁'이다.

건청궁의 공사는 궁궐의 내탕금으로 비밀리에 진행되었다. 후에 건립 사실이 알려지면서 반대 상소문이 올라왔지만, 고종은 뜻을 굽히지 않고 공사를 진행시켰다. 역대 왕의 초상화를 봉안한다는 명분을 내세워 만들었지만 이미 어진을 봉안하는 장소가 있었던 점을 감안하면 건청궁은 고종 자신을 위한 공간이었다. 건청궁은 궁궐보다는 사랑채 · 안채 · 행랑채를 갖춘 사대부 집에 가깝게 만들어 왕이 쉴 수 있는 공간으로 조성했다. 사랑채인 장안당에는 고종이 거처했고, 안채인 곤녕합에는 명성황후가 거처했다. 복수당에는 상궁들의 거처와 곳간이 있었다. 건청궁은 단청을 하지 않아, 순조 때 지은 연경당이나 헌종 때 지은 낙선재처럼 소박하다.

건청궁은 용도를 떠나 고종이 흥선대원군의 그늘에서 벗어나 스스로 국정을 주도하면서 세운 건물이라는 점에서 의미가 크다. 경복궁의 내전 일부가 불에 타 고종이 창덕궁으로 이어移御하

경복궁 건청궁 장안당 출처: 문화재청

면서, 건청궁은 건립 초기에 별다른 역할을 하지 못했다. 그러던 중 1885년(고종 22) 고종이 보금자리를 틀면서 건청궁이 근대사의 중심 무대가 되었다. 고종은 이곳에서 근대 문물 수용에 관심을 기울였다. 1887년 우리나라 최초로 전기를 들여온 것이 대표적인 사례이다. 에디슨 전기회사가 발전기를 설치하면서 전등에 불이 들어왔는데, 자금성에서 전기를 받아들인 것보다 시기가 앞섰다. 1888년에는 건청궁 내의 관문당이라는 건물을 고쳐서 한국 최초의 서양식 2층 건물인 관문각으로 만들었다. 러시아 건축가 사바틴이 설계한 이 건물은 명성황후가 외국 손님을 접견하는 곳으로 빈번하게 이용했다.

명성황후 역시 건청궁에 거처하는 동안 러시아 등 서양 여러 나라와 활발한 외교 정책을 펼치다 변을 당했다. 1895년 10월 8

일 일제는 건청궁 곤녕합에서 명성황후를 살해하는 만행을 저질렀다. 《승정원일기》에는 '개국 504년 8월 20일 묘시에 왕후가 곤녕합에서 승하했노라'라고 기록하고 있다. 황후의 죽음을 접한 고종은 1896년 2월, 신변에 위협을 느껴 러시아 공사관으로 거처를 옮겼고, 이후 경복궁은 왕이 살지 않는 궁궐로 남았다. 이로써 건청궁은 한국 근대사의 최대 비극을 상징하는 장소가 되었다.

향원정과 집옥재

건청궁 남쪽에는 연못 '향원지'의 인공 섬 위에 만든 정자 '향원정'이 있다. 향원정이라는 이름은 송나라 시대 문장가인 주돈이의 〈애련설〉 가운데 '연꽃의 향기는 멀수록 더욱 맑다香遠益淸'라는 연꽃을 예찬하는 구절에서 따와 지었다. 경회루가 사신을 접대하거나 국가적 잔치를 베푸는 공식적인 성격을 갖춘 곳이라면, 향원정은 왕족의 사적인 휴식 공간이었다. 향원정의 모태는 취로정翠露亭이다. 《세조실록》에는 "경복궁의 후원에 신정新亭을 낙성落成했다. (중략) 이름은 '취로정'이라 하고 앞에 못을 파서 연꽃을 심게 했다"라고 기록되어 있다. 취로정은 임진왜란 때 불타 없어졌다가, 건청궁을 지을 무렵 다시 조성하면서 향원정이라는 이름을 얻게 되었다.

고종과 명성황후는 건청궁에 거처하면서 향원정의 연못을 건너는 다리인 취향교를 만들었다. '향기에 취한 다리'라는 뜻을 가진 취향교는 향원정의 북쪽에 무지개다리로 놓였다. 취향교는

경복궁 향원정 봄 풍경 출처: 문화재청

한국전쟁 때 불타 없어졌는데, 1953년 복원할 때는 관람객의 편의를 위해 남쪽에서 향원정으로 갈 수 있게 놓았다. 건청궁과 향원정의 관계를 고려하지 않고 잘못 복원한 것이다. 2021년에는 취향교를 제 위치로 맞게 고쳐 다시 복원하였다.

건청궁의 서북쪽에는 청나라 양식의 요소가 많아 이국적인 향기를 품고 있는 건물도 있다. 중심 건물인 집옥재를 가운데로 해서 서쪽에 팔우정, 동쪽에 협길당이 유리창이 있는 복도로 연결되어 하나의 건물을 이루고 있다. 이 같은 양식과 자재는 당시로써는 최신식이었다. 집옥재와 협길당, 팔우정 세 채의 건물은 1881년(고종 18)에 창덕궁 함녕전의 별당으로 지은 건물이었는데, 1888년 고종이 창덕궁에서 경복궁으로 거처를 옮기면서 이 전각들도 함께 옮겨 놓았다. 고종은 이 건물들에 어진을 봉안하고 서재로 사용했다. 특히 고종은 집옥재를 새로운 사상을 도입하는 공간으로 활용하고자 했다. 고종 대 집옥재에는 4만여 권의 도서가 수집되었다.

고종은 이곳을 외국 사신을 접견하는 장소로도 활용했다. 1893년(고종 30) 한 해에만 영국 · 일본 · 러시아 · 오스트리아 등 외국 공사들을 다섯 차례나 접견한 기록이 《고종실록》에 나타난다. 고종은 집옥재를 서양의 선진 문물을 수용하는 중심 공간으로 삼고 국왕이 주도하는 근대화의 길로 나아가려 했던 것이다. 2016년부터 집옥재는 고종이 이곳을 도서관으로 활용한 것에 착안, 궁궐 내 도서관으로 만들고 일반인들에게 개방하고 있다. 집옥재는 궁궐에서 책을 읽는 즐거움을 맛볼 수 있는 공간이다.

고종과 명성황후, 홍릉에서 다시 만나다

1919년 고종이 사망한 후 황제릉이 조성된 곳은 현재의 경기도 남양주시 금곡의 홍릉洪陵이었다. 고종은 생전에 이곳을 수릉壽陵(생전에 미리 정해놓은 장지)으로 정해놓고, 1897년 현재의 청량리 자리에 조성했던 명성황후의 무덤을 옮기려고 했다. 그러나 1904년의 러일전쟁으로 공사가 중지되었다. 1919년 1월 21일 고종이 승하한 후 청량리 홍릉의 천릉(산릉을 옮겨 모심)도 시작되었다. 지금도 청량리에 '홍릉'이라는 지명이 있는 것은 명성왕후의 첫 능인 홍릉이 이곳에 있었기 때문이다. 현재 금곡에 위치한 홍릉은 고종과 명성황후의 시신을 함께 모시는 합장릉의 형태로 조성되었다.

홍릉의 문석인·무석인·석수

홍릉은 이전의 조선 왕릉들과 달리 황제릉으로 조성되었다는 점에서 큰 변화가 있다. 홍릉에는 기존 일반 왕릉의 정자각 대신에 일자형의 침전寢殿을 만들었다. 또 무덤 주변에 배치하는 석물이 훨씬 다양해졌다. 기존 왕릉에 배치되던 석양 · 석호 대신 기린 · 해태 · 낙타 · 코끼리 · 사자와 같은 석수石獸가 황제릉을 지키고 있다. 각종 석물이 무덤 위가 아닌 침전 아래에 배치된 것도 왕릉과의 차이이다.

홍릉이 합장릉의 형태로 조성되면서, 사후세계에서는 고종과 명성황후가 영원히 함께하게 되었다. 격동의 근대사를 헤쳐나갔던 그 시절에 대해 두 사람은 어떤 대화를 나누고 있을까?

마지막 황제, 순종

백제 의자왕, 신라 경순왕, 고려 공양왕 등 망국의 왕들에게는 대부분 사치와 향락, 무능, 실정 등 부정적인 용어들이 꼬리표처럼 따라다닌다. 이것은 외국의 왕들에게도 마찬가지다. 청나라 마지막 황제 푸이溥儀(1906~1967)는 1908년 3세의 나이로 황제에 올랐지만 1912년 신해혁명으로 8세 때 퇴위했다. 그러다 1934년 일본에 의해 만주국의 황제가 되었으나 일본의 패전으로 소련에 체포되었다가 중국으로 송환된 후 정원사로 말년을 보내는 등 비참한 삶을 살았다. 러시아 제국의 마지막 황제 니콜라이Николай 2세(1868~1918)는 러시아 혁명 후 총살로 생애를 마감했다. 대한제국의 마지막 황제 순종(1874~1926, 재위 1907~1910)의 삶 또한 역사의 격랑 앞에서 고난의 연속이었다.

고종의 적장자로 태어나다

순종은 고종과 명성왕후의 적장자이다. 1866년 고종과 명성왕후는 각각 15세, 16세의 나이로 혼인을 했지만 후사가 생기지 않아 고민이 컸다. 혼인한 지 4년이 되는 1870년 왕비가 임신을 했으나 유산을 했고, 이후에도 매년 임신을 했으나 자식을 낳지 못했다. 1871년 11월 4일에 태어난 아이는 대변을 보지 못해 4일 만에 사망하면서 고종과 명성왕후의 마음을 아프게 했다. 이러한 상황에 1874년(고종 11) 2월 8일 창덕궁 관물헌에서 아들 순종이 태어났다. 고종과 명성왕후에게 순종은 한줄기 빛과 같았다. 《고종실록》은 "중궁전이 오늘 묘시卯時에 원자를 낳았으므로 여러 가지 일들을 해조에서 규례대로 하게 하라. 하늘이 종묘사직을 도와 원자가 태어났으니, 이것은 사실 동방의 더없는 경사이다"라고 순종의 탄생을 기록하고 있다.

순종은 탄생 다음 해인 1875년 2월 18일에 왕세자로 책봉되었고, 이름을 척坧이라 했다. 영조가 42세에 낳은 늦둥이 아들 사도세자를 2세에 왕세자로 책봉한 사례와 같은 최연소 세자 책봉이었다. 1882년 2월 22일 순종은 9세의 나이로 여흥 민씨 민태호의 딸을 세자빈(후의 순명효황후)으로 맞았다. 혼례식이 행해진 곳은 안국동 별궁이다. 현재 이곳은 서울공예박물관이 자리하고 있다. 1897년 10월 고종이 대한제국을 수립하고 황제의 지위에 오르자 왕세자의 신분이던 순종은 황태자로 책봉되었다. 1902년에는 고종이 51세가 되자, 영조의 고사를 따라서 기로소에 들어가

출처:국립고궁박물관

고종과 순종

사첩社帖에 제명題名을 붙이고 기신耆臣을 위해 연회를 베풀어주었는데, 순종이 이를 주관했다. 당시의 상황은 《고종임인진연의궤》의 기록으로 남아 있다.

1906년에는 새로이 해평 윤씨를 황태자비로 맞이했다. 순명효황후 민씨가 1904년 11월 5일에 타계한 후 1906년부터 순종의 재혼이 논의되었다. 7월 4일에 초간택이 거행되어 3명의 후보가 간택되었다. 최종 삼간택에서 윤택영(1837~1935)의 딸이 최종 후보로 결정되었다. 윤택영은 고종 황제의 총신이었던 의정 윤용선의 손자이자 궁내부 대신 윤덕영의 아우였는데, 영친왕의 모친인 황귀비 엄씨와도 사이가 가까웠다. 황태자비(후의 순정효황후, 1894~1966)는 당시 13세였고, 황태자로 있던 순종은 33세였다.

순종이 재혼을 하던 1904년 11월은 일제의 침략 위협이 더욱 거세졌던 시기다. 1905년 을사늑약이 맺어지면서 조선은 외교권을 박탈당하게 되었다. 고종은 이에 항의하고자 헤이그에 밀사들을 파견하여 침략의 부당성을 호소하려 했지만, 오히려 1907년 7월 일제의 강압에 의해 황제의 자리에서 물러나게 된다. 황태자 순종은 고종의 양위를 받아 7월 19일 대한제국의 두 번째 황제로 즉위했다. 8월 2일에는 연호를 광무 대신 융희隆熙로 고쳤으며, 8월 27일 경운궁의 돈덕전에서 즉위식을 거행했다. 이때까지도 순종은 자신이 대한제국의 마지막 황제가 될 줄은 짐작하지 못했을 것이다.

무기력하기만 했던 4년

1907년 7월 19일 황제의 즉위부터 1910년 한일합병에 이르기까지 4년간에 걸친 순종의 재위 기간은 일제에 의한 한반도 무력 강점 시기였다. 500년 왕조의 마지막이 드러난 순간이기도 했다. 순종이 황제의 자리에 오른 다음 날, "일본 천황의 축전이 오고, 통감인 이토 히로부미와 각국 영사領事를 수옥헌에서 접견했다"라는 기록을 들고 해외로 간 이들도 있었는데 거짓으로 밀사密使라 칭하며 방자하게 행동했다. "이상설, 이준, 이위종 등 헤이그

밀사들을 처벌했다"라는 기록이 남을 정도로, 일제를 비롯한 외국의 그림자가 짙게 드리운 시대였다.

1907년 7월 24일 일제는 흉계를 꾸며 이른바 한일신협약을 강제로 체결해 국정 전반을 일본인 통감이 간섭할 수 있게 했다. 1조를 보면 '한국 정부는 시정施政 개선에 관해 통감의 지도를 받을 것이다'라는 내용이 들어있다. 2조는 '한국 정부의 법령의 제정 및 중요한 행정상의 처분은 미리 통감의 승인을 거칠 것이다'라는 내용이 포함되어 있으며 5조에는 '한국 정부는 통감이 추천한 일본 사람을 한국의 관리로 임명할 것이다'라는 조항이 포함되어 모든 정치가 통감부에서 나온다는 것을 규정했다. 이 조약으로 각 부의 차관 자리에는 모두 일본인 관리가 임명되는 소위 '차관정치'가 시작되었다. 조선의 내정 간섭권을 탈취한 일제는 재정부족이라는 구실로 8월 1일에 한국 군대를 강제 해산시키기도 했다. 군대 해산에 맞서 시위대 1연대 1대대장 박승환은 자결로 불의에 저항했다. 황제 순종은 실권이 없었고, 최악의 상황 속에서 전혀 저항하지 못했다.

일제는 1909년 7월 12일 사법권 및 감옥권을 일본 정부에 이양하는 기유각서를 체결해 대한제국의 사법권마저 박탈했다. 당시 협정의 주체는 황제가 아닌 일본 통감 소네 아라스케와 내각총리대신 이완용이었다. 국가의 운명을 좌우하는 중요한 순간에 순종의 자리는 없었다. 순종의 역할은 고종이 있는 덕수궁에 알현하거나 의례의 수행, 일본 천황에게 감사의 전보 보내기, 일본국 주요 인사의 접견 등에 한정됐을 뿐이었다.

기유각서 이후 일제는 한국과 만주 문제를 러시아와 사전에 협상하기 위해 이토 히로부미를 만주에 파견했다. 1909년 10월 26일 이토 히로부미가 하얼빈에서 안중근에 의해 살해되었지만, 일제는 오히려 이를 기회로 한반도 무력 강점을 강하게 밀어붙였다. 이토 이후 소네 아라스케가 잠시 통감이 되었다가 군부 출신의 데라우치 마사다케가 1910년 5월 통감으로 부임해오면서 일본 제국주의의 침략은 더욱 노골화되었다.

일제는 자신의 침략 의도에 부합하는 친일파들인 이완용·송병준·이용구 등을 앞세웠다. 일제는 조선인이 원해서 조선을 합병한다고 선전하며 강제 병합을 적극 추진했다. 1910년 8월 22일 대한제국의 마지막 어전회의가 창덕궁 흥복헌에서 열렸다. 순종은 내각총리대신 이완용에게 전권을 위임하면서 일본 총독 데라우치와 상의해 협정할 것을 지시했다. 이완용과 데라우치 간에 맺어진 협정의 제 1조는 "한국 황제 폐하는 한국 전부에 관한 일체 통치권을 완전히 또 영구히 일본 황제 폐하에게 양여한다"라는 것이었다.

그리고 8월 29일에는 순종의 이름으로 한일합병이 발표되었다. 당시 순정효황후는 분위기가 심상치 않은 것을 파악하고 마지막까지 협정 체결을 막기 위해 옥새를 치마폭에 숨겼다고 한다. 그러나 큰아버지인 윤덕영이 강제로 옥새를 빼앗아 위임장에 도장을 찍게 했다는 이야기도 전한다. 《순종실록》에서는 '경술국치'라 불리는 그날의 상황을 다음과 같이 기록하고 있다.

> "원래 허약한 것이 쌓여서 고질이 되고 피폐가 극도에 이르러 시일 간에 만회할 시책을 행할 가망이 없으니 한밤중에 우려함에 선후대책이 망연하다. 이를 맡아서 지리함이 더욱 심해지면 끝내는 저절로 수습할 수 없는 데 이를 것이니 차라리 대임大任을 남에게 맡겨서 완전하게 할 방법과 혁신할 공효功效를 얻게만 못하다. 그러므로 짐이 이에 결연히 스스로 반성하고 확연히 결단을 하고 이에 한국의 통치권을 종전부터 친근하게 믿고 의지하던 이웃 나라 대일본 황제 폐하에게 양여해 밖으로 동양의 평화를 공고히 하고 안으로 팔역八域의 민생을 보전하게 하니 그대들 대소 신민들은 국세와 시의를 깊이 살펴서 번거롭게 소란을 일으키지 말고 각각 그 직업에 안주해 일본 제국의 문명한 새 정치에 복종하여 행복을 함께 받으라."[1]

순종은 뒤이어 "짐의 오늘의 이 조치는 그대들 민중을 잊음이 아니라 참으로 그대들 민중을 구원하려고 하는 지극한 뜻에서 나온 것이니 그대들 신민들은 짐의 이 뜻을 능히 헤아리라"라고 항변했지만 500여 년 간 이어진 왕조의 마지막 황제의 모습은 너무나 무기력했다. 당시의 합병 조약에 서명한 순종의 수결手決이 위조된 것으로 알려지며 조약의 무효를 주장하는 목소리도 높다. 대한제국이 일제의 무력 앞에 마지막을 고한 뒤, 순종은 황제의

1 《순종실록》 1910년(순종 3) 8월 29일

자리에서 왕으로 강등되어 창덕궁이왕으로, 태황제 고종은 덕수궁이태왕으로, 황태자는 왕세자로 모두 그 지위가 강등되었다.

순종의 말년과 유릉

일제에 의해 '이왕李王'의 신분으로 격하된 순종은 창덕궁에서 '망국의 황제'라는 비운을 안고 쓸쓸히 말년을 보냈다. 현존하는 초상화에서도 일부 드러나지만 순종은 생전에 병약했고 눈빛은 초점이 없는 모습이었다. 일설에는 고종을 독살하려고 누군가 커피에 다량의 아편을 탔는데, 커피 맛을 아는 고종은 이를 뱉어낸 반면 순종은 이를 모르고 그대로 마신 후 몸과 정신이 온전치 못했다고 한다. 망국의 아픔을 고스란히 간직했던 마지막 황제 순종은 1926년 4월 25일에 창덕궁 대조전에서 생을 마감했다. 장례의 사무는 이왕직에서 분담했다. 순종의 장례식이 있던 6월 10일, 백성들은 서울의 학생층이 중심이 되어 장례 행렬을 따르며 대한 독립 만세를 외쳤다. 이를 계기로 만세 운동이 지방으로까지 확산되었으나 3 · 1운동만큼의 규모는 아니었다.

순종의 능은 경기도 남양주에 있는 고종과 명성황후의 홍릉 바로 옆에 위치한 유릉裕陵이다. 순종의 사망 후 첫 번째 부인인 순명왕후의 무덤이 이곳으로 옮겨져 합장릉으로 조성되었다. 순명왕후의 무덤은 처음에는 현재의 어린이 대공원 인근에 조성되어 유강원이라 했는데, 이때에 이곳으로 옮겼다. 지금도 어린이 대공원 일대를 '능동'이라 하는 것은 유강원이 이곳에 있었던 인

출처: 문화재청, 국립문화재연구소

순종 유릉 능침 봉분

연 때문이다. 1926년 순종과 순명황후의 합장릉으로 조성된 이곳에는 1966년 순종의 계비이자 마지막 황후인 순정효황후가 오게 되었다. 1966년 1월 창덕궁 낙선재에서 승하한 순정효황후가 유릉에 묻힘으로써, 유릉은 조선 왕릉 중에서 유일하게 동봉삼실(같은 봉분 아래에 있는 3개의 방)의 합장릉 형식을 띠고 있다.

1907년부터 1910년까지 4년의 재위 기간 동안 순종은 일제의 강제 병합 전략에 무기력한 대응으로 일관했다. 청일전쟁에 이어 러일전쟁마저 승리한 일본 제국주의의 팽창과 이에 동조한 일진회 등 친일파의 득세로 힘겨운 상황이긴 했지만, 대한제국의 국격과 국민들의 자존심을 지켜주기에는 너무나 능력도 의지도 없었던 '마지막 황제'였다.

조선 왕실의 마지막 사람들

1910년 강제 한일합병으로 1392년 건국되어 519년간 존속한 조선왕조는 공식적으로 역사 속에 사라졌다. 그리고 1919년 고종이, 1926년에는 순종이 사망함으로 왕실의 상징적인 존재마저 사라졌다. 그러나 조선 왕실의 마지막 사람들은 여전히 남아 왕실의 후손이라는 자존심과 무능한 왕조의 마지막 사람들이라는 수모 속에서 힘든 역사를 살아냈다.

일본 육군이 된 황태자 영친왕

대한제국의 마지막 황태자 영친왕(1897~1970)은 1897년 10월 20일 경운궁 숙옹재에서 태어났다. 고종이 대한제국을 선포하고 새롭게 면모를 일신하는 상황에서 태어난 아기인 만큼 무엇인가 좋은 징조를 예고하는 탄생이었다. 그러나 영친왕은 끝내 황제의 자리에 오르지 못하고 조선의 마지막 황태자가 되었다. 영친왕은

출처: 국립고궁박물관

덕수궁 함녕전에서 고종과 영친왕

원래 순종 황제의 뒤를 이어야 할 인물이었다. 영친왕은 고종의 일곱째 아들로, 어머니는 후에 순헌황귀비로 추존된 고종의 후궁 엄씨이다. 이름은 은垠, 아명은 유길酉吉, 호는 명휘明暉이다. 1900년 영친왕이라는 봉호封號를 받았다. 1907년(고종 44) 3월 12일 영친왕 부인에 대한 초간택으로 부인 민갑완이 선발되었다. 그러나 민갑완은 영친왕이 일본에 머무는 동안 일본의 왕족인 마사코(이방자)와 정략결혼을 하면서 파혼을 당하는 아픔을 겪게 된다.

1907년 7월 영친왕은 순종이 황제가 된 후 황태자가 되었다.

형인 의친왕이 있었지만 1877년생인 의친왕과 1874년생인 순종의 나이 차이가 거의 없었던 것도 영친왕이 황태자가 될 수 있는 조건이었다. 영친왕의 생모인 엄귀비가 고종의 총애를 받으면서 영친왕의 태자 책봉을 강하게 희망했던 것도 한 요인이었다. 마치 태종의 후계자로 방석을 책봉하는 데 생모인 신덕왕후가 깊이 개입한 것과 유사한 상황이었다.

영친왕은 황태자가 된 뒤에 통감 이토 히로부미의 압력에 의해 일본으로 건너갔다. 황현은 《매천야록》에서 "이토 히로부미가 이은이 영민하니 일찍 신학문을 배워야 하며, 일본 황태자의 방한에 대한 답례로 일본에 가야 한다고 고종에게 강력히 요구했다"라면서 영친왕이 강제적으로 일본 유학의 길에 올랐음을 증언하고 있다. 1910년 한일합병 이후 영친왕은 '황태자'에서 '이왕세자'가 되었다. 영친왕은 1911년 일본의 육군 유년학교에 입학했고, 1915년 일본의 육군사관학교에 입학해 1917년 졸업했다. 1920년 이방자와 결혼해 아들 진晉을 낳았지만, 이진은 1922년 한국 방문 중에 사망했다.

1926년 영친왕은 순종 승하 후 창덕궁에서 세자의 자리에 올랐으나, 곧바로 일본으로 건너갔다. 1927년 5월에는 부인 이방자와 함께 프랑스, 영국, 네덜란드, 독일 등 유럽 여행을 떠났다. 일본 정부는 이들 부부를 일본의 백작 부부로 위장했는데, 조선에 독립된 왕실이 있다는 점을 인식하지 못하게 하기 위해서였다. 대한민국 임시정부에서는 유럽 여행 때 영친왕이 중국 상하

이에 들르는 것을 기회로 삼아 납치 계획을 세웠지만 사전에 발각되어 실패했다.

1931년 영친왕은 둘째 아들 이구李玖를 낳았고, 일본 육군 장교로 복무해 1940년 12월 육군 중장에 올랐다. 1941년 중국 화북 전선에 파견되어 1년간 활동했고, 1943년 일본의 제1항공군 사령관으로 복무하다가 일본이 제2차 세계대전에서 패전한 뒤에 예편되었다. 1945년 해방이 된 후 영친왕은 귀국을 희망했으나 일본과의 국교 단절과 국내 정치의 반대로 귀국하지 못했으며, 1947년 일본 헌법이 시행되면서 이왕의 지위를 상실했다. 그해 10월 18일에는 일본 왕족의 명단에서도 제외되고 일본 국적도 잃었다. 그러나 1957년 일본 국적을 다시 취득했는데, 아들 이구가 미국 매사추세츠공과대학교를 졸업하게 되자 졸업식 참석을 위해 미국을 방문하는 데 여권이 필요했기 때문이었다. 이때 대한민국 정부에 여권 발급을 요청했지만 발급이 이루어지지 않자 결국 일본 여권을 사용하게 되었다. 그리고 1959년 3월 뇌경색으로 쓰러진 뒤에는 다시 일본으로 돌아갔다.

1961년 5.16 군사정변으로 박정희 정부가 들어서자 대한민국 국적이 회복되었고, 1963년 11월 22일 병세가 악화된 상태에서 1907년 일본으로 떠난 지 56년 만에 귀국했다. 귀국한 후에는 이방자와 함께 창덕궁 낙선재에 거처를 잡았다. 그러나 거의 대부분의 시간을 병상에 있었으며, 1970년 5월 1일 74세를 일기로 사망했다. 유해는 아버지 고종이 묻혀 있는 남양주 금곡의 홍릉 근처에 조성된 영원永園에 안장되었다.

영친왕의 부인 이방자는 1901년 일본 왕족 나시모토의 장녀로 태어났으며, 1920년 4월 대한제국의 황태자였던 영친왕과 정략결혼을 했다. 해방 후에도 영친왕과 함께 일본에 체류하다가, 1963년 한국 국적을 취득하고 영친왕과 같이 귀국해 낙선재에 거처했다. 귀국 후에는 장애인과 정신박약아들의 재활을 돕는 사회복지사업에 전념했으며, 1989년에 생을 마감한 후 영친왕과 합장되었다.

성락원에서 쓸쓸한 말년을 맞이했던 의친왕

의친왕(1877~1955)은 고종과 귀인 장씨 사이에서 태어났다. 이름은 강堈, 호는 만오晩悟이다. 고종은 적자인 순종과 서자 5명을 얻었다. 1868년 고종과 귀인 이씨 사이에서 태어난 완화군(1868~1880, 후의 완친왕)이 13세의 나이로 사망하면서, 의친왕은 순종 다음의 서열이었으나 동생인 영친왕이 황태자에 책봉되었다. 1893년 의친왕은 참봉 김사준의 딸을 부인으로 맞이했고, 1894년 9월에는 전권대사로 임명되어 일본을 다녀왔다. 1895년에도 특파 대사 자격으로 영국, 독일, 러시아, 프랑스 등 서양의 여러 나라들을 방문하고 돌아왔다. 1900년에는 미국 유학을 다녀왔고, 이듬해 8월에 의친왕에 책봉되었다. 1906년에는 육군 부장이 되어 고종을 보필했다.

동생인 영친왕이 일본 육군 장성이 되어 철저히 일본인 교육을 받은 것과 달리, 의친왕은 1910년 강제 한일합병이 이루어진 후에 독립운동에 적극적으로 나섰다. 항일 독립운동가들과 접촉을 하는가 하면, 1919년에는 대동단의 간부들과 함께 상해 임시정부로의 탈출을 시도했다. 그러나 계획을 실행에 옮기던 도중 그해 11월 만주 안동에서 일본 경찰에게 발각되어 강제로 송환되었다. 이후에도 여러 차례 일본 정부로부터 일본으로 올 것을 강요받았으나 끝내 거부하는 등 항일 의지를 강하게 보였다. 말년에는 현재의 서울 성북구에 있는 성락원에 거처했는데, 성락원은 원래 철종 대 세도가였던 심상응의 별장이었다. 성락원은 지금까지 조선 후기 별장의 전형적인 모습을 잘 보존하고 있다. 의친왕은 1955년 이곳에서 79세로 생을 마감했다.

의친왕은 이건과 이우를 비롯하여 일본인 부인과 측실 사이에서 여러 명의 자녀를 두었는데, 이들은 대부분 황손으로서의 위상을 가지지 못한 채 대부분 비극적인 말년을 보냈다. 이 중 박영효의 손녀인 박찬주 여사와 혼인을 했던 이우는 일본군 육군 중좌로 복무를 하다가 1945년 8월 6일 히로시마에 원자폭탄이 투하될 때 사망했다.

고종이 회갑에 얻은 마지막 공주, 덕혜옹주

망국의 설움을 안으며 함녕전에서 노년을 보내던 고종에게 너무나 반가운 소식이 들려왔다. 고종이 회갑을 맞은 1912년 5월 25일, 소주방 나인 출신 후궁인 복녕당 양씨가 덕혜옹주

출처: 문화재청

덕수궁 함녕전 전경

(1912~1989)를 낳은 것이다. 당시 고종의 일상을 기록했으며 비서실의 역할을 한 덕수궁 찬시실 일기에는 “오후 7시 55분에 여자아기가 탄생했다. 8시 20분에 태왕 전하가 복녕당에 납시었다”라고 기록하고 있다. 또 7월 13일 《순종실록》의 부록에는 “태왕 전하가 복녕당에 나아가 새로 태어난 아지阿只를 데리고 함녕전으로 돌아왔다”라는 기록도 있다. 생후 50일도 안된 갓난아기를 자신의 침전으로 데려올 만큼 고종의 덕혜옹주 사랑은 유별났다.

덕혜의 탄생 이후 고종은 늘 그녀와 함께했으며, 자신의 거처인 함녕전으로 덕혜를 데리고 오기도 했다. 함녕전은 순종에게 왕위를 물려준 뒤 고종이 거처하던 침전이다. 함녕전은 1897년에 지었는데 1904년 수리 공사 중에 화재가 일어났고 지금의 건물은 그해 12월에 다시 지은 건물이다.

덕혜옹주는 고종에게 말년의 최대 즐거움이었고, 덕수궁 곳곳에서 딸과의 추억을 남겼다. 1916년 4월에는 덕수궁 준명당에 5살 덕혜를 위한 유치원을 만들었다. 그리고 덕혜가 외롭지 않게 동년배 5~6명을 함께 이곳에 다니도록 했다. 준명당의 돌난간 바깥쪽에는 아이들이 놀다가 혹여 다칠까봐 건물 바깥쪽에 난간을 설치하기도 했다. 그러나 부녀의 행복은 그리 오래가지 못했다. 고종은 1919년 1월 21일 함녕전에서 68세의 생을 마감했다. 뇌일혈 혹은 심장마비가 공식 사인이었지만, 일제가 독살했다는 설도 파다했다. 고종 독살설은 3·1운동의 기폭제가 되기도 했다. 고종의 승하 이후 함녕전은 고종 황제의 빈전과 혼전으로 사용되었다. 덕혜의 나이 이제 겨우 8살이었고, 거처를 함녕전에서 어머니가 있는 광화당으로 옮겼다.

《순종실록》 1921년 5월 4일의 기록에 "복녕당 아기에게 덕혜라는 이름을 하사했다"라는 내용이 보여 이때부터 덕혜는 복녕당 아씨에서 덕혜로 불린 것으로 보인다. 1921년 고종의 3년상이 끝난 후 10살 덕혜의 교육이 중요한 문제로 떠올랐다. 일제는 조선 황실의 흔적을 지우기 위해 철저하게 일본식 교육을 하려 했다. 1921년 4월 덕혜는 일본 거류민이 세운 일출소학교에 입학했다. 덕혜의 불운은 일본인 학교에 입학하는 것으로 그치지 않았다. 오빠인 영친왕에게 했던 것처럼 일제는 덕혜의 일본 유학을 강요했다.

순종은 일제의 압박에 굴복하고 1925년 3월 24일 덕혜의 도쿄 유학을 명했다. 14세 소녀 덕혜는 정든 궁궐을 멀리하고 일본이라는 낯선 타국에 발을 디뎠다. 1925년 3월 30일 덕혜가 도쿄에 도착해서 간 곳은 오빠인 영친왕과 그의 부인 이방자가 거처하던 집이었다. 이 무렵 덕혜를 더욱 슬프게 한 것은 1926년 순종의 죽음과 1929년 생모 양씨의 죽음이었다. 덕혜는 이국땅에서 고아가 되었다. 1931년 5월에는 대마도 백작 소 다케유키와 혼인을 했다. 영친왕과 이방자 여사의 혼인처럼 일제에 의한 정략결혼의 일환이었다. 결혼 1년 후에는 딸 정혜가 태어났고 얼마간 행복한 결혼 생활을 했으나, 망국의 옹주로 살며 정신적 스트레스가 컸다. 덕혜는 결혼 후 정신분열증에 시달렸고 1945년에는 정신병원으로 옮겨졌다. 그리고 일본의 패망 후 더 이상 귀족의 지위를 유지하지 못한 소 다케유키와 합의 이혼했다.

1945년 해방 후 정신병에 시달리는 중에도 덕혜는 귀국을 원했으나 이승만 정부가 귀국을 허락하지 않았다. 그러다가 덕혜를 늘 후원했던 서울신문 김을한 기자의 도움으로 박정희 정부 시절인 1962년 1월 26일 마침내 귀국을 허락받을 수 있었다. 14세의 꽃다운 소녀가 이제 51세의 중년 여인으로, 그것도 병세가 완연하여 돌아온 것이다. 덕혜는 후에 서울대학교 병원에서 7년간 요양했지만 병세가 크게 회복되지 않았다. 그녀가 1968년에 궁궐로 들어가 마지막까지 머문 공간은 창덕궁의 낙선재였다.

영친왕의 아내 이방자와 덕혜옹주가 낙선재에 함께 머무른 것이 그나마 다행이었다. 이방자와 덕혜옹주는 서로의 상처를 다

출처: 국립고궁박물관

덕혜옹주 초상

독이며 만년을 함께했다. 1989년 4월 21일 덕혜옹주는 77세에 병세를 이기지 못하고 세상을 떠났다. 그리고 9일 뒤인 4월 30일 이방자 여사도 87세에 생을 마감했다. 조선 왕실의 마지막 황태자비와 마지막 공주는 1989년 같은 해에 생을 마감했고, 그렇게 조선 왕실의 상징도 역사 속으로 사라졌다.

쉬어가는 페이지

조선 제21대 왕 **영조의 어필**

瑞雪驗豊

서설이 내리니 올해는 틀림없이 풍년이다

맺으며

이제까지 조선 왕의 다양한 모습들에 대한 소개를 통해 조선 시대 역사의 흐름을 쉽게 이해할 수 있도록 하였다. 가능한 역사의 현재성과 현장성을 강조하여, 보다 생동감 있는 조선 왕의 세계로 들어가 볼 수 있도록 했다.

조선은 500년 이상 장수한 왕조였고, 27명의 왕이 재위하였다. 각기 다른 개성을 가진 왕들은 체제의 정비가 요구되던 시기를 살기도 했고, 강력한 개혁이 요구되던 시기를 살기도 했다. 태종이나 세조처럼 집권의 정당성을 위해 강력한 왕권을 확립해야 했던 왕, 세종이나 성종처럼 체제와 문물의 정비에 총력을 쏟았던 왕이 있었고, 광해군이나 선조처럼 개혁이 시대적 요구가 되던 시대를 살아간 왕도 있었다. 선조와 같이 전란을 겪고 수습해야 했던 왕, 인조처럼 적장에게 항복을 할 수 밖에 없었던 왕, 원인은 달랐지만 부왕의 복수와 명예회복을 위해 살아간 효종과 정조도 있었다. 19세기 세도정치의 그늘에 갇혀 제 역할을 제대로 하지 못한 왕들도 있었다.

조선의 왕들은 각기 다른 배경 속에서 즉위했지만 성리학 이념으로 무장한 신하들과 학자, 그리고 왕의 통치력을 믿고 따르는 백성들과 함께 국가를 합리적으로 이끌어 갈 임무가 있었다. 왕은 때로는 과감한 개혁정책을 선보였다. 또 왕권에 맞서는 신권에 대해 대응하거나 조정자의 역할도 수행하였다. 체제의 안정은 물론이고 변화와 개혁의 중심에 왕의 리더십이 결정적인 역할을 하는 경우가 많았다. 왕의 리더십과 국가 경영은 국가의 성패를 가름하는 주요한 기준이 되었다.

왕으로 산다는 것은 그렇게 쉬운 일이 아니었다. 왕은 학문적 능력, 도덕성, 정치적 감각, 신하들과의 관계 등 갖춰야 할 것이 많았다. 세종이나 성종, 정조처럼 성군으로 평가받는 왕이 있는가 하면, 혼군으로 비판받는 왕이 존재한다. 모든 왕은 백성을 위해서 정책을 추진하려고 노력했으나, 대동법과 균역법처럼 시대의 요청에 부응해서 성공적인 평가를 받는 정책도 있었고 무리한 토목 공사와 천도처럼 실패한 정책도 있었다. 그만큼 '왕으로 산다는 것'이 어려움을 보여주고 있다. 이 책에서 언급된 시대별 왕들의 긍정적인 면모와 부정적인 측면을 함께 파악하면서, 이를 반면교사로 삼는 것이 중요하다.

이 책을 출간한 주요 목적은 소개된 왕의 모습이 현재에 지니는 의미들을 생각하고, 역사에서 지혜를 찾아보는 것이다. 기회가 닿는 대로 책에 등장한 공간을 직접 탐방하면서, 역사 속에 들어가 볼 것을 권한다. 현장 답사는 역사에 보다 가까이 다가서 설 수 있는 지름길이다. 이 책을 통하여 역사와 대화하고, 또 역사를 반면교사로 삼아 현재의 삶을 좀 더 풍부하게 하는 디딤돌을 만들어 갔으면 한다.